Eduard Buess / Markus Mattmüller
Prophetischer Sozialismus

**Eduard Buess / Markus Mattmüller**

# Prophetischer Sozialismus

## Blumhardt – Ragaz – Barth

Mit einem Nachwort
von Gerhard Sauter

EDITION EXODUS
Freiburg/Schweiz 1986

Titelbild:
Franz W. Seiwert, Bauernkrieg 1932 (Ausschnitt)

Umschlag: Bernard Schlup (Gestaltung) / Widerdruck, Bern (Satz)

Satz und Druck: Fuldaer Verlagsanstalt, Fulda

ISBN 3-905575-22-1

# Inhalt

# Vorwort

Der Auftrag des Christen geht in zwei Richtungen. Einerseits ist der Christ dem Mitmenschen brüderlich-schwesterlich zur Seite gestellt, um ihm zu helfen, den Heilswillen Gottes für sich persönlich zu erkennen. Das ist sein «seelsorgerlicher» Dienst. Andrerseits ist er ins öffentliche Leben gestellt, um dort, in Gesellschaft, Wirtschaft, Politik, offizieller Kirche weltweit Gottes Heilswillen geltend zu machen. Das ist sein «prophetischer» Dienst. Die Männer, von denen im folgenden die Rede ist, haben diesen zweiten Auftrag in einer Christenheit wahrgenommen, die ihn weitgehend vergessen oder verfälscht hatte. Ihnen ist an einem bestimmten Punkt ihres Lebens aufgegangen, dass Gottes Heilswille in Christus der Welt im ganzen gilt, die «autonomen» Bereiche Gesellschaft, Wirtschaft, Politik betont miteingeschlossen. So sehen sie sich genötigt, den «prophetischen» Auftrag des Christen mit neuer Entschiedenheit ernst zu nehmen. Sie müssen ihn bis in seine «sozialistischen» Konsequenzen hinein ernst nehmen: bis dahin also, wo klar wird, dass sie den Menschen in ihrer sozialen Bedrängnis nicht solidarisch werden können, ohne die Machtstrukturen dieser Welt in Frage zu stellen.

Sie tun das jeder auf seine Weise. Ihre Wege führen sie oft weit auseinander. Karl Barth und Leonhard Ragaz erscheinen zu Zeiten geradezu als Antipoden. Die Verfasser dieser Schrift sind der Ueberzeugung, dass in der Totalkrise unserer Zeit gewisse, auch tiefgehende Differenzen ihr Gewicht verlieren. Es scheint ihnen an der Zeit, Blumhardt, Ragaz und Barth auf die jedem eigentümliche Ausprägung des sie verbindenden «prophetischen» Auftrags hin zu befragen. Das ist, soweit ihnen bekannt ist, bisher so noch nie geschehen. Ob der Versuch gelungen ist, mag der Leser selber beurteilen. Wir hoffen, er werde so oder so heraushören, dass es hier um Fragen geht, für die wir heute dringend der Wegweisung bedürfen.

Was hier vorliegt, ist aus einer Vorlesungsreihe entstanden, die die beiden Verfasser zum ersten Mal im Studienjahr 1978/79 an der Universität Basel gehalten haben; wie nicht anders möglich, wurde der damalige Text sehr stark überarbeitet, bevor er nun in Buchform vorgelegt wird. Die beiden Verfasser, der Theologe Eduard Buess und der Historiker Markus Mattmüller haben sich vorher zusammen mit einigen jungen Menschen in einem Arbeitskreis der Sozialistischen Kirchgenossen Basel getroffen und gemeinsam mit diesen über christliche Haltung zu den brennenden politischen Fragen der Gegenwart nachgedacht; 1979 ist das *Manifest der sozialistischen Kirchgenossen Basel* zum Reformationsjubiläum erschienen. Die Verfasser verdanken diesem Kreis viel und möchten den dort vereinten Freunden die hier vorgelegte Schrift widmen.

Eduard Buess hat die Kapitel 2, 7, 9, 11, 13 und 14 verfasst, Markus Mattmüller Kapitel 1, 3-6, 8, 10, 12. Den einzelnen Kapiteln sind rudimentäre Literaturangaben beigefügt; sie wollen nicht vollständig sein, sondern als Anregungen zu weiterer Lektüre dienen. Auch die im Text nicht nachgewiesenen Zitate lassen sich mit diesen Werken leicht auffinden. Jedes Buch ist nur einmal genannt, und zwar in jenem Kapitel, wo es zum ersten Mal angesprochen wird.

Flüh (SO) und Basel, im März 1986        Eduard Buess
                                         Markus Mattmüller

# Der Durchbruch zu einem neuen Verständnis des Reiches Gottes und der Arbeiterbewegung (1899-1910)

## Kapitel 1:
## Die reformierten Christen der Schweiz im Angesicht von Arbeiterfrage und Sozialismus im 19. Jahrhundert

**Vorbemerkung**

Die reichsgottesgeschichtliche Bewegung, die wir darstellen möchten, hat noch keinen richtigen Namen gefunden. *Religiöser Sozialismus* bezeichnet nur eine ihrer Formen, nämlich den vor allem durch Leonhard Ragaz vertretenen Hauptstamm der Bewegung; *dialektische Theologie*, wie man anfänglich die Richtung um Karl Barth bezeichnete, lässt den sozialistischen Ansatz nicht sichtbar werden; Kutter hat das gleiche Anliegen vertreten, aber ist immer abseits seinen eigenen Weg gegangen und hat keine Gefolgsleute gefunden. Die Einheit der Bewegung, die wir im folgenden darstellen werden, zeigt sich in der Verkündigung und im Vorbild Christoph Blumhardts, auf die sich alle späteren Exponenten berufen haben, das heisst in der Verkündigung des Gottesreiches, das sich jetzt manifestiert. Man könnte also geradezu von einer Blumhardt-Bewegung sprechen; es ist ein Ziel dieses Büchleins, deren Wesen und Einheit darzustellen.

Blumhardts Botschaft war die Verkündigung der Hoffnung auf das Reich Gottes für die Gegenwart. Darum musste sie sich auch mit der brutalsten Bedrohung des europäischen Menschen im 19. Jahrhundert beschäftigen, mit der entwürdigenden Elendslage der Industriearbeiter. Gerade in diese Situation hinein verkündigten Christoph Blumhardt und seine Gesinnungsgenossen die Ankunft des lebendigen Gottes, welcher die Not wenden konnte.

Wenn man die Neuartigkeit dieser Botschaft richtig verstehen will, muss man zuerst wissen, wie die Christen vorher auf Industrie und Proletarisierung reagiert haben. Das soll in diesem ersten Abschnitt geschehen. Wir müssen uns auf die Darstellung der Ereignisse in der reformierten Schweiz beschränken. Diese Enge des Beobachtungsfeldes wird verzeihlich, weil sich der schweizerische Protestantismus im 19. Jahrhundert zu den Problemen des Industrieproletariates im allgemeinen ähnlich verhalten hat wie der deutsche; sie wird überdies verständlich, wenn man bedenkt, dass die Anstösse der beiden Blumhardt in der Schweiz stärker gewirkt haben als in Deutschland. Das bedeutet, dass zwar der Anstoss zu einer neuen Sicht des Verhältnisses von Evangelium und Sozialismus aus Württemberg kam, dass aber die Entfaltung der Bewegung in der Schweiz stattfand und dass Schweizer diese Ideen weitertrugen – Eugster-Züst, Kutter, Ragaz, Barth. Darum mag es genügen, wenn wir die Vorgeschichte des Dialogs zwischen Christen und Sozialisten nur in der Schweiz verfolgen.


**Die Problematik**

Es unterliegt keinem Zweifel, dass die Entstehung einer neuen und zahlreichen Bevölkerungsschicht, der Industriearbeiterschaft, die wichtigste sozialgeschichtliche Erscheinung des 19. Jahrhunderts darstellt. Wenn sich das so verhält, dann mussten wache Christen, die sich nicht einfach auf die Pflege einer innerlichen Religiosität beschränken, sondern einen Bezug zum realen Leben aufrechterhalten wollten, aufmerksam werden und den sozialen Wandel wahrnehmen. Die Industrialisierung führte ja auch dazu, dass sich die Massen von der Religion abwandten, sie bewirkte eine Entkirchlichung und vielleicht auch Entchristlichung der Menschen. Das beruhte zum Teil auf der Verpflanzung von Menschen, die vorher – nicht zuletzt durch die Kirche – fest in dörflich-bäuerliche Verhältnisse integriert waren; sie wurden nun durch Wanderungen in die anonymen Massenquartiere der wuchernden Industriestädte versetzt; gleichzeitig vollzog sich auch der Uebergang aus einer naturbestimmten bäuerlichen Arbeit, in der die Menschen in Wind und Wetter und im Schicksal der Haustiere das Walten von unerklärlichen Kräften erlebt hatten, in eine rationale Arbeitswelt – der Mensch war für seine Arbeit auf den göttlichen Beistand nicht mehr so manifest angewiesen. Die Industriearbeiter lebten von der Technik und mit der Technik, sie hatten damit auch Anteil an der Populäraufklärung des 19. Jahrhunderts, am ungebrochenen Fortschrittsglauben, an der zeitgenössischen Verachtung für alles Übersinnliche. Unter dem Einfluss solcher Entwicklungen hat sich die neu entstandene Schicht der städtischen Industriearbeiter immer mehr von der Kirche abgewendet; dies zeigt sich unter anderem – wenn auch nicht so stark wie man erwarten würde – in einer Abnahme der kirchlichen Eheschliessungen und der kirchlichen Bestattungen, während man den Kindern auch im Arbeitermilieu doch die Taufe und die Konfirmation nicht vorenthalten mochte.

Viele Christen wurden erst durch die Abnahme der Kirchlichkeit darauf aufmerksam, dass sich die Gesellschaft wandelte. Wenn das aber einmal erkannt war, stellten sich den Christen Probleme, die nach einer Lösung riefen, wenn das Evangelium in der Gegenwart weiterhin etwas bedeuten sollte. Es waren vorwiegend folgende Probleme:

1. Die anwachsenden Industriequartiere brauchten kirchliche Versorgung, d. h. Schaffung neuer Kirchgemeinden, Pfarrämter, Bau von kirchlichen Gebäuden.
2. Die Armenpflege – eine alte kirchliche Aufgabe – musste

sich den neuen Verhältnissen anpassen. Dafür brauchte
es im industriellen Zeitalter ein neues Verständnis der
Armut; es musste erkannt werden, dass es unverschulde-
te, nicht durch persönliches Versagen, sondern durch
konjunkturelle Wechsellagen und Strukturveränderun-
gen verursachte Armut gab.

3. Die da und dort entstehende Sozialgesetzgebung des
   Staates musste beurteilt werden. Waren solche Erlasse
   zu bejahen oder waren sie abzulehnen, weil sie die christliche Liebestätigkeit verdrängten?
4. Was sollten die Christen zu jenen Heilslehren sagen, an
   welche die Industriearbeiterschaft mit Inbrunst zu glauben begann? Hatte das Evangelium etwas zu sagen zum
   Fortschrittsglauben, ja zur Revolutionshoffnung der Arbeiter?

Der religiöse Sozialismus gehört vor allem in diesen letzten Problemkreis, weil er ein neues Verhältnis von Christen
zu den Hoffnungen der sozialistischen Arbeiter begründet
hat.

## Kirchliche Versorgung, Innere Mission und Sozialreform

1. Die reformierten Christen der Schweiz haben sich nur
sehr langsam an die Bewältigung dieser vier Aufgaben gemacht. Als Beispiel für die kirchliche Versorgung der Arbeiterviertel kann man die Industriestadt Basel betrachten,
wo nach 1833 ein starker Zuzug von Proletariern begann,
aber bis 1900 keine neuen Pfarrstellen geschaffen und fast
keine neuen Gottesdienstlokale gebaut wurden; eine einzige Kirche wurde 1896 in ein Proletarierviertel gesetzt. Die
Basler Staatskirche überliess die religiöse und soziale Be-
treuung der Proletarier privaten Institutionen wie der Ge-
meinnützigen Gesellschaft und der Stadtmission (gegründet
1859). Damit erkannten aber immer nur einzelne Christen
die Lebenslage und die Bedürfnisse der neuen Bevölkerungsschicht; die Grosszahl der reformierten Kirchgänger

begegnete ihnen im Gottesdienst nie und interessierte sich mehr für den theologischen Kampf zwischen Orthodoxie und Freisinn. Die Basler Kirchgemeinden liessen sich auch die Armenfürsorge durch den Staat abnehmen, ohne dass sie bedauerten, diese Möglichkeit der christlichen Handreichung zu verlieren.

2. In der privaten Fürsorgetätigkeit wurden die schweizerischen Christen von deutschen Werken angeregt, von der Inneren Mission, die auf Johann Hinrich Wichern zurückgeht und die die christliche Antwort auf die Revolution von 1848 darstellt. Wichern sah einen tödlichen Kampf zwischen Christentum und Kommunismus voraus; er erkannte das Ringen dieser Mächte um die Seele des Proletariers. Darum unternahm die Innere Mission den Versuch einer alle Stufen des Lebens erfassenden Organisation der Liebestätigkeit in den Industriesiedlungen. Die Innere Mission ist in der Schweiz in vielen einzelnen Institutionen nachgeahmt worden. In den reformierten Kantonen der französischen Schweiz, wo auch noch die angelsächsische Erweckungsbewegung einwirkte, haben Christen die Pflege der Kriegsverwundeten (Rotes Kreuz, 1859) und der Alkoholiker (Blaues Kreuz, 1877), aber auch den Anfang des Kampfes gegen die Prostitution und den Mädchenhandel begründet. Es entstanden überall in der Schweiz Diakonissenhäuser, Spezialanstalten für Epileptiker, Taubstumme, Blinde, dazu die Stadtmissionen. Diese Werke haben ihre partiellen Zwecke hervorragend erfüllt, aber sie konnten die Entchristlichung der Massen nicht aufhalten; für die Wiedergewinnung der Arbeiter hätte es wohl einen sichtbaren Beweis dafür gebraucht, dass die Christen die menschenwidrigen Strukturen der modernen Industrie grundlegend ändern wollten; Fürsorge für die Opfer genügte offensichtlich nicht.

3. Während die Fürsorge der reformierten Schweizer weitgehend von ausländischen Vorbildern angeregt wurde, haben sie den Weg der Sozialreform aus eigenem Antrieb betreten. Seit der Reformation hatten die christlichen Obrigkeiten des Landes die Gewohnheit, durch Gesetz und

Ordnung ins gesellschaftliche Leben einzugreifen; ausserdem machte es die politische Struktur der schweizerischen Kantone recht leicht, durch parlamentarische Vorstösse, Landsgemeindevorstösse oder Volksinitiativen für Sozialgesetze zu wirken. Dabei haben sich ernsthafte Christen dieser politischen Mittel schon früh mit Energie bedient: Christliche Ratsherren haben in Basel anno 1853 gesetzliche Massnahmen für den Arbeiterschutz in Fabriken durchgesetzt; der ehemalige Pfarrer Carl Schenk hat als Bundesrat das eidgenössische Fabrikgesetz von 1877 und die mustergültige Alkoholgesetzgebung von 1882 geschaffen, der ehemalige Pfarrer Albert Bitzius, Sohn des Jeremias Gotthelf, als bernischer Regierungsrat das Armenwesen vorwärtsentwickelt, der Basler Pfarrer Gustav Benz schuf die erste obligatorische Arbeitslosenversicherung eines Kantons. Reformierte Christen haben also intensiv an der frühen Sozialgesetzgebung der Schweiz mitgewirkt.

Sozialreform hat, prinzipiell betrachtet, eine andere Wertigkeit als Innere Mission: Wenn der Staat Schutz- und Hilfsmassnahmen einleitet, verlieren diese ihren christlichen Stempel. Sie werben also nicht mehr für die Kirche oder gar für eine kirchliche Richtung, sondern stellen, gerade wenn sie aus christlichen Motiven stammten, in schönster Weise brüderliche Gesinnung ohne missionarischen Nebenzweck dar.

## Die drei Phasen der Auseinandersetzung mit der Arbeiterbewegung und dem Sozialismus

Die Abwehr der reformierten Christenheit gegenüber dem sozialistischen Denken kannte Zeiten der besonderen Intensität und solche der Windstille. Es fällt auf, dass die Auseinandersetzung der Christen mit den neuen sozialen Ideen speziell dann in Gang kam, wenn ein aufsehenerregendes Ereignis eingetreten war. Das bedeutet, dass die Christen sich weniger durch Not und Proletarisierung ihrer Gemeindeglieder als durch Gefahren für die reine Lehre oder die Kirche herausgefordert sahen. So haben denn das Auftreten des ersten Kommunisten in der Schweiz und die nachfolgende 1848er Revolution eine erste Welle von Stellungnahmen hervorgerufen, der Aufstand der Pariser Commune von 1871 eine zweite und das Wachstum der deutschen Sozialdemokratie nach dem Sozialistengesetz (1891) und die Gründung der SPS (1888) eine dritte Welle.

## 1. Weitling in der Schweiz

Der Damenschneider Wilhelm Weitling (1808-1871) aus Magdeburg war seit 1841 in der Schweiz und hat sein wichtigstes Werk *Die Garantien der Harmonie und der Freiheit* 1842 in Vevey herausgebracht. Als er in Zürich sein nächstes Buch *Das Evangelium des armen Sünders* drucken lassen wollte, klagte der Kirchenrat wegen Religionsstörung vor Gericht. Weitling wurde verhaftet, verurteilt und ausgewiesen, allerdings bloss wegen Aufreizung zum Aufruhr; die Religionsstörung wurde nicht weiter verfolgt. Sein Buch erschien dann 1845 in Bern und stellt ein Beispiel für die Art dar, wie sich die Arbeiter eine Stellungnahme der Kirche zum Industrieproblem vorstellen mochten: Jesus ist Kommunist und stellt die Prinzipien von Freiheit und Gleichheit ins Zentrum seiner Verkündigung. Das Werklein vertritt einen – allerdings oberflächlichen – religiös begründeten Sozialismus. Weitling nimmt an, dass Jesus eine kommunistische Geheimgesellschaft habe gründen wollen und dass die urchristliche Gemeinde dem auch entsprochen habe. Erst die christlichen Kirchen – «das sog. historische Christentum» – habe im Dienste anderer Mächte diese ursprünglichen Impulse verdunkelt. Deshalb müsse die moderne Welt an diesen Charakter der Lehre Christi erinnert werden. «Die Religion muss also nicht zerstört, sondern benützt werden, um die Menschheit zu befreien. Christus ist ein Prophet der Freiheit, seine Lehre die der Freiheit und Liebe.»

Nach dem Paukenschlag Weitlings und noch vor der 48er Revolution tagte im Herbst 1847 die schweizerische Predigervereinigung, die repräsentative Körperschaft der reformierten Pfarrer, und stellte ihre Gespräche unter den Titel: «Die Bedeutung des Kommunismus, aus den Gesichtspunkten des Christentums und der sittlichen Kultur gewürdigt.» Pfarrer Romang aus dem Simmental, der das Hauptreferat hielt, kannte den Frühsozialismus nur aus Schriften und nahm die anderswo in Gang gekommene Industrialisierung noch nicht wahr. Privateigentum – ohne Unterscheidung in solches an Produktionsmitteln und dem persönlichen Gebrauch dienendes – ist für ihn notwendige Voraussetzung für die Entfaltung der freien Persönlichkeit. Kommunismus entsteht «aus selbstischer Begehrlichkeit, dem ganzen vollen Egoismus des modernsten, zu einem guten Theil auf Abwege gerathenen Freiheitsbestrebens». Religion – er sagt gelegentlich: *Christianismus* – ist selbstverständlich das reine Gegenteil; «sie zieht den Menschen vom Sinnlichen ab, weist ihn auf das Uebersinnliche hin und ist als zuchterhaltende Macht diesen Empörungen sinnlicher Begehrlichkeit so sehr im Wege, dass sich nicht die geringste Empörung gerade gegen sie kehren muss.» Zwischen Religion und Kommunismus bestehe notwendigerweise Gegnerschaft.

Woher kam eine solche Argumentation eigentlich? Mir will scheinen, dass eine im wesentlichen unevangelische Grundeinstellung zur Materie zugrundelag: Romang spricht vom *unversöhnlichen Widerstreit* zwischen Geist und Materie, zwischen christlichem Spiritualismus und sozialistischem Materialismus. Damit gerät in Vergessenheit, dass Jesus ja auch ums tägliche Brot und um die Bedürfnisse des Leibes beten lehrt. Aber die reformierten Pfarrer in der Schweiz teilten Romangs Auffassung weitgehend.

## 2. Im Zeichen der Commune

In den Verhandlungen der schweizerischen reformierten Predigergesellschaft, in denen die soziale Frage immer wieder auftauchte, kann man zwar ein wachsendes Verständnis für die Besonderheiten der Industriegesellschaft und einen Vormarsch der Sozialreform-Ideen bemerken, aber die absolute Trennung zwischen der Botschaft des Evangeliums und dem sozialistischen Denken blieb bestehen. Das wurde auch nicht anders, als sich Arbeiter aus mehreren Ländern zur *Internationalen Arbeiter-Association* zusammenschlossen (1864) und als die Schweiz neben Frankreich, England und Belgien ein Zentrum dieser Organisation wurde. Ein weitum leuchtendes Fanal der erstarkenden Arbeiterbewegung wurde der Aufstand der Pariser Commune im Jahre 1871, der in der bürgerlichen Schweiz mit Erschrecken verfolgt wurde. Wenige Monate nach dem Zusammenbruch der Commune trafen sich die Schweizer Pfarrer in Schaffhausen und liessen sich durch Pfarrer Bernhard Becker aus Lintthal über «das Verhältnis der Kirche zur Arbeiterfrage» belehren.

Becker erkennt, dass es ein Problem der Industriearbeiter gibt, aber er liefert den versammelten Geistlichen keine eindringliche Darstellung der sozialen Zustände und schon gar keine Kritik derselben. Einzig eine milde Ermahnung an die Fabrikherren wurde vorgebracht, sie sollten die Menschlichkeit nicht ganz vergessen und den Arbeitern mehr Lohn zugestehen. Becker sieht die Lösung der Arbeiterfrage nur in der inneren Umkehr des Individuums; er richtet seinen Appell an die Religion und Moralität der Staatsmänner und Unternehmer. Er weist den Verdacht ab, «der bei den unteren Klassen herrscht, dass die Kirche in stillschweigendem Einverständnis mit der Klasse der Besitzenden das Werkzeug sei, die Massen zu zügeln, in Gehorsam, Botmässigkeit und Unterwürfigkeit zu halten». Der Pfarrer habe allerdings die Aufgabe, mässigend und mildernd auf die Arbeiter einzuwirken, um «übertriebene oder in barbarischer und verderblicher Weise gestellte Forderungen auf ein natürliches und gerechtes Mass zurückzuführen». Solche Worte mussten in einer Zeit, in der von oben der Klassenkampf mit voller Härte geführt wurde, als Parteinahme für die «Oberen», für Unternehmer und Kapitalisten verstanden werden.

Ein vollkommen anderer Ton erklang einige Jahre später. Pfarrer Zündel, später Biograph des älteren Blumhardt, hatte 1874 über die Stellung des Geistlichen in der Gesellschaft zu reden, und dabei kam er am Rande auch auf die soziale Frage zu sprechen. Seine theologischen Gedanken hätten im christlichen Verständnis der Arbeiterfrage eine Wendung herbeiführen können. Die christliche Gemeinde, so führte Zündel aus, leide unter einem schwer zu ertragenden Dualismus: «Ihr religiöses und sittliches Bewusstsein fällt auseinander; der religiöse Theil der Gemeinde, welcher sich der persönlichen Gemeinschaft mit Christus bewusst ist, findet den Zusammenhang Christi und des Christenthums nicht mit der auf die materielle Welt gerichteten Thätigkeit. Der andere Theil, welcher die Instinkte der Zeit, die thatkräftige Richtung auf die Welt hat, findet ebensowenig seine Beziehung auf den Menschensohn, in dem erst alle Weltgemeinschaft ihr Ziel, ihre Ruhe und Erlösung findet.» Zündel möchte deshalb eine Kirche, die sich von der reinen Geistigkeit löst und die sich um die Welt kümmert. «Aus dem Idealismus und Intellektualismus einer bloss in dem menschlichen Geist aufgenommenen Welt ist unsere Zeit zu dem ernstesten Realismus übergegangen, den menschlichen Geist herrschend und beherrschend in die materielle Welt zu versenken und die Welt des Stoffes und der Kräfte der menschlichen Gesellschaft dienstbar zu machen.» Diese Richtung müsse der Theologe unbedingt einschlagen, «denn nur wir sehen eigentlich die wahre Einheit des Weltlichen und Geistlichen im Menschensohne». Zündel bestritt also die Möglichkeit einer Aufteilung des Lebens in einen weltlichen und einen geistigen Bereich und damit auch die Möglichkeit eines bloss innerlichen Christentums. In der Auferstehung liegt nach ihm «der Uebergang von dem

Evangelium des subjektiven Bewusstseins zu dem einer ob-
jektiven Siegeskraft über Sünde, Tod und Finsternis». Von
einer solchen Schau war es nur noch ein Schritt bis zur Aner-
kennung, dass die Befreiungsbewegung der Arbeiter aus
Impulsen des Evangeliums stammte. Es blieb Zündels
Freund Christoph Blumhardt vorbehalten, diesen Schritt zu
gehen.

### 3. Im Zeitalter der erstarkenden Arbeiterbewegung

Erst gegen Ende der siebziger Jahre legte sich in der Schweiz
der Schrecken über die Pariser Commune; in den achtziger
Jahren begann ein vorerst noch zaghafter Neuaufbau jener
Arbeiterorganisationen, welche vor 1871 schon recht stark
gewesen waren, dann aber infolge der Reaktion auf die
Commune und auch infolge der internen Auseinandersetzungen zwischen Marxisten und Anarchisten auseinander-
gefallen waren. 1880 wurde der Gewerkschaftsbund, 1888
im dritten, nun erfolgreichen Anlauf die Sozialdemokratische Partei der Schweiz gegründet. Dies waren aber Gruppen im Kleinformat: Noch 1894 hatte der Gewerkschaftsbund erst 9000 Mitglieder, 1890 die SPS 2000. Partei und
Gewerkschaft im eigenen Lande beschäftigten die Öffentlichkeit und die evangelischen Christen viel weniger als aus-
ländische Entwicklungen. Vor allem das Sozialistengesetz,
das der Deutsche Reichstag auf Antrag Bismarcks 1878 ver-
hängte und das wichtige Sozialistenführer und das Partei-
blatt *Sozialdemokrat* ins schweizerische Exil verdrängte,
wurde unter ihnen diskutiert. Gerade an der mächtigen Entwicklung dieser verfehmten Arbeiterpartei, die sich von 9
Reichstagsmandaten im ersten Jahr des Repressionsgeset-
zes zu 35 anno 1890 aufschwang und damit zur stärksten Partei in Deutschland wurde, konnte man erkennen, dass hier
eine bedeutsame politische und gesellschaftliche Kraft im
Wachsen war. Dass Kaiser Wilhelm II. das Gesetz anno
1890 aufheben musste, demonstrierte den Machtzuwachs
mit voller Deutlichkeit.

Auch schweizerische Beobachter erkannten diese Zeichen der Zeit. Mit dem Erstarken der Gewerkschaften und der sozialdemokratischen Partei, das seit 1890 auch in der Schweiz festzustellen ist, begann eine Zeit des verstärkten Klassenkampfes, und diese polarisierte Situation blieb auch den kirchlichen Gruppen nicht verborgen. In diese Phase der gesellschaftlichen und politischen Entwicklung gehört das Erscheinen des religiösen Sozialismus, welcher Arbeiterbewegung und Evangelium in eine ganz neue Beziehung zueinander setzte; man erkennt ihre Anfänge seit 1899 in Süddeutschland (Blumhardt) und seit 1900 in der Schweiz (Eugster-Züst). Um diesen Durchbruch richtig werten zu können, muss man wissen, wie damals in den anderen Milieus der Schweiz die Fronten standen.

## Frühe rote Pfarrer

Schon in der Frühzeit der Sozialdemokratie und des Gewerkschaftswesens ist ein Schweizer Pfarrer an vorderster Stelle dabei gewesen, der Berner Paul Brandt (1852-1910), der wohl der erste evangelische Geistliche im deutschen Sprachgebiet – wenn nicht überhaupt im kontinentalen Europa – gewesen ist, welcher einer sozialistischen Arbeiterorganisation beitrat. Brandts Weg führte über die linksbürgerlichen demokratischen Gruppierungen (St. Galler Demokraten, Grütliverein 1880) schon früh zur Sozialdemokratie: Als sein Freund Albert Steck die sozialdemokratische Partei gründete, war Brandt dabei und ist bald einmal Parteipräsident (1889) und Nationalrat (1902) geworden. Damit gehört also zu den Gründervätern des schweizerischen Sozialismus ein Pfarrer – er «trat als der erste unter den schweizerischen Pfarrern unter das internationale rote Banner», wie es in einer zeitgenössischen Gedenkschrift heisst.

Zwei weitere Pfarrer waren noch vor dem ersten Weltkrieg so hervorragende Sozialdemokraten, dass sie ins eidgenössische Parlament gewählt wurden, Howard Eugster-Züst (gewählt 1908) und Paul Pflüger (gewählt 1911). Damit waren unter den 21 eidgenössischen Parlamentariern, die die SPS bis 1914 vertreten haben, immerhin drei reformierte Theologen. Nach der Bundesverfassung kann ja kein Geistlicher ins Parlament gewählt werden; Eugster musste sein Pfarramt aufgeben und Gewerkschaftssekretär werden, Brandt war schon vorher Journalist geworden, Pflüger liess sich erst in den Nationalrat wählen, als er bereits in der Stadtzürcher Exekutive sass. Von diesen dreien gehört Eugster zur Gruppe der religiösen Sozialisten, weil er die Motivation für sein politisches Handeln aus dem blumhardtschen Reichs-Gottes-Verständnis ableitet. Wir müssen ihn also an anderer Stelle betrachten. Pflüger aber gehört wie Paul Brandt zum Typus des liberalen Theologen mit humanitär-demokratischer Motivation.

Der Zürcher Paul Pflüger (1865-1947) war zwölf Jahre lang Seelsorger der Arbeitergemeinde Zürich-Aussersihl; 1910 wurde er in die städtische Exekutive, den Kleinen Stadtrat, gewählt und betreute dort während neun Jahren das Armen- und Fürsorgewesen. Pflüger war über den Grütliverein zur Politik gekommen; er hatte auch Jurisprudenz und Nationalökonomie studiert; davon ausgehend wurde er ein wichtiger Vertreter der Lehre vom Gemeindesozialismus, d. h. von der Auffassung, es lasse sich im fortschrittlichen Gemeinwesen viel schneller etwas von den (reform)-sozialistischen Ideen realisieren als im Gesamtstaate. Aber Pflüger war alles andere als ein linksfreisinniger Demokrat; in seinen vielen Schriften erweist er sich als überzeugter Sozialist. Von Brandt und Eugster, die primär Gewerkschafter waren, unterscheidet sich Pflüger durch seine Betonung der politischen Tätigkeit. Er sprach etwa 1897 vor der schweizerischen Predigergesellschaft über «Kirche und Proletariat» und kennzeichnete die seinem Engagement zugrundeliegende Haltung eindeutig als «Religion des ethischen Idealismus und der Humanität». Jesus Christus wollte nicht eine neue Religion stiften, sondern dem Volke eine sittliche Erneuerung bringen. Das heisst: Pflüger, damals der umstrittenste Pfarrer der Schweiz, hielt das eschatologische Element der christlichen Lehre für belanglos und reduzierte das Evangelium auf Ethik, ja auf die Sozialethik.

## Evangelische Arbeitervereine

Die drei sozialdemokratischen Nationalräte und ehemaligen Pfarrer Brandt, Eugster und Pflüger sind nur der äusserste linke Flügel der schweizerischen Pfarrerschaft. Was spielte sich in dieser Zeit des beginnenden Klassenkampfes im Zentrum der evangelischen Kirche ab? 1889, 1893, 1897 und 1902 wurde die allseits als aktuell empfundene Arbeiterfrage an Predigerfesten behandelt. Dabei machte sich zwar hin und wieder die Stimme eines kämpferisch antisozialistischen Christentums bemerkbar, indem die Sozialdemokratie mit einem «höllenheissen Hassesfeuer» verglichen wurde (1893), aber solche Töne erklangen immer seltener. Es waren die Jahre, wo im stets parallel laufenden deutschen Geschehen zuerst der kämpferische Hofprediger Adolf Stoecker mit seiner christlichsozialen Arbeiterpartei (1878) und nachher Pfarrer Friedrich Naumann als Exponent der evangelisch-sozialen Bewegung auftraten und in der Schweiz Nachfolger anregten. Sie wirkten im deutschschweizerischen Protestantismus vor allem auf den sog. positiven (d. h. orthodoxen) Flügel; der Gründer des ersten evangelischen Arbeitervereins, Pfarrer Jakob Probst (1846-1910), vertrat dabei stöckersche Positionen des Kampfes gegen die Sozialisten, der spätere Leiter der evangelischen Arbeitervereine, (Pfarrer Gustav Benz, 1866-1937) eher die naumannsche, die er als Versuch einer unpolemischen Zusammenarbeit mit den Sozialdemokraten in der Sozialreform und als Bindung der christlich gesinnten Arbeiter in den kirchlichen Vereinigungen interpretierte.

Jakob Probst, ein «Positiver» aus Basel, war von Adolf Stoecker beeindruckt; es brauchte aber lange Zeit und den

24

sich mit dem stöckerschen überlagernden Impuls Friedrich Naumanns, bis Probst 1894 in Horgen ZH und in Basel evangelisch-soziale Arbeitervereine gründete. Der Name erinnerte nun an Naumanns Evangelisch-Sozialen Kongress und nicht an Stoeckers Christlich-Soziale Bewegung. Jakob Probst, der Gründer des Horgener Vereins und der christlich-sozialen Konferenz des Kantons Zürich, hat als erster eine wichtige Erkenntnis vertreten: «Vor einem Irrtum können wir uns nicht genug hüten, vor dem nämlich, als ob das evangelische Christentum solidarisch sei mit irgend einer bestehenden politischen oder wirtschaftlichen Gesellschaftsordnung.» Hier hat zum erstenmal ein Schweizer Pfarrer die Gefahr erkannt, dass diejenigen, die für Christentum und Kirche zu sprechen behaupten, unreflektiert die bestehende Ordnung und die bürgerliche Gesellschaft mit dem Evangelium in eins setzen. Deshalb wendet sich Probst auch gegen ein instrumentales Einsetzen der Kirche für die Erhaltung der bestehenden Zustände; jene, «die die Kirche gerne an der Arbeit sehen zur Beschwichtigung eines begehrlichen Volkes», sollen von ihr keine Hilfe bekommen.

Gerade weil er die Bindung zwischen Christentum und bürgerlicher Gesellschaftsordnung auflöst, ist Probst zu einer massiven Kritik am Kapitalismus fähig. Der Pfarrer aus Industriegebieten kennt die Probleme der Fabrik und steht mit seinen Sympathien auf Seiten der Arbeiter. Die bestehenden Verhältnisse haben nach seiner Ansicht «keinen Anspruch darauf, spezifisch christlich genannt zu werden», sie beruhen auf dem praktischen Materialismus, sind damit atheistisch und widersprechen dem Geist des Christentums. «Streichet aus dem sozialdemokratischen Programm alles, was aus prinzipieller Gottlosigkeit herstammt, und der Rest der Forderungen ist christlicher als die Prinzipien der gegenwärtigen sozialen Ordnung oder Unordnung.»

Das ist eine moderne Kapitalismuskritik und bedeutet eine längst fällige Auflösung der fatalen, selbstverständlichen Verklammerung von Kirche und Christentum mit der bürgerlichen Gesellschaft. Aber Probst ist trotz dieser Modernität in einem kämpferischen, antiquiert anmutenden Anti-Sozialismus befangen. Er sieht einen gewaltigen Kampf durch die Zeit gehen: «Alle gottwidrigen Geistesmächte und antichristlichen Zeitströmungen treffen sich in einer gewaltigen Organisation, und in dieser Organisation mit Allem, was sie umschliesst, erkenne ich die eine, grosse, gegen den evangelischen Glauben und das christliche Leben anrückende feindliche Macht; das ist der internationale Sozialismus mit seiner atheistischen Philosophie und materialistischen Weltanschauung.»

Gustav Benz, der zwanzig Jahre jünger war als Probst, ist in diesem Punkte realistischer gewesen. Der 28jährige Pfarrer von Wagenhausen TG wurde 1894 von einem Verein, in dem fromme Kaufleute und Unternehmer sassen, als «Sekretär für evangelisch-soziale Bestrebungen» nach Basel gerufen. Der Arbeitersekretär und spätere Kleinbasler Gemeindepfarrer nahm die Lebensnot der Fabrikarbeiter in solcher Deutlichkeit wahr, dass er nicht mehr auf einer «rein religiösen» Ebene bleiben konnte. Wie andere Orthodoxe scheint er zunächst von der Frage der Sonntagsruhe für die staatliche Sozialreform gewonnen worden zu sein. Der begnadete Beobachter erkannte rasch, dass für Frauen und Männer der Sonntag kein freier Tag wurde, wenn am Samstag bis spät gearbeitet werden musste. Folgerichtig begann er für den freien Samstag-Nachmittag zu kämpfen; auf diesem Gebiet darf er für die Schweiz als Pionier bezeichnet werden. Weil aber diese Forderung in Konkurrenz stand mit der des Achtstundentages, wurde Benz zum Kenner des gesamten Arbeitsrechtes und Vorkämpfer einer Revision des Fabrikgesetzes von 1877. Ihm ist zu einem grossen Teil zu verdanken, dass bei den kirchlichen Rechten der Widerstand gegen die Sozialgesetzgebung abgebaut wurde. Als Krönung seines Werkes erlebte Benz die Tatsache, dass die von ihm geschaffene freiwillige Arbeitslosenkasse im Kanton Basel-Stadt durch Gesetz für die untersten Gehaltsklassen obligatorisch erklärt wurde und dass er als neutraler Präsident der entsprechenden Kasse, von Arbeitnehmern und Arbeitgebern hoch geachtet, jahrelang ein wichtiges Sozialwerk leiten durfte. Benz hat sich, zusammen mit der Entwicklung der Arbeiterbewegung und der Industrie, deutlich von der abwehrenden Position der stöckerisch-probstischen Frühzeit wegentwickelt. «Es geht nicht an, dem christlichen Arbeiter zu wehren, sich an der Arbeiterbewegung zu beteiligen, trotz allen Gefahren und sittlichen Konflikten, die dem einzelnen für seine Stellung als Christ daraus erwachsen mögen. Es ist vielmehr ihrer aller sittliche Pflicht, dass sie sich an den Bewegungen und Fragen ihrer Gebiete beteiligen und dabei als Christen sich betätigen und bewähren.» Benz erkannte als erster Schweizer Pfarrer, «dass in der Arbeiterbewegung auch gewaltige sittliche Faktoren wirken. Man muss nur die geistige und moralische Stumpfheit und Verkommenheit der industriellen Arbeitermassen im ersten Drittel des 19. Jahrhunderts mit dem vergleichen, was an geistigen und sittlichen Kräften in der jetzigen Arbeiterbewegung aller Kulturländer lebendig ist, so lässt es sich mit Händen greifen, dass wir da eine Bewegung von ganz hervorragender sittlicher Bedeutung vor uns haben.» Beim späteren Benz findet sich keinerlei Warnung vor dem Sozialismus mehr, keine Antithese Christ-Sozialist.

Man erreicht mit Benz schon vor der Jahrhundertwende einen Punkt der positiven Beurteilung der Arbeiterbewegung, wie er im schweizerischen Protestantismus bisher von keinem Theologen erreicht worden war, ohne dass der betreffende selber Sozialist wurde. Was lag nun aber zwischen dieser Position und der eines Eugster-Züst, eines Kutter, eines Ragaz, welche sich mit prophetischer Einseitigkeit auf die Seite der Arbeiterbewegung stellten, so dass die meisten von ihnen auch Sozialdemokraten werden konnten, und zwar unter ausdrücklicher Ableitung ihrer Entscheide aus dem Evangelium? Der Unterschied reduziert sich meines Erachtens auf ein anderes Verständnis der Reich-Gottes-Geschichte. Benz hatte ein harmonisches Gesellschaftsbild und eine entsprechende Geschichtsauffassung. Als es darum ging, ob man den freien Samstagnachmittag sofort fordern sollte, erinnerte Benz an die gemeinsamen Interessen aller von der Industrie Lebenden. «Der verständige Arbeiter wird auch des gemeinsamen Interesses gedenken, das ihn mit seinem Arbeitgeber verbindet.» Wohlverstanden: Benz war nicht gegen Gewerkschaften, nicht gegen Streiks. Aber die Sozialreform, Kern und Stern seiner sozialen Ideen, soll in Sozialpartnerschaft vorwärts gebracht werden. Klassenkampf – Benz sagt: «Klassenhass» – ist abzulehnen. Hier zeigt sich die grosse Entscheidungsfrage, die sich den sozial gesinnten schweizerischen Christen um 1900 bedrängend stellte: War es denkbar, alles von harmonischer Entwicklung innerhalb der bisherigen Strukturen zu erwarten, oder musste man das Drängen der Arbeiter auf Systemveränderung mitmachen? Die Entscheidung eines Christen für die eine oder andere Seite hing daran, wie er sich den Gang des Reiches Gottes auf Erden vorstellte, als harmonische Entwicklung oder als Einbruch durch Krisen und Kämpfe. Das harmonistische Entwicklungsbild kam, so will mir scheinen, dann in eine Krise, als der Klassenkampf immer härter wurde und sich seinem Höhepunkt, der Zeit zwischen den Weltkriegen, entgegenbewegte. Es fällt auf, dass der Sozialdenker Benz seit etwa 1910 verstummt und nur noch der Prediger vernommen wird. War vielleicht diese Form der sozialpartnerschaftlichen Reform nur in Zeiten möglich, in denen die Polarisierung der sozialen Parteien nicht besonders ausgeprägt war?

Die Entwicklung der schweizerischen Gesellschaft trieb seit der Mitte der 1890er Jahre auf einen solchen Höhepunkt zu. In dieser Zeit war im schweizerischen Protestantismus die Diskussion über die «Arbeiterfrage» dauernd im Gange. Um 1900 – also bevor die neue Tendenz der Blumhardt-Kutter-Ragaz sich hören liess – spielte sie sich in Form eines Dreiecksgespräches ab; die drei Teilnehmer waren die sozialistischen Pfarrer, meistens durch Pflüger vertreten, die «positiven» Sozialpfarrer mit ihren evangelischen Arbeitervereinen und die liberalen Sozialtheoretiker, deren Denken wir nun zum Abschluss dieses Kapitels noch kennenlernen müssen.

## Liberale Sozialpfarrer

Es mengte sich in die Auseinandersetzung um die «soziale Frage» etwas vom Richtungsstreit, der damals die evangelische Schweiz mehr beschäftigte als das Verhältnis zu Politik und Gesellschaft: Die sozialistischen Pfarrer der ersten Generation kamen alle vom Liberalismus her, während die «positiven» offenbar eine Sperrung gegenüber dem Sozialismus hatten, die von ihrer dogmatischen Position her kommen mochte.

Die liberale Theologie – in der Schweiz oft als «Reformtheologie» bezeichnet – hatte zum Sozialismus einen leichteren, zugleich aber auch einen schwierigeren Zugang als die orthodoxe. Die Nähe ergab sich aus der geistesgeschichtlichen Stellung des Liberalismus, die Ferne aus seiner Position innerhalb der Gesellschaft. Ideologisch gesehen, besteht die bekannte Wurzelgemeinschaft von Liberalismus und Sozialismus; beide wachsen aus der gesamteuropäischen Aufklärung heraus. Die Reformtheologen glaubten, wie die frühen Sozialisten, an die Perfektibilität des Menschen und der Zustände; das musste sie für das sozialistische Denken empfänglich machen. Dem stand aber die liberale Lehre von der freien, durch nichts einzuschränkenden Persönlichkeit und die Ansicht von der sich automatisch einstellenden Harmonie der Interessen entgegen. Dieses liberalistische Element wurde verstärkt durch die Tatsache, dass die Reformer als Bundesgenossen in ihrem innerkirchlichen Kampf gegen Dogmenzwang und Bekenntnisenge die starke Partei des politischen Freisinns brauchten und dass die führenden Freisinnigen, die den schweizerischen Bundesstaat geschaffen hatten, eine ausgesprochen bürgerliche Gruppe waren, in der Bankiers, Unternehmer und Kaufleute den Ton angaben. Die kirchenpolitisch umstrittenen Reformer hatten es darum nicht leicht, sich von diesen Alliierten zu distanzieren und sozialistisch zu predigen. Trotzdem fiel es den liberalen Theologen leichter, ohne Vorurteil an die «soziale Frage» heranzutreten; sie haben es auch früher getan als die «Positiven». Aber diese kämpferischen linken Freisinnigen bildeten in der immer stärker werdenden Reformrichtung der Schweiz nur einen schwachen linken Flügel. Das Gros der Reform verharrte allerdings in einer dosierten Distanz zum Sozialismus und zur Arbeiterbewegung. Man kann das bei keinem seiner Vertreter so gut beobachten wie bei dem «Grand old Man» der Liberalen in der Schweiz, dem Freund Langs und Biedermanns, der der eigentliche Sprecher der Freisinnigen zu den sozialethischen Fragen gewesen ist, bei Conrad Wilhelm Kambli (1829-1914). Er hat sich von der Commune-Zeit bis zur Jahrhundertwende zur «sozialen Frage» in der Predigergesellschaft und ausserhalb derselben immer wieder geäussert und darf als Sprecher der liberalen Gruppe gelten.

Sein Buch *Die sozialen Parteien und unsere Stellung zu denselben* erschien 1887; am Predigerfest von 1893 votierte Kambli in der Diskussion ausführlich und im gleichen Sinne. Man darf damit ohne Bedenken seine Stimme für die um 1890 im «freien Christentum» in der Schweiz massgebliche halten. Kambli führt aus, der freisinnige Protestantismus stehe der sozialen Frage besonders nahe, weil er von jeher die Freiheit des Individuums, dessen Autonomie, habe vertreten wollen. Nach Kambli gibt es keine christliche Ökonomie, aber eine christliche Art, zwischen alternativen Modellen der Ökonomie auszuwählen. Die sozialistischen Lösungsvorschläge der «sozialen Frage» passen insofern zum Christentum, als sie die Solidarität der Menschen ausdrükken – Kambli leitet diese aus der Gotteskindschaft und Bruderschaft der Menschen ab. Aber es besteht eine Differenz zwischen christlichen und sozialistischen Leitbildern, wenn der Sozialismus die Autonomie des Menschen gefährdet. Kambli ist deshalb für gesetzlichen Arbeiterschutz, für Selbsthilfekassen der Arbeiter, für Gewerkschaften und natürlich, wie alle christlichen Sozialdenker des 19. Jahrhunderts, für Genossenschaften. Aber er lehnt an der Sozialdemokratie ihren Atheismus und die Lehre von der freien Liebe ab, die er beide für konstitutiv hält, dazu auch den Glauben an die Notwendigkeit der Revolution. In seinem Werk gibt es noch einen langen Abschnitt über die «Verwirrungen der Sozialdemokratie», und dort ist der Atheismus nur *ein* Vorwurf neben vielen anderen. Mit solchen Äusserungen wird Kambli in seinem Verhältnis zum Sozialismus ein typischer Apologet. Er richtet immer die Grenze auf: Bis hierher und nicht weiter! Die Lehre vom Eigentum, das für die freie Persönlichkeit nötig sei, hindert am Eingehen auf die sozialistische Eigentumslehre, eine bürgerliche Sozialvorstellung lässt kein Verständnis für die Emanzipation der Frau aufkommen. Dabei war Kambli ohne Zweifel um 1890 derjenige schweizerische Pfarrer, der am meisten über den Sozialismus gelesen und am intensivsten über ihn nachgedacht hatte. So erlaubt er uns jetzt auch, die Position der in mannigfaltige Gruppen zerteilten schweizerischen Reformierten am Jahrhundertende zusammenfassend zu bestimmen. Im Herbst 1897 verhandelte man am schweizerischen Predigerfest in Chur zum letzten Male im alten Jahrhundert über die «soziale Frage». Gustav Benz und Paul Pflüger äusserten sich zum Tagungsthema: «Wie hat die Kirche unter den heutigen Verhältnissen den Armen das Evangelium zu predigen?» Die beiden Referenten vertraten nach dem Brauch des übergreifenden Pfarrvereins die beiden kirchlich-theologischen Richtungen. In der Diskussion äusserte sich mit Kambli auch die dritte der bisher festgestellten Tendenzen, die liberale-nichtsozialistische. Benz forderte die Uebersetzung der evangelischen Botschaft in die gegenwärtige Situation hinein; es gelte, das «Christentum in die Gegenwart und ihre Fragen und Nöte hineinzudenken, zu übersetzen» – er suchte also eine zeitgemässe Verkündigung, aber für die Inhalte des alten Evangeliums. Diese führte seiner Meinung nach nicht zu einer Systemänderung, sondern zu einer «friedlichen Sozialreform». Pflüger redete nicht vom Evangelium und nicht von der Nachfolge Christi; er vertrat eine Religion des ethischen Idealismus und der Humanität «ohne mystisch-supranaturalistischen Einschlag». Predigten sollten sich mit sozialen Themen befassen und sich nicht bemühen, um jeden Preis Neutralität zu wahren, sondern durchaus für die Armen und Entrechteten Partei nehmen.

In der Diskussion erfolgte die seltsame Wendung, dass der alte Kambli eingriff und sich eher auf die Seite des «positiven» Redners stellte. Bei seinem Versuch, zwischen Benz, der vor allem das Innerlich-Religiöse, und Pflüger, der das Äusserlich-Soziale betont hatte, zu vermitteln, geriet er stärker auf die Seite der Innerlichkeit. Voraussetzung für eine richtige Sozialarbeit war «Busse und Bekehrung des Einzelnen». Kambli scheute sich auch nicht, den Begriff der Armut zu spiritualisieren: «*Jede* Gemeinde ist eine Gemeinde von Mühseligen und Beladenen, und diesen allen, Armen am Leib und Armen am Herzen, gilt es das Wort der Hilfe zu verkünden.» Voraussetzungen für eine richtige soziale Arbeit seien «Busse und Bekehrung des Einzelnen»; Gnade und Bekehrung dürften nicht in Gegensatz zueinander gestellt werden. Damit hatte der alte liberale Kämpfer gegen eine christlich begründete Veränderungsarbeit an den gesellschaftlichen Strukturen Stellung bezogen und war damit auf die Seite des jungen «positiven» Arbeitersekretärs gegen die jungen liberalen Sozialisten getreten.

Die Situation am Ende des 19. Jahrhunderts sah also folgendermassen aus: Die Polarisierung, die in dieser Epoche des Klassenkampfes durch die ganze Gesellschaft ging, hatte auch bei den Theologen zum Bezug antithetischer Positionen geführt. Pflüger gab offenbar im wesentlichen den heilsgeschichtlichen Gehalt des Evangeliums preis, weil er von ihm aus keinen Weg zur konkreten sozialistischen Arbeit sah und weil Heilsgeschichte und christliche Innerlichkeit immer wieder zusammen aufgerufen und gegen eine soziale Konsequenz des christlichen Glaubens angeführt worden waren. Die gleiche Verzweiflung über einen klassenspezifischen Gebrauch der evangelischen Botschaft durch bürgerlich gesinnte Theologen spricht im Diskussionsvotum des liberalen Pfarrers A. Knellwolf, der sich durch diesen Gegensatz hinreissen liess, den Reichen das Recht auf das Evangelium abzusprechen: «Die Arbeitenden allein haben die frohe Botschaft nötig, sie allein sind derselben wert.» Knellwolf musste unterbrochen werden, weil es darauf einen Tumult gab.

Der Gegensatz der Auffassungen schien unüberbrückbar: Wem es um die Veränderung der sozialen Zustände ging – und nicht nur um «friedliche Sozialreform» – dem wurde so hart widersprochen, dass er die heilsgeschichtliche Herleitung seines sozialen Protestes und seiner Vorstellungen aufgeben zu müssen glaubte. Er konnte dann nur noch von allgemein humanitären Begriffen wie «Brüderlichkeit» und «Gotteskindschaft» ausgehen, musste also auf Jesus als Bundesgenossen verzichten. So stark sass die Auffassung den meisten Christen in Fleisch und Blut, dass Christentum und Kirche nur mit einer statischen Gesellschaftsordnung, bestenfalls mit langsamem friedlichem Wandel zusammenzugehen schienen. Gewiss, man glaubte an die verändernde Kraft des Evangeliums, aber nur im Leben des Einzelnen, nicht in den Strukturen der Gesellschaft. Bei den Hauptsprechern beider theologisch-kirchlicher Richtungen schien am Ende des Jahrhunderts der Rückzug auf das innerliche Christentum das letzte Wort zu sein. Mit Ausnahme der drei, vier sozialdemokratischen Pfarrer – alles Liberale – schien man sich in der evangelischen Kirche der deutschen Schweiz einig, dass «friedliche Sozialreform» das adäquate Mittel gegen die Uebel der Zeit darstelle.

Für die Arbeiter musste sich eine solche Haltung wie ein Beschwichtigungsversuch und vor allem wie eine Parteinahme der Christen für den Status quo ausnehmen.

Wo sich in diesem Jahrzehnt Pfarrer für eine prinzipiell neue Eigentumsordnung einsetzten, mussten sie sich also nicht nur in der Theologenschaft isoliert fühlen, sondern – was schlimmer war – vom eigentlichen evangelischen Denken abgetrennt sehen, so dass sie auf aufklärerisch-abstrak-te Ideen rekurrieren mussten. Das Evangelium schien eine Waffe für die Vertreter der bürgerlichen Gesellschaft und des Status quo geworden zu sein. Die Kämpfer für eine Ver-änderung gaben es resigniert aus der Hand.

*Weiterführende Literatur*

Barth R., Protestantismus. Soziale Frage und Sozialismus im Kanton Zü-rich 1830 bis 1914, Zürich 1981.

Dellsperger R., Johann Peter Romang (1802-1875). Philosophische Theo-logie, christlicher Glaube und politisches Verhalten in revolutionärer Zeit, Bern 1975.

Kambli C. W., Die sozialen Parteien und unsere Stellung zu denselben, St. Gallen 1887.

Liechtenhan R., Die soziale Frage vor der schweizerischen reformierten Predigergesellschaft, in: Aus fünf Jahrhunderten Schweizerischer Kirchen-geschichte. Festschrift für Paul Wernle, Basel 1932.

Mattmüller M., Die reformierten Christen der Schweiz vor der Arbeiter-frage im 19. Jh., in: Neue Wege 1980 (vgl. auch die Literaturangaben in Bd. 1 der Ragaz-Biographie).

Shanahan W. O., Der deutsche Protestantismus vor der sozialen Frage 1815-1871, München 1962.

Unser Dienst am Bruder. Die Werke der Inneren Mission und der christli-chen Liebestätigkeit in der Schweiz, Zürich 1940.

Ziegler A. R., Die evangelisch-soziale Bewegung der Schweiz, Zürich 1939.

# Kapitel 2:
# Christoph Blumhardt

«Dieser Mann gehörte wohl zu uns, aber er stand hoch über unserer Partei. Er hiess Christoph; Christophorus heisst Christusträger; er hat versucht, Christus über den breiten Graben, der uns von den Bürgerlichen trennt, zu uns herüberzutragen, und das werden wir ihm nie vergessen».

Es war ein Führer der Sozialdemokratischen Partei des Landes Württemberg (damals noch die Partei des Klassenkampfes und der proletarischen Revolution), der diese Worte sprach. Er tat es anlässlich der Bestattung des Parteigenossen Pfr. Christoph Blumhardt. Dieser war der Christusträger, der Christus zum Proletariat hinübertrug!

## Der Sprung über den Graben

Am 19. Juni 1899 ging Pfr. Christoph Blumhardt, Hausvater in dem von seinem Vater begründeten Zentrum christlicher Seelsorge *Bad Boll*, ins nahe Göppingen, um an einer Parteiversammlung der Sozialdemokraten teilzunehmen. Man protestierte dort gegen die sogenannte *Zuchthausvorlage*, ein Gesetz, das die blosse Aufforderung zur Arbeitseinstellung mit Zuchthaus bedrohte. Bald darauf beteiligte er sich an einer überparteilichen Versammlung, die das heisse Eisen der Fabrikarbeit verheirateter Frauen aufgriff. Entscheidend war eine am 24. Oktober abgehaltene Parteiversammlung. Hier bekannte er sich als Zeuge Jesu Christi zum *Sozialismus*. Diese seine öffentliche Solidarisierung mit der Arbeiterschaft und ihrem politischen Kampf wirkte, von der Presse entsprechend herausgestellt, als Skandal. Blumhardt erbleichte, als er am folgenden Tag in der Göppinger Zeitung die Überschrift las: «Pfarrer Blumhardts Bekenntnis zur Sozialdemokratie». Er wusste sofort, was für ein Gewitter über ihn losbrechen werde. Die Flut von Verurteilungen und Schmähungen, die sich nun von kirchlichen Kreisen her über ihn ergoss, beantwortete er damit, dass er den letzten Schritt tat und Parteimitglied wurde. Und die Kirchenleitung zog ihrerseits die Konsequenz, indem sie ihn aufforderte, auf Titel und Rang eines Pfarrers zu verzichten. Fortan sprach Blumhardt jahrelang statt in Kirchen und Kirchensälen in den Parteilokalen der Sozialdemokraten, und wie er vorher die Kirchenleute durch die Kraft seines Worts gefesselt hatte, so jetzt die kirchenfeindlichen. Der allerletzte Schritt war schliesslich die Kandidatur für die Württembergischen Landtagswahlen 1900, aus denen er als sozialdemokratischer Abgeordneter des Oberamts Göppingen hervorging.

Wir ahnen heute nur von ferne, was es inmitten des deutschen Kirchenchristentums jener Tage bedeutete, wenn ein Pfarrer solche Schritte tat. Es waren in der Sicht dieses der herrschenden Gesellschaft integrierten Christentums unmögliche Schritte. Nur ein Abtrünniger, ein «Antichrist» oder ein Kranker konnte so handeln. Die Kirchenleitungen waren im neuen, von Bismarck errichteten preussisch-deutschen Reich mehr als je ins System integriert.

Mit dem Gefühl der «nationalen Einigung» unter dem protestantischen Herrscherhaus der Hohenzollern verband sich in den evangelischen Staatskirchen leicht ein gewisser kirchlicher Triumphalismus. Dazu kam, dass Bismarck – Arbeiterkrankenversicherungsgesetz 1883, Arbeiterunfallversicherungsgesetz 1884, Invaliditäts- und Altersversicherungsgesetz 1889 – eine Sozialfürsorge in die Wege geleitet hatte, die die Welt so nirgends kannte. Man konnte und wollte nicht sehen, dass sie, im Kampf gegen die autonomen Organisationen der Arbeiterschaft geschaffen, dieser nicht gab, was sie suchte und brauchte. «Bismarcks ‹christlicher Staatssozialismus› kam aus einer patriarchalisch, gutsherrschaftlichen Denkweise, der die Welt des modernen Fabrikarbeiters fremd blieb» (Karl Kupisch).

In eben diese Welt trat Blumhardt nun ein, um den hier aufbrechenden Freiheitswillen und -kampf aus dem Geist eines von seinen Klassenschranken befreiten Christusglaubens mitzuverantworten. Der Ausbruch aus dem «System» lag auf der Linie seiner bisherigen Entwicklung, auf die wir nun zurückblenden.

## Die Motive

Es ist hier nicht der Ort, auf die Wurzeln der «Blumhardt-Bewegung» zurückzugehen: auf jenen Kampf, in dem dem Vater, Johann Christoph Blumhardt, als Pfarrer in Möttlingen aufgegangen war, dass «Jesus der Sieger» ist, der «Sieger» nämlich im Kampf Gottes um seine fremden Mächten verfallene Welt. Es kann hier von der Vorgeschichte nur insoweit die Rede sein, als sie den Sohn, Christoph Blumhardt selber, betrifft. Dieser hatte nach dem Tod des Vaters 1880 die Leitung von Bad Boll übernommen, wo sich Menschen aus allen Teilen Deutschlands und den umliegenden Ländern, vor allem auch der Schweiz, einfanden, um an der Gewissheit und Hoffnung: «Jesus ist Sieger» teilzubekommen. Wie der Vater hatte auch er seinen Auftrag zunächst im Rahmen der württembergischen Staatskirche gesehen, die es verstanden hatte, die mächtige pietistische Erweckungsbewegung ihrer kirchenkritischen Elemente zu entkleiden und zu integrieren. Aber seine Entwicklung hatte ihn dem herrschenden System mehr und mehr entfremdet. Sie hatte ihn in der eigenen Kirche einsam gemacht. So wie er das Evangelium verstand, lief es einer ganzen langen Tradition evangelischen Christentums zuwider.

«Nehmt es mir nicht übel, wenn ich auf unser Christentum nicht viel halte, es ist gar egoistisch gegenüber dem apostolischen, und auch in unsern christlichen Büchern spürt man immer das Ich, Ich. Wir müssen die Bitten, in denen wir Erhörung erfahren wollen, höher hinaufrichten auf Generaldinge im Reiche Gottes...» «Nicht dass du Christ bist, ist die

Hauptsache, sondern dass Gott in der Welt ist...» «Religion haben wir noch, christliche Sitte haben wir noch, aber dass Jesus ins Fleisch gekommen ist, dass unser Gott da ist, das ist uns vielfach verschwunden...»

Wie sein Vater verstand er das Evangelium als Botschaft und Kraft des Sieges Gottes im Kampf gegen die «Macht der Finsternis». Aber schärfer als sein Vater sah er die «Macht der Finsternis» mitten im traditionellen Christentum am Werk. «Der Heilige Geist frägt, ob wir ein Herz gehabt haben für unsere Mitmenschen, ob wir sie angenommen oder von uns gestossen haben, ob wir den Weg Jesu Christi gelernt haben, der uns zeigt, wie wir des andern Last und Sünde zu tragen haben, wie einer lieber unter den Sündern zugrunde gehen soll, als sie verdammen. Das lehrt Jesus Christus, und das Gegenteil lehrt unser heutiges Christentum, und das wird der Fluch unserer Zeit, nicht die Sozialdemokraten und Nihilisten, sondern diese falschen religiösen Ansichten und zu verdammenden Richtungen. Es steckt ein Pharisäerteufel in jedem Menschen, und das ist die eigentliche Verderbtheit, dieses Fromm-Satanische; das Gottlos-Satanische ist nicht so schlimm, das fällt von selbst weg; aber das Fromm-Satanische hat den Heiland gekreuzigt.» *Für* das Evangelium in seiner universalen Geltung für «jeden Menschen» und die «Welt», wie sie ist – *gegen* das landläufige Christentum in seiner Abwehr gegen die «Sozialdemokraten und Nihilisten»; *für* die «Generaldinge im Reich Gottes» – *gegen* die egoistische Sorge um das eigene Seelenheil. Es geht in diesem Pro und Contra im Sinne Blumhardts schlicht um die Botschaft des biblischen Evangeliums, «dass Jesus im Fleisch gekommen» und «unser Gott da ist» – gegen deren bürgerlich-individualistische Verkürzung. Es geht um die weltverändernde Dynamik, die vom authentischen Evangelium ausgeht, gegen die Statik, in der man sich im Gegebenen einrichtet, wenn nur die «Seele» ihren «Frieden» findet. Es geht, auf die prägnanteste Formel gebracht, um den Kampf und Sieg Gottes im gekreuzigten und auferstandenen Christus gegen dessen Verkehrung zur «Religion der herrschenden Gesellschaft».

In all dem geht es hintergründig um jenen Kampf zwischen Gott selbst in seinem Reichswillen und dem «Satanischen», das als «Fromm-Satanisches» in Gestalt des neuen nationalen Imperialismus, verbunden mit dem aufstrebenden Industriekapital («Mammonismus») die Welt erobert und zerstört. Diese zweite, gesamtgesellschaftliche Erscheinungsform der Gegenmacht offenbart ihre weltverwandelnde, weltzerstörerische Dynamik, während die Christen in ihrer kleinen Frömmigkeitswelt festsitzen: «...das gibt eine verhängnisvolle Lage. Der Europäer bindet einen Industriestrick um die ganze Welt, die heutige Gesellschaft, die in dieser Riesenarbeit ist, schleppt alle Völker als Sklaven hinter sich her. Ob da Millionen zugrunde gehen, ist einerlei; der Strudel hat alle mitgerissen...» «Im Mammonismus kommt jetzt alles auf die Spitze. Das ist der Antigott, der nur durch Gott besiegt werden kann.»

Das ist der Gesamtzusammenhang, von dem her Blumhardts Schritt hinüber zur «Sozialdemokratie» verständlich wird. Blumhardt vollzog ihn nicht nur in Durchbrechung der Tradition, in der er aufgewachsen war, er vollzog ihn gegen sich selbst, gegen die eigene innere Abneigung der harten Welt der Politik gegenüber. Er fühlte sich «mit Püffen und Stossen» von *Gott* in diese Richtung gewiesen. Der Schritt war so verstanden, eine Tat der «Selbstverleugnung» im Sinne Jesu.

Nur aus dieser grossen «reichs-gotteschichtlichen» Perspektive kann m.E. die einmalige Tatsache verstanden werden, dass ein württembergischer Geistlicher, tief verwurzelt im landeskirchlichen Pietismus seiner Heimat, der Partei des «Proletariats» beitrat, deren Programm sich zum «Atheismus», zur Trennung von Kirche und Staat und damit zur Überwindung der ganzen herrschenden Wert- und Gesellschaftsordnung bekannte.

Diese grosse «gottesgeschichtliche» Perspektive schliesst eine engere «zeitgeschichtliche» mit ein. Blumhardt hatte sich, seit eine schwere Krankheit ihm vermehrte Ruhe auferlegte, in die soziale und sozialdemokratische Literatur der

Zeit hineingelesen. Er erkannte die Tragweite des Aufbruchs, der sich in der Grundschicht vollzog, und die Rolle, die die Sozialdemokratie darin spielte. Zum ersten Mal in der Geschichte kommt in ihr der kleine Mann, die Basisschicht des Volkes politisch zum Zuge. Bisher blosses Objekt der Geschichte, der Packesel, auf den die andern Stände die Last und Mühsal des Daseins laden, wird der unterste Stand zum ersten Mal zum handelnden Mitsubjekt der Geschichte. Und dies gerade in der Zeit, in der er in Gestalt des Industrieproletariats seine tiefste Erniedrigung erfuhr, und im Kampf um sein Recht «nichts zu verlieren hatte als seine Ketten». «Es rumort das Selbstbewusstsein der Menschen, es kocht heraus aus dem bisherigen Schlamm der Jahrtausende... so geht's nicht ewig fort in der Welt, dass sich wenige die Glücklichen nennen und die meisten sich im Elend herumschlagen. Wenn das viele sagen in der Arbeiterklasse, und wenn sie sich strecken nach Lebensbewusstsein, so sind sie mein und ich ihr Bundesgenosse mit Leib und Seele. Dieses Lebensbewusstsein gibt uns das freudige Gottesbewusstsein.»

Gelegentlich brennt eine neue Begeisterung mit Blumhardt durch und es scheinen sich ihm die göttliche und die menschliche Seite der Sache zu vermengen. Gottesgeschichte und Weltgeschichte, Jesusgeschehen und proletarischer Aufbruch scheinen sich ihm zu verschmelzen. «... Wie da der Heiland herauskommt! Es ist die heutige Welt gesättigt mit dem, was Gott will. Wenn ich die Millionen spüre, in denen es kocht und brennt!» «Das müssen wir ins Auge fassen: eine neue Erscheinung Jesu Christi. Das Erste seines Kommens wird eine Volksbewegung sein, wo sich's von selbst begibt, was wahr ist und was recht ist. Das Volk erscheint, die Herren gehen unter. Welch eine Fülle von Leben liegt da drin! Welch eine Kraft! Wenn da diese Naturen hervorkommen, an denen nichts Geschnittenes, nichts Gemodeltes, nichts Geschniegeltes ist, dann heisst's: Achtet einer den andern höher als sich selbst. – Das wird das Zeichen des Menschensohnes sein, der Blitz, der über die Erde fährt, dass auf einmal das Volk da ist. Das Herz springt einem fast, bis diese Erscheinung Jesu Christi da ist. Was soll ich tun? Ich kann nichts machen. ‹Mer müsse warte›, bis es kommt. Nur kein Herrenwesen in sich aufkommen lassen; draufschlagen, wenn Herrenwesen in dir aufkommt! Die klugen Jungfrauen merken, wenn Jesus kommt, in diesem Aufleben des Volks.»

Um solche Worte zu verstehen, muss man den Ort vor Augen haben, an dem sie gesprochen wurden. In Parteiversammlungen spricht Blumhardt nie diese plerophorische Sprache. Es ist die Hausgemeinde von Bad Boll, vor der ihm das Herz in dieser Weise überfliesst. Diese seine um ihre persönliche Erbauung und Heilung bekümmerten Leute wollte er aus ihrem engen Kreis herausholen. «... In die grosse Weltbewegung der Zeit bin ich geboren, und in keine hat mich die liebe christliche Gesellschaft, in der ich stand, hineingeworfen. Engherzig, kleinstubenhockerisch, kleinlich, nur Sinn für die Kirche habend, haben wir unsere Zeit zugebracht.» In grosser Nüchternheit fügt er dann sofort bei: «Wohl ist wahr, das Grosse, Belebende, das die Menschen haben, geht vorbei, wenn nicht die Lebensmacht Jesu Christi hineinkommt». Blumhardt weiss offenbar auch in dieser Zeit der hochgehenden sozialistischen Begeisterung durchaus um das Neue, Andere, das mit Christus in jede menschliche Aufbruchsbewegung hineinkommt. Die «neue Erscheinung Christi», auf die sein ganzes Hoffen geht, und die «Fülle des Lebens», die im arbeitenden Volk aufbricht, bleiben ihm, auch wenn er jene in dieser greifen zu können meint, zweierlei.

Ein Motiv hält sich durch das Bewusstsein des «Gerichts», das über die Kirche in ihrer Identifikation mit der herrschenden Gesellschaft ergeht. Im Aufstieg der kirchenfeindlichen Sozialdemokratie gewinnt es ihm konkrete Gestalt. Im «Antwortschreiben an seine Freunde», in dem er sich über seinen neuen Weg erklärt, heisst es: «Wie die Geissel, welche Jesus schwingt im Tempel zu Jerusalem, so wird noch eine Geissel kommen über das ganze ungerechte

Wesen der Menschen, ein Tag, der brennen soll wie ein
Ofen, wie der Prophet Maleachi sagt. Und wenn das Gericht
im Hause Gottes anfängt, so will ich mich freuen. Die sozialistische Bewegung ist wie ein Feuerzeichen am Himmel,
welches Gericht ankündigt».

## Die Mitarbeit in der Partei

Ein doppeltes fällt hier auf: die Solidarität mit den Parteigenossen und die Distanz, die ihn von ihnen trennte. Er gehörte zu ihnen und war in ihrer Mitte doch immer auch ein
Fremdling. Einerseits wusste er sich «in Christus» selbst mit
ihnen und ihrem Kampf verbunden. Sie wiederum nahmen
ihn «mitsamt seinem Christus» freudig in ihren Kreis hinein.
In seinen «Erlebnissen eines Sozialdemokraten» erzählt
Wilhelm Keil: «... Oft sagten ihm die Leute, es sei ihnen so
wohl, wenn er unter ihnen sei, was er damit erklärte, dass sie
unbewusst etwas von Gott fühlen, wenn er zu ihnen rede...
Er sprach oft von Christus als dem Menschensohn, von der
geistigen Befreiung durch die Reformation, von der grossen
Botschaft eines Friedens auf Erden oder vom Reich Gottes
als einer neuen Herzensordnung der Bruderliebe unter den
Menschen, in der jeder Mensch Gott Vater nennen könne.
Seine Vorträge sind ihm oft wie Gottesdienste, in denen er
nach einer neuen Zeit seufzt; die Volksmassen und Völker
sieht er als verirrte Schafe an, als Leute, die reif sind zur
Ernte, denen man aber im einzelnen nicht helfen könne, ehe
die Zeit der Ernte da sei; deshalb will er ihnen auch noch
nicht von Sünde reden, sondern vom Reich Gottes.» So erlebte ihn ein Sozialdemokrat wie Wilhelm Keil.
   Blumhardt wiederum fand unter den Parteigenossen
Menschen, die ihm eine Dimension des Lebens erschlossen.
«Als ich noch im Landtag war», sagt er im Rückblick auf seine parteipolitische Tätigkeit, «habe ich empfunden, welch
grosser Vorteil es ist, auch in diesen menschlichen Bewegungen zu stehen... Gerade im Beruf, Bahn zu machen für

das Reich Gottes, scheint es mir ganz notwendig, dass dieses geistige Leben … gleichsam aufsteigen muss aus der Erkenntnis auch der materiellen Dinge, besonders der die Menschen heute noch in ihrem Leben drückenden und das Leben verderbenden materiellen Verhältnisse...» Er fand seinen «Gott» auch da, wo man ihn der Ideologie nach leugnete. «… ‹Hier wird Gott nicht geleugnet, jedenfalls nicht mehr als in den anderen Ständen und Klassen. Es leugnen heute Theologen, Philosophen, Naturforscher, Ärzte, Humanisten Gott mit dem Verstande, und dennoch werden sie von Staat und Kirche angenommen um deswillen, was sie praktisch mithelfen zum Fortschritt der Menschheit. Aber oft ist im Herzen eines mit dem Verstande Gott leugnenden Menschen mehr Gott im Geist und in der Wahrheit als in einem mit dem Munde bekennenden›.»

Hinter dem Atheismus eines Marx und eines Bebel, der ihm beim Parteitag in Lübeck «mit einer gewissen Scheu und Bescheidenheit» gegenübertrat, vermutete er einen verborgenen Glauben; es sei schwerer, keinen Gott zu kennen und doch an eine Änderung der Dinge zu glauben, als mit dem Glauben an Gott auf eine bessere Zukunft zu hoffen.

Sein Mandat als Landtagsabgeordneter nahm er ernst, so sehr er überzeugt war, dass man «gegen den Sumpf der Gesellschaft mit Gesetzen nicht aufkommen könne». In seiner «Jungfernrede» verteidigte er das Wegbleiben seiner Fraktion von der Vereidigung auf den König, da diese ein «feudales Beiwerk» sei, das in Verbindung mit den Privilegien des im Landtag sitzenden «Ritter» dessen Charakter als einer reinen Volkskammer verfälsche. Er trat für die Selbsthilfe der Landwirte durch genossenschaftlichen Zusammenschluss ein. Er wandte sich gegen die geistliche Aufsicht in der Volksschule. Er wehrte sich für die Gleichberechtigung der Homöopathie neben der Allopathie. So stand er auch gegen die Meinung, in der Landwirtschaft «mit Anwendung aller künstlichen chemischen Versuche etwas zu erreichen»; mit seiner Einsicht, dass «die natürliche Seite die Wahrheitsseite sei», hat er Erkenntnisse der modernen Ökologie vorweggenommen.

Nun die andere Seite der Sache: die Distanz, in der er sich inmitten der Solidarität fand. Im Zuge seines parteipolitischen Einsatzes erkannte er mehr und mehr die Fremdheit des Elements, in dem er sich hier bewegte. «... ‹Zunächst entwickelt sich der Trotz des Parteikampfes, wie ihn die Sozialdemokratie vertritt; da steht Trotz gegen Trotz, und es schweigt der höhere Ton des Reiches Gottes. Das Allumfassende des Sozialismus in Christus, der allen Menschen gleich hoch gegenübersteht, hat heute einen Boden zur Verwirklichung nicht. Er kann nur im Stillen hochgehalten werden›.»

Man muss beides: die Solidarisierung mit der Partei und die Fremdheit in ihr, die wachsende Entfremdung von ihr zusammensehen. Beides gehört faktisch zusammen. Denn in dem Christus selbst, dem Blumhardt sich verpflichtet wusste, ist eines nicht ohne das andere. Eines hängt am andern. Eben indem Blumhardt ganz über den trennenden Graben an die Seite der Genossen trat, konnte er ihnen «einen Spiegel vorhalten, wie ein echter Sozialdemokrat beschaffen sein müsse». Indem er ihre Sache zur seinen machte, wurde deutlich, dass die Sache Christi Grösseres meinte. Umgekehrt blieb er dabei: die Sache Christi musste in ihrer Freiheit und Überlegenheit allen Menschensachen gegenüber unter den gegebenen Umständen auch auf sozialistische Weise verstanden und vertreten werden. «Das geistige Leben und das Wort Gottes, das aus diesem hervorgehen soll», muss immer auch aus der «Erkenntnis der materiellen Dinge» und der «das Leben verderbenden Verhältnisse aufsteigen».


## Die doppelte Freiheit

Blumhardt war ein freier Mann. Er war frei in der Hörigkeit Gott gegenüber. Frei, sich so *und* so führen zu lassen. Jedes irdische Ding hatte von daher seine befristete Zeit. So auch seine Aktivität als Parteigenosse.

Man stellt seinen Rückzug aus der Parteipolitik gern als Eingeständnis eines Irrtums dar. Blumhardt habe sich getäuscht, heisst es dann. Er habe einen Traum geträumt und sei nun wieder aus ihm erwacht. Er sei einer Ideologie aufgesessen gewesen und finde sich nun wieder auf dieser Erde, wie sie wirklich war.

Wer so urteilt, projiziert eine fremde Weise des Denkens in Blumhardt hinein. Blumhardts Weise ist eine andere. Er spricht in früheren Jahren einmal davon, dass er gelernt habe, «seinem eigenen Eifer abzusterben». Es kam die Stunde, wo er auch seinem sozialistischen Eifer absterben musste, um frei zu sein für ein neues Hören und Warten auf Gott.

Dieses «Sterben und Neuwerden» war freilich von allerlei schmerzlichen Erfahrungen begleitet. Er musste erkennen, dass wie in der Kirche so auch in der Sozialdemokratie fremde Mächte am Werk waren, gegen die er nicht aufkam. Wie später Leonhard Ragaz hatte er unter dem «Geist der rohen Gewalt», wie er sagte, zu leiden, mit dem sich die Partei ihren Gegnern anglich. So schreibt er unter dem Eindruck des Dresdner Parteitages 1903 seinem Schweizer Freund, Howard Eugster-Züst, dem Appenzeller «Weber-Pfarrer»: «… ‹Es tönt mir ebenso die alleinseligmachende Politik entgegen, wie sonst die alleinseligmachende Kirche. Der Verstand, dass auch andere Gedanken und anderes Verhalten notwendig ist im Gesamtbild des Volkes und der Völker, fehlt fast ganz, und da gibt's dasselbe isolierende Streiten und Kämpfen und das Volk wird getrennt statt gesammelt. So fühle ich mich alleinstehend, und so wenig ich mich in der Kirche den Kirchenleuten gebeugt habe, so wenig beuge ich mich dem dogmatischen sozialdemokratischen System und seinen Vertretern›.»

In einem anderen Brief: «Ich trage die Sache der Sehnsucht nach einer neuen Zeit treu im Herzen, und das verbindet mich mit dem Proletariat. Aber mit der Art, wie sich in den Massen diese Sehnsucht auslebt, kann ich mich nicht einsmachen ... Nur sinnlich grobe Aktionen befriedigen die Massen ... So tritt der chronische Revolutionismus an die Stelle des Sozialismus, d. h. man kann sich soziales Streben und Kämpfen nicht anders vorstellen als mit der in der Welt üblichen Gewalt. Ähnlich haben die Christen der Masse das Reich Gottes sich nicht anders vorstellen können als in Gestalt der gewaltübenden Kirche. Darum trete ich zurück, nicht in Untreue, sondern in Treue. Denn es muss auch Sozialisten geben, die den groben, der französischen Revolution abgeguckten Revolutionismus nicht mitmachen.»

So ist Blumhardt nach der 6jährigen Wahlperiode von seinem Mandat im Landtag zurückgetreten, obschon er sicher wieder gewählt worden wäre. Dass er damit seine Solidarisierung mit dem Proletariat oder auch nur seinen Beitritt zur Partei desavouiert hätte, davon kann keine Rede sein. Aus der Tiefe der Gottverbundenheit heraus war er aufs parteipolitische Kampffeld hinausgetreten. Aus derselben Tiefe kam nun auch die Stimme, die ihn zurückrief. «... Und wenn er in den letzten Jahren ein Stiller wurde, ... sein Herz schlug nach wie vor warm für die Sache der Unterdrückten; der sozialistischen Idee, die ein Teil seiner Religion war, ist er stets treu geblieben». Diese Worte aus dem «Nachruf», den die Partei nach seinem Tod veröffentlichte, spiegeln noch in fremder Terminologie den wahren Sachverhalt wider.

Dem wahren Parteifreund blieb er der Christophorus, der Christusträger, der «versucht hat, Christus über den breiten Graben, der uns von den Bürgerlichen trennt, zu uns herüberzutragen».

**Zur Wirkungsgeschichte**

Die weiteren Auswirkungen von Blumhardts Schritt zur Sozialdemokratie sind hier noch nicht abzusehen. Sie werden uns im ganzen folgenden Gang durch die Geschichte des «Religiösen Sozialismus» begegnen. Hier nur dies:

46

Das erste Kapitel schloss mit der Feststellung: «Das Evangelium schien eine Waffe für die Vertreter der bürgerlichen Gesellschaft und den Status quo geworden zu sein. Die Kämpfer für eine Veränderung gaben es resigniert aus der Hand.» Blumhardt desavouierte dieses frustrierende Ergebnis. Er machte klar, dass zwischen dem Christus des Evangeliums und dem Kampf um die Befreiung des Proletariats ein enger, ein für geöffnete Augen zwingender Zusammenhang bestand. Der schweizerische «Religiöse Sozialismus», führend vertreten durch Hermann Kutter, Leonhard Ragaz und den jungen Karl Barth, lässt sich geradezu als Blumhardt-Bewegung bezeichnen. Diese seine massgebenden Sprecher waren jeder auf seine Weise von Blumhardt angestossen. Wesentlich ihm verdanken sie eine Sicht des sozialen Kampfs, die aus der «Reich-Gottes»-Hoffnung der Bibel stammte, verkörpert und vorausverwirklicht in Jesus Christus. Während der «Religiöse Sozialismus» in Deutschland, England und Amerika überwiegend aus der Verbindung von Christentum und Aufklärung, Christentum und liberalem Fortschrittsglauben entsprang, lebte er bei diesen Schweizern aus der Hoffnung, die so revolutionär und so umfassend ist wie der «Gott der Hoffnung», von dem die Bibel zeugt, selber. Das haben sie wesentlich bei Christoph Blumhardt gelernt.

*Weiterführende Literatur*

Blumhardt J. Chr., Ausgewählte Schriften in drei Bänden, Zürich 1947.
Blumhardt Chr., Eine Auswahl aus seinen Predigten, Andachten und Schriften, ed. Lejeune R., 4 Bde., Erlenbach (ZH) 1937, 1925, 1936, 1931.
Blumhardt Chr., Ansprachen, Predigten, Reden, Briefe 1865-1917, ed. Harder J., 3 Bde., Neukirchen-Vluyn 1978.
Blumhardt Chr., Christus in der Welt. Briefe an Richard Wilhelm, ed. Rich A., Zürich 1958.
Jäckh, E., Christoph Blumhardt, ein Zeuge des Reiches Gottes, Stuttgart 1950.
Meier Kl.-J., Christoph Blumhardt. Christ – Sozialist – Theologe, Bern – Frankfurt – Las Vegas 1979.
Sauter G., Die Theologie des Reiches Gottes beim älteren und jüngeren Blumhardt, Zürich 1962.
Zündel F., Johann Christoph Blumhardt, Giessen [20]1983.

# Kapitel 3:
# Der Durchbruch in der Schweiz I: Howard Eugster-Züst und Hermann Kutter

Christoph Blumhardts Eintreten für die Arbeiterbewegung hat in der Schweiz grosse Beachtung gefunden; mehrere Jahre lang folgten sich in dichter Reihe die Ereignisse, die das Verhältnis der Christen zur Arbeiterbewegung und zum Sozialismus in seinem Sinne umgestalteten. Man muss sogar zum Hilfsmittel einer chronologischen Darstellung greifen, um den Ueberblick über die reichen Ereignisse zu behalten, die sich in diesen ersten Jahren des neuen Jahrhunderts vollzogen.

| | |
|---|---|
| Juni 1899 | Blumhardts Göppinger Rede |
| Mai 1900 | Gründung des Appenzeller Weberverbandes durch Eugster-Züst |
| Dezember 1900 | Wahl Blumhardts in den württembergischen Landtag |
| Dezember 1902 | Kutter, *Das Unmittelbare* |
| April 1903 | Ragaz' Maurerstreikpredigt |
| Dezember 1903 | Kutter, *Sie müssen!* |
| September 1906 | Ragaz, *Das Evangelium und der soziale Kampf der Gegenwart* |
| Oktober 1906 | Erste religiös-soziale Zusammenkunft in Degersheim |
| November 1906 | Erste Nummer der Monatsschrift *Neue Wege*. |

Man erkennt schon an dieser Übersicht, dass Ereignisse der Politik – eine Gewerkschaftsgründung, eine Wahl – und Taten der Verkündigung – Predigten, Vorträge, Bücher – sich mischen; darin deutet sich der Charakter eines neuen Verhältnisses einiger Christen zur Politik an.

## Howard Eugster-Züst, der Appenzeller Weberpfarrer

Wenn man von diesem Durchbruch der Bewegung reden will, muss man zuerst von Howard Eugster-Züst (1861-1932) sprechen. Keiner unter den Schweizern hat Christoph Blumhardt so nahe gestanden wie er, keiner hat dessen Intentionen so gut verstanden. Wegen seiner Bescheidenheit und seinem Verzicht auf theoretische Äusserungen ist er fast in Vergessenheit geraten, obwohl er eine bedeutsame Gestalt mit einem exemplarischen Lebenslauf ist.

Nach Friedrich Zündel war Eugster der zweite Schweizer unter den ganz nahen Freunden und Weggenossen der beiden Blumhardt. Als Sohn eines frommen schweizerischen Handelsmannes in New York geboren – daher der englische Vorname Howard – verlor er früh beide Eltern und wurde, in die Heimat zurückgekehrt, von pietistischen Verwandten aufgezogen. In einer Krise seines Theologiestudiums – liberale Professoren brachten seinen Glauben in Bedrängnis – sandten ihn die Verwandten 1885 nach Bad Boll, und er wurde sogleich von Christoph Blumhardt angezogen, der seit kurzer Zeit den Vater in der Leitung des Hauses abgelöst hatte. «Viele Ding erscheinen mir in einem anderen Licht», schrieb er beim ersten Besuch in sein Tagebuch, «namentlich ist meine Stellung zur Welt unter dem Einfluss von Boll eine andere geworden. Es kommt mir vor, wie wenn ein Bann von mir weggenommen und als ob meine Seele frei atmete». Blumhardt hat ihn von pietistischer Skrupulosität, vom beständigen Kreisen um das eigene Seelenheil befreit. Eugster blieb von da an in engem Kontakt mit Boll und wurde einer der nahen Freunde Blumhardts; er ist gegen fünfzig Mal bei ihm gewesen und hat einen regen Briefwechsel mit ihm geführt.

1887 wurde Howard Eugster zum Pfarrer ordiniert, und bald begann sein Wirken als Seelsorger der Gemeinde Hundwil in seinem Heimatkanton Appenzell-Ausserrhoden. Dieser war eines der alten Industriegebiete der

Schweiz; auf den weit zerstreuten Höfen wohnten mehrheitlich Heimarbeiter – Weber und Sticker; sie waren nicht bettelarm, aber sie lebten ausserordentlich dürftig und waren den Wechselfällen der Konjunktur stark ausgesetzt. Eugster widmete sich in Hundwil von Anfang an der Armenpflege und den Werken der Agrarreform; er gründete eine Viehzuchtgenossenschaft für die Heimarbeiter-Kleinbauern und kämpfte für Alp- und Wiesenmeliorationen. Die soziale Ungerechtigkeit in der Heimindustrie machte ihm schwer zu schaffen. «Selbst die Christen stehen der Zukunft mit einer Art Fatalismus gegenüber», schrieb er an Christoph Blumhardt, «man beugt sich über das Bestehende wie ein Mohammedaner. So trollt sich das Fleisch des Menschen weiter als ein dicker Klumpen und sagt: ‹Es ist immer so gewesen›». Blumhardt riet ihm, mit dem öffentlichen Auftreten für eine Veränderung der Zustände noch zuzuwarten, bis von aussen ein Anruf komme, in welchem er Gottes Führung sehen könne; Eugster gehorchte und las inzwischen Marx, ja, er machte Blumhardt auf diesen aufmerksam, wie er überhaupt seinen Mentor über die Arbeiterfrage viel besser informieren konnte, als dieser im bäuerlichen Schwaben aus eigener Anschauung dazu imstande war. Nach Blumhardts Göppinger Rede vom Juni 1899 hielt aber nichts mehr den Appenzeller zurück: «Ich bin jetzt lange genug auf der Kanzel gestanden und habe das Reich Gottes verkündet. Jetzt heisst es den einzigen Weg gehen, der von der Kanzel aus weiterführt. Und der einzige Weg heisst: herunter.»

**Gewerkschaftsgründer**

Den Anlass bot ein Konflikt der Appenzeller Heimweber mit ihren Brotherren. Die Arbeitgeber hatten in einer Absatzkrise eigenmächtig den Stücklohn heruntergesetzt und ihn nach dem Ende der Stockung nicht wieder erhöht. Die Heimarbeiter wussten sich dagegen nicht zu wehren; ihre soziale Lage war auch sonst völlig ungeschützt, sie kannten keine Arbeitszeitregelung, keine Versicherung gegen Arbeitsunfälle, keinen Schutz der Frauen und Kinder. Es war klar, dass nur die gewerkschaftliche Organisation ihre Lage verbessern konnte. Aber die Organisation von Heimarbeitern, die vereinzelt wohnten und arbeiteten und die daher nie Solidarität erlebt hatten, schien ein Ding der Unmöglichkeit, und ausserdem sass noch allen der Schreck vor der Gewalttätigkeit der Pariser Commune und vor dem Atheismus in den Knochen; diese Umstände hatten bisher immer ermöglicht, die frommen Appenzeller von jeder Annäherung an die Arbeiterbewegung im Flachland abzuhalten.

Jetzt regten sich einige der Appenzeller Proletarier und wandten sich an ihren Pfarrer um Rat. Am 24. Mai 1900 gründeten eine Handvoll Heimweber, ein Arzt, ein Untersuchungsrichter und der Pfarrer Eugster-Züst in Waldstatt (Appenzell Ausserrhoden) den «Appenzellischen Weber-Verband». Es war unseres Wissens die erste Gewerkschaft von Heimarbeitern in ganz Europa, auf jeden Fall die einzige, die Bestand hatte. Zum Gelingen trug gewiss die Beteiligung von lokalen Honoratioren und des Pfarrers bei, den man seit Jahren in erster Linie als engagierten Prediger und Seelsorger kannte und den niemand als Agitator empfand. Eugster wurde nun stark in die Verbandsarbeit hineingezogen; er war Präsident der Gewerkschaft, musste Lohnkämpfe leiten, Vorträge halten, Zeitschriften gründen und redigieren, andere Berufsgruppen bei der Organisation beraten, einzelnen Ratsuchenden beistehen – und das alles neben dem Pfarramt in einer grossen Gemeinde, das er nach wie vor sehr ernst nahm. Er vollbrachte mit alledem eine grosse Leistung; es bedeutete vor allem sehr viel, dass er den Verband in den nächsten Textilkrisen zusammenzuhalten vermochte. Der Appenzellische Weberverband wurde der Kern des Schweizerischen Textilarbeiterverbandes, der heute als Gewerkschaft Textil, Chemie, Papier (GCTP) zu den grossen Gewerkschaften des Landes zählt. Eugster wurde 1908 ins schweizerische Parlament, den Nationalrat, gewählt, wo er mit Pflüger in der gleichen Fraktion sass; 1913 wählte ihn die Landsgemeinde zum Regierungsrat, also zum Mitglied der kantonalen Exekutive. In Bund und Kanton profilierte er sich als sachkundiger und umsichtiger Spezialist für Sozialreform; in den Jahren 1910 bis 1930 ist kein eidgenössisches Sozialgesetz verabschiedet worden, an dem er nicht massgeblich mitgearbeitet hätte – und das sind die Jahrzehnte, in denen die Struktur der grossen Sozialgesetze geschaffen wurde. In der schweren Auseinandersetzung des Landesstreiks von 1918 hat er im Nationalrat im Namen Christi zur Gerechtigkeit und zur Versöhnung aufgerufen.

Eugster-Züst hat keine theoretischen Schriften über das Verhältnis von Christentum und Sozialismus hinterlassen. Im Gefolge seines Freundes Christoph Blumhardt – nein, besser: in Gleichgestimmheit und Gleichzeitigkeit mit ihm – ist er auf die Seite der Entrechteten getreten und hat mit zäher Detailarbeit ein Organ geschaffen, mit dem sie sich für ihre Rechte und Notwendigkeiten wehren konnten, die Gewerkschaft. Er hat mit einer grossen Arbeitsleistung die präzisen Unterlagen für Gesetze der Sozialreform bereitgestellt und in parlamentarischen und publizistischen Auseinandersetzungen dafür gesorgt, dass der Arbeiterschutz und die Sozialversicherungen in einer Form realisiert wurden, die dem Menschen in der Industriegesellschaft echten Schutz boten und die wirklich gerecht waren. Dabei wahrte Eugster einen unvergleichlichen Stil der Arbeit und des Kampfes: Man findet kaum polemische Äusserungen, seine Sprache ist nobel, wirkt leise und versöhnlich. Allerdings auch ihm sind schwerste Anfeindungen nicht erspart geblieben, aber sie scheinen ihn fast nicht berührt zu haben. Man ahnt, dass hinter dieser gewaltigen Lebensleistung anhaltendes Gebet und der Wille gestanden haben, sich auch in Einzelheiten von Gott führen zu lassen. Das war beste pietistische Verhaltensweise, nun aber – vielleicht zum ersten Mal in der Schweiz – angewandt auf ein über-individuelles Gebiet, d. h. auf Politik und wirtschaftlich-soziale Auseinandersetzungen. Man kann aus diesem Lebenslauf erkennen, wie bedeutsam Blumhardts Anstoss von 1899 sogleich geworden ist: Er begründete einen neuen Typ des gottgefälligen Lebens, den politischen.

## Verzicht auf theoretische Äusserungen

Eugster hat Blumhardts Sicht von der Zusammengehörigkeit von Christus und sozialem Kampf konkret dargestellt. Aber der Appenzeller Pfarrer hat die Grundlage seines Handelns nie theoretisch bestimmt und nie publizistisch vertreten. Man glaubt darin eine Haltung zu erkennen, die sich auch sonst in der Blumhardt-Bewegung findet: Zunächst soll das Zeugnis durch die Existenz abgelegt werden; man hatte ja so deutlich erlebt, dass Gott nicht nur im Wort, sondern auch durch Taten wirkt. Die Leute von Boll hatten schon an der Möttlinger Heilungsgeschichte gelernt, wie schlimm fromme Publizität werden kann, wenn sie vom Zentrum der Sache nicht adäquat reden kann, sondern nur spektakuläre Einzelheiten herausposaunt; wohl aus diesem Grunde gab es bei den Leuten um Christoph Blumhardt eine Scheu vor Presse und Publizität. Robert Lejeune, der erste Editor blumhardtscher Schriften, redet von der «grossen Zurückhaltung, die man in Boll hinsichtlich solcher Veröffentlichungen übte». Christoph Blumhardts Vertraute, Schwester Anna von Sprewitz, hielt erst 1921, zwei Jahre nach dessen Tode, die Stunde für gekommen, dass «Blumhardt mit seiner Verkündigung in die Welt hinaustreten sollte». Zu seinen Lebzeiten verspürte Christoph Blumhardt offensichtlich noch keine Führung, seine Botschaft zu verbreiten.

Eugster hat sich an dieses Vorbild gehalten. Aber die blumhardtsche Botschaft wurde bald nach der Jahrhundertwende einer weiten Öffentlichkeit bekannt durch die Werke Hermann Kutters, vor allem die Bücher *Sie müssen!* (1905) und *Wir Pfarrer* (1907). Kutter ist also der frühe Sprecher der ganzen Bewegung geworden.

53

## Hermann Kutters frühe Bücher

Hermann Kutter (1863-1931) ist durch sein ganzes aktives Leben Pfarrer gewesen; er hat nicht wie Eugster und Ragaz, wie Blumhardt selber, unter dem Zwang der Botschaft seine Lebensaufgabe wechseln müssen. Die neuen Impulse, die auch in seine Existenz hineingewirkt haben, wurden also in der Predigt und bald auch in Büchern manifest. Kutter war ein prophetischer Verkündiger; man muss das Wesen seiner Botschaft also in Schriften und nicht in Taten aufsuchen, der Lebenslauf wird mit Ausnahme einer einzigen Wendung unwichtig.

Hermann Kutter gehört der gleichen Generation an wie Eugster (geb. 1861) und Ragaz (geb. 1868), er entstammte einer pietistischen Familie in Bern – der Vater war Ingenieur – und ging in seiner Jugend die gleichen pietistischen Wege wie Eugster, reiste zwei Jahre später als dieser ein erstes Mal nach Bad Boll; er war damals schon Pfarrer in Vinelz am Bielersee. Friedrich Zündel hatte ihn an Blumhardt gewiesen, als sich Kutter, von Zündels Büchern fasziniert, an ihn gewandt hatte.

Kutter hatte seit frühen Jahren eine starke Neigung und auch Begabung für philosophische Fragen; in den neunziger Jahren dachte er daran, sich in Bern zu habilitieren; in diesem Zusammenhang stehen seine gelehrten Werke über Clemens von Alexandrien und Wilhelm von St. Thierry. Die Begegnung mit Blumhardt führte ihn auf ganz andere Wege; Kutter verzichtete zunächst in seiner Gemeinde auf die üblichen Aktivitäten eines jungen Pfarrers – Bibelstunden, Jungfrauen- und Jünglingsvereine, Männerabende – um Gott allein wirken zu lassen und ihm nicht durch ziellose Aktivität im Wege zu stehen. Im Jahre 1896 entschloss er sich, nachdem er Blumhardt um Rat gefragt hatte, zur Aufgabe der akademischen Pläne, um – wie sein Sohn sagt – «für die freie, unmittelbare Verkündigung offen und gewillt zu bleiben». (Hier zeigt sich eine unerwartete Parallele zu Ragaz; dieser war schon Professor, als er Blumhardt kennenlernte, hat aber dann sein akademisches Amt fahren lassen, um «Gott in freier Luft zu dienen»). Kutter unterstrich diese biographische Wende durch eine Distanzierung von Bern und dessen Universität, indem er sich 1898 ans Neumünster in Zürich wählen liess; dort war er bis zu seinem Rücktritt im Jahre 1926 Gemeindepfarrer, vor allem Prediger.

Auch in diesem Lebenslauf hat also die Begegnung mit Blumhardt eine entscheidende Wende bewirkt. Man lernt die Blumhardt-Bewegung und die Kraft, die in ihr gelegen hat, nicht am schlechtesten kennen, wenn man die biographischen Richtungsänderungen betrachtet, die durch ihre Botschaft bewirkt wurden. Howard Eugster hatte einen Bruder, Arthur Eugster (1863-1922), der aus dem gleichen pietistischen Milieu kam, ebenfalls Pfarrer im Appenzellerland und ebenfalls dort Regierungsrat wurde. Aber er ist Blumhardt nie begegnet. Arthur Eugster wurde ein geachtetes Glied des schweizerischen Establishment, Mitglied vieler Verwaltungsräte, Nationalrat, und einmal fast, wenn er zugesagt hätte, Bundesrat, aber er war alles andere als ein Gewerkschafter und Sozialdemokrat. Kutters Weg in eine Professur war vorgezeichnet durch Begabung und Willen; er wurde nun brüsk verlassen.

## «Das Unmittelbare»

Kutters Werk der Wende heisst *Das Unmittelbare, eine Menschheitsfrage* (1902). Es zeigt ihn auf dem Wege zu einer ganz neuen Art der Schriftstellerei, denn es ist in seiner Grundanlage ein philosophisches Buch, mit wissenschaftlicher Disposition, mit Anmerkungen, ideengeschichtlichen Exkursen, einer abstrakten Sprache. Doch je weiter man liest, desto mehr verliert sich dieser Eindruck. Wie ein Blitz ist ein Element der Spontaneität in diese distanziert-geordnete wissenschaftliche Welt eingebrochen. Es steht zu vermuten, dass Kutter ein noch vor der Begegnung mit Blumhardt konzipiertes und begonnenes philosophisches Buch benutzt hat, um sich daran klar zu machen, was sich in seinem Inneren gewandelt hatte. In den philosophischen Teilen ist das Werk auf Schelling und Fichte aufgebaut; es scheint in Parallele zur damals aufkommenden Lebensphilosophie eines Bergson und eines Nietzsche zu stehen. Aber plötzlich stellt Kutter die schulmässige Philosophie und Theologie grundlegend in Frage: «Die Menschen haben recht, wenn sie von keiner Theologie etwas wissen wollen, die nicht aus Erlebnissen stammt», sagt er. «Das ungeheure Missverständnis, das wir Christentum nennen», verwandelt Erlebnisse in Denksysteme, setzt abstrakte Dogmen an die Stelle des lebendigen Gottes. Nur selten hört man noch den «Pulsschlag der Unmittelbarkeit im Organismus der christlichen Theologie». Die Gegensätze heissen also bei Kutter: Unmittelbarkeit Jesu – Christentum, Religion – lebendiger Gott. Die gegenwärtige Theologie gehe einen falschen Weg, indem sie sich von den Tatsachen des menschlichen Lebens zur Erkenntnis Gottes bewege, statt vom unmittelbaren Erlebnis Gottes auszugehen und von dort zum menschlichen Leben zu gelangen; er verlangt, dass «ihr Erkenntnisstreben vom Erlebnis Gottes ausgehe, nicht langsam und vergeblich sich ihm entgegenbewege». Damit hat Kutter seinen neuen theologischen Ansatz gefunden; er dachte fortan von Gott her, suchte nicht mehr die Vermittlung zwischen der modernen Kultur und dem Christentum, sondern setzte als erstes Prinzip den lebendigen Gott, der in der Geschichte wirkt. Theologie war nur verantwortbar, wenn sie «aus Erlebnissen stammt».

Kutter ist in diesem Zusammenhang schon im *Unmittelbaren* auf die soziale Frage zu reden gekommen. Er erkannte, dass, gegenläufig zu den Zeitströmungen, in der Sozialdemokratie ein primärer, unmittelbarer Wille, nicht blasse Abstraktion zum Ausdruck kam, in dem er die Unmittelbarkeit des Willens erkannte. «Durch alle Düsterkeit und Schlechtigkeit der Zeit weht ein grosser Geist, ein Geist des hoffnungsfreudigsten Schaffens, ein Geist, der sich bewusst ist, nur deshalb die materiellen Fragen so ausschließlich und leidenschaftlich zu bewegen, weil er sie endgültig zu lösen unternommen hat. Wir meinen die sozialen Bestrebungen unserer Zeit, die Arbeit der Sozialdemokratie». Gerade an ihrem Materialismus erweist sich, dass diese Bewegung aus dem Unmittelbaren lebt: Der Materialismus ist die Erlösung des Menschen aus der Knechtschaft der Ideen, also des Mittelbaren. «Die Sozialdemokratie erinnert einzig noch an die ursprünglichen Impulse Christi.» Damit ist Kutter nach Blumhardt und Eugster der dritte evangelische Theologe, dem der Atheismus der Sozialisten gleichgültig ist und der die sozialistische Zukunftshoffnung auf Jesus zurückführt.

*Das Unmittelbare* lehrt uns die biographische Wende Kutters zu verstehen: Wer ein solches Buch schreibt, kann nicht mehr Dozent der Theologie werden. Das Buch hat seine grosse Bedeutung, weil es den blumhardtschen Impuls in eine Sprache übersetzt, die die Gebildeten der Zeit mit ihren hohen Ansprüchen an Abstraktion anerkennen konnten. Blumhardt und Eugster haben eine solche Sprache nie gesucht; man kann allerdings fragen, ob sich der Impuls des Unmittelbaren überhaupt in philosophisch-theologischer Sprache ausdrücken liess oder ob bei dieser Übersetzung die Sache verändert wird. Kutter hat das wohl gespürt, denn fortan redete er predigthaft-prophetisch, nicht mehr wissenschaftlich-distanziert.

### Die Sozialdemokraten «müssen»!

Wir gelangen mit dem *Unmittelbaren* an die Schwelle jenes Jahres 1903, das in gewissem Sinne das Durchbruchsjahr des religiösen Sozialismus in der Schweiz geworden ist. Im April dieses Jahres predigte Leonhard Ragaz im Basler Münster zum Maurerstreik; davon möchten wir erst im nächsten Kapitel berichten. Im Dezember 1903 aber erschien Kutters bekanntestes Werk, das Büchlein *Sie müssen! Ein offenes Wort an die christliche Gesellschaft.*

Kutter hatte sich das Buch offenbar in wenigen Wochen

57

von der Seele geschrieben; es kommt ganz anders daher als seine früheren Werke, ist nun einheitlich auf den neuen Stil komponiert, in direkter, oft rhapsodischer Sprache. Was im Unmittelbaren die Schlussfolgerungen waren, steht hier gleich auf den ersten Seiten: «Wir bewegen uns in unserem Leben und Streben, in unserer Sittlichkeit und Religion zu Gott hin, die Bibel geht von ihm aus. Wir setzen Gott ans Ende einer mehr oder weniger komplizierten Gedankenreihe, die Bibel folgert ihre Gedanken aus seinem Dasein. Für uns gibt es neben Gott noch allerhand, oft recht unliebsame Realitäten; für die Bibel ist Gott die einzige Wirklichkeit, die ernstlich in Betracht fällt.» In die Sprache des *Unmittelbaren* übersetzt, heisst das: Wir vertreten das Kulturprodukt Christentum; die Bibel aber vertritt den lebendigen Gott in seiner Unmittelbarkeit. Wer die Theologiegeschichte kennt, hat nicht schwer, die Nähe solcher Äusserungen zu den Ansätzen des jungen Barth zu erkennen.

Das Zentrum des Werkes bildet die Aussage, dass die Sozialdemokratie das Unmittelbare vertritt, also in unbewusstem Christentum den Willen Gottes tut. Wenn konservative Christen den Sozialisten Atheismus vorwerfen, so ist das nichts anderes als der Beweis, dass die Christen das Wirken des lebendigen, unmittelbaren Gottes nicht mehr erkennen können. «Gottlosigkeit war die Losung, die Stoecker der Sozialdemokratie gegenüber ausgab, Gottlosigkeit das Wort, das ein Naumann immer und immer wieder den Sozialdemokraten entgegenhielt. Wie? Eine Bewegung, die so sehr den Stempel des lebendigen Gottes an sich trägt, wird von den Trägern des christlichen Glaubens gottlos genannt? Ist es da nicht klar, dass zwischen Gott und dem Glauben eine tiefe Kluft befestigt ist?»

Wie zeigt sich, dass die Sozialdemokratie «den Stempel des lebendigen Gottes an sich trägt»? Kutter hebt immer wieder ihre Hoffnung hervor: «Wer das Unmittelbare, das Unbegrenzte will, der allein hat ein wirkliches Wollen. Hinter einem solchen Wollen steht – der lebendige Gott. Wussten die Propheten, was sie wollten, getrieben vom Geiste

Gottes? Mit Grausen schaut ein Jeremias in sein Geschick, dem er sich verfallen sieht. Lieber würde er sterben als so leben wie er muss. Aber er *muss*. Und heute müssen die Sozialdemokraten. Sie tragen ein grosses unwiderstehliches Müssen in sich. Wohin es führt, das wissen sie nicht. Sie brauchen es nicht zu wissen. Ein anderer weiss es.» Also ist es unbewusstes Christentum, was hinter der Hoffnung der Sozialdemokratie steht.

Unbewusstes Christentum ist der Wille zur Veränderung der bestehenden sozialen Zustände, mit denen sich die Christen weitgehend abgefunden haben. Die Kirchenleute sollen aufhören, den sozialistischen Revolutionswillen als unchristlich zu bezeichnen. «Die Gesellschaft hat kein Recht, über Revolution zu klagen. Dieser Vorwurf ist in ihrem Munde eine unerträgliche Heuchelei. Sie misshandelt die niederen Klassen und spricht von Revolution, wenn diese ihr Joch abzuschütteln suchen. Ist es der Wille Gottes, dass die Geringen dienen und im Staube sich krümmen, dann kann gerade so gut das Gegenteil davon einmal sein Wille sein. Es gibt keinen schändlicheren Missbrauch des Willens Gottes als dieses Gerede. Ja, wenn es gilt, Reichtum, Privilegien, Ansehen, Stellung, Vorzüge aller Art zu schützen, dann spricht man von Gott, der das alles so gefügt und festgesetzt habe. Aber gilt es das Recht der Gedrückten, dann spricht man von der Hölle, von satanischen Gelüsten, die sie erfüllen. Man glaubt an Gott, um den Mammon zu schützen, und an den Satan, um die Niedrigen einzuschüchtern.»

Schlagend ist Kutters Ablehnung des christlichen Vorwurfes, die Sozialisten verneinten als Materialisten einen wesentlichen Punkt der christlichen Lehre, den Spiritualismus. «Die Erlösung wird erst im Leiblichen voll. Sünde heisst falsche Stellung des Geistes zur Materie. Der Geist muss sich wieder der Materie zuwenden.» Der Kirche sei es wegen der ausschliesslichen Betonung des Geistes nicht gelungen, die Sünde zu überwinden. «Durch ihr Bestreben, den Versuchungen der Materie mit umso leidenschaftlicherer Vergeistigung entgegenzutreten, leistete sie derselben nur desto grösseren Vorschub. Soll unser Christentum wieder Geist und Leben anziehen, dann muss es sich wieder der Materie zuwenden.»

Kutter weist, einen nach dem anderen, die gängigen christlichen Vorwürfe gegen den Sozialismus und die Arbeiterbewegung zurück. Wenn man die kirchliche Kritik an dieser Bewegung kennt, wenn man die vielen Auseinandersetzungen des 19. Jahrhunderts verfolgt hat, erkennt man erst die epochemachende Bedeutung von Kutters Buch. Denn er wischt mit einer kühnen Bewegung alle von langer Frist her aufgebauten antisozialistischen Gedankenkombinationen hinweg und macht in der gleichen Bewegung eine bisher als widerchristlich stigmatisierte Bewegung zu einer Bewegung des Reiches Gottes. Wenn man sich fragt, was diese epochale Wendung möglich gemacht hat, so kommt man zu einem recht einfachen Schlusse: Letztlich entscheidet der Glaube, dass Gott noch in der Gegenwart Taten tut und nicht nur durch die Bibel, sondern auch durch solche Taten zur Welt redet. Das heisst: Kutter glaubt wie Blumhardt, dass die Heilsgeschichte seit der Auferstehung Christi weitergeht und dass man Gott in der Gegenwart am Werke sehen kann. Die Kirche und die Christen haben das offenbar vergessen und haben keinen Blick mehr für dieses Geschehen.

Kutter fasst diese genuin blumhardtsche Auffassung gegen Schluss des Buchs folgendermassen zusammen: «Der Kirche gab Gott sein lebendiges Wort. Sie hat es zu einer selbstgerechten Frömmigkeit, zu Zeremonien und Satzungen verkehrt. Sie tändelt mit ihm. Sie hält das mächtige Leben, das Gott im Evangelium der ganzen Menschheit dargeboten, zur eigenen Kurzweil in künstlichen Formeln zurück. Doch da ereignet sich das Denkwürdige, dass die Wasser Gottes zwischen den Ritzen und Spalten dieses selbstgerechten Baues hervorbrechen, um irgendwo mitten unter der dürstenden Menschheit als erquickendes Brünnlein zu sprudeln. Andere müssen nun von dem reden, was die Kirche predigen sollte, andere ins Werk setzen, was ihre Aufgabe gewesen, andere glauben an das, was hinter den Glaubenssystemen der Kirche umsonst zum Durchbruch gedrängt. Andere – heute sind's die Sozialdemokraten. Wer hat besser als sie das Wort des Herrn verstanden: ‹So wahr ich lebe, die ganze Welt soll meiner Herrlichkeit voll werden?› Gross, wahr, notwendig ist, im Lichte des lebendigen Gottes betrachtet, was sie erstreben, erkämpfen! Ja, es ist so: Gottes Verheissungen erfüllen sich in den Sozialdemokraten: Sie müssen!»

Kutters Durchbruchswerk stellt so wenig ein soziales Programm auf wie die Aussagen Blumhardts und Eugsters. Es wendet sich auch nicht an die Sozialdemokraten, um bei diesen für den christlichen Glauben zu werben. Sondern es ist ein Ruf in den kirchlichen Raum hinein, eine Busspredigt vor Christen, eine Abrechnung mit einem falschen Verständnis des Evangeliums, mit einer fatalen Verwechslung von Gottes Willen und bürgerlicher Kultur und Gesellschaft. Das heisst: Der prophetische Ruf Kutters hat mehr mit Theologie als mit Politik zu tun. Kutter hat in der Tat auch in seinen nächsten Büchern, die im gleichen Stil geschrieben sind, die theologischen und kirchlichen Folgerungen seines neuen Verständnisses des lebendigen Gottes gezogen; seine Bedeutung für die Infragestellung der traditionellen Kirchlichkeit und für den Weg zu einer ganz neuen Theologie, derjenigen des jungen Karl Barth, ist gross. Für unser Thema aber, für die Frage des Verhältnisses der Christen zur Arbeiterbewegung, tritt Kutter bald nach dem prophetischen Ruf von *Sie müssen!* aus dem Blickfeld hinaus. Er ist noch bei den ersten religiös-sozialen Zusammenkünften aufgetaucht, aber eher als kritische Randfigur; sonst verblasst seine Bedeutung für die in diesem Büchlein dargestellte Bewegung bald nach 1904.

Schon Ende 1904 war *Sie müssen!* in 4. Auflage erschienen. Es hatte sich eine erregte Kontroverse um die darin vertretene Meinung abgespielt. Der orthodoxe *Kirchenfreund* nannte es «niederschlagend und verwirrend», ein deutsches Kirchenblatt, die *Reformation*, warf Kutter «widerliches Pathos» vor. Die kirchliche Rechte, die Kutter früher zur Berufung ans Neumünster vorgeschlagen hatte, sagte nun, er sei «nicht mehr der Mann unseres Vertrauens» und betrieb seine Nichtwiederwahl. Sozialisten setzten sich für ihn ein; der alte Führer der schweizerischen Sozialdemokratie, Herman Greulich, musste für ihn kämpfen und im Zürcher Anzeiger drohen: «Bevor Herr Kutter bestätigt ist, gibt es keine Vermehrung der Pfarrstellen.» Die *Basler Nachrichten*, die man damals das Blatt für Gottesfurcht und grosse Profite nannte, warfen Kutter eine «masslos anklägerische Sprache vor», aber da trat Gustav Benz für ihn ein: «Es muss doch noch Glut unter der Asche (der Kirche) vorhanden sein, wenn solche Flammen hervorlodern können.» Die Stimmen aus der kirchlichen Welt lassen sich drei verschiedenen Grundhaltungen zuordnen: schroffe Ablehnung und leidenschaftliche Gegnerschaft bei allen, die sich noch nie intensiv mit der sozialen Frage befasst hatten; differenzierte und gemässigte Zustimmung bei liberalen und orthodoxen sozialreformerischen Pfarrern; warmes und enthusiastisches Echo eigentlich nur bei einigen wenigen Männern, die auf eigenen Wegen bereits zu ähnlichen Anschauungen gelangt waren, vor allem bei Leonhard Ragaz. (Vgl. unten, Kapitel 4). Es kam nun eine, leider allzu kurze Zeit, in der Kutter und Ragaz sich sehr nahe standen und gemeinsam den gleichen Weg gingen.

Merkwürdigerweise hat *Sie müssen!* bei Christoph Blumhardt und im engsten Kreise seiner Freunde keine grosse Zustimmung gefunden. Eugster empfand richtigerweise, dass Kutter seine wesentlichen Gedanken von Blumhardt habe, und er war der Meinung, es stehe Kutter nicht zu, sie ohne Blumhardts Willen in dieser Art öffentlich bekannt zu machen. Er schrieb an Blumhardt, dieses Vorprellen Kutters berühre ihn schmerzlich; Kutter habe «frei nach seinem Ermessen und als über sein Eigentum» über die Botschaft aus Boll verfügt. Blumhardt selber sagte kurz, «*Sie müssen!* wäre besser nicht geschrieben worden». Empfand er wohl Kutters Hervortreten als forciert, nicht von einer göttlichen

Führung geleitet, oder war ihm der Ton der Kutterschen Aussagen zu polemisch? Man weiss es nicht.

Die nächsten Werke Kutters waren wiederum «Weckrufe an die christliche Gesellschaft»; das Thema der Arbeiterbewegung trat dabei etwas in den Hintergrund, und es ging vor allem um die Vertretung des neuen Verständnisses des lebendigen Gottes. Eine Kontroverse mit Ragaz im Jahre 1910, die sich um die Frage des Engagements von Christen in der Arbeiterbewegung und in konkreten wirtschaftlichen Kämpfen drehte, hat dann so etwas wie das Ausscheiden Kutters aus dem Gespräch über das Verhältnis von Kirche und Arbeiterschaft gebracht.

Vom späteren Kutter soll hier nicht mehr gesprochen werden, weil er nicht mehr in unser Thema gehört. Aber wir müssen abschliessend noch einmal die epochale Bedeutung dieses Mannes und seiner Durchbruchswerke feststellen. Christoph Blumhardt hat als erster festgestellt, dass die Arbeiterbewegung als Bewegung der Hoffnung unbewusstes Christentum enthielt und Gottes Willen besser verstand als das landläufige Christentum. Er und Howard Eugster-Züst haben daraus die praktische Konsequenz der Solidarisierung mit dem Proletariat gezogen. Hermann Kutter aber ist es gewesen, der diese Gedanken aus der für Boll kennzeichnenden Diskretion herausgehoben und weit herum bekannt gemacht hat, der auch die theologischen Grundvorstellungen darlegte, aus denen diese neuartige Lehre floss. So ist Kutter der Herold der Bewegung geworden, von der dieses Buch in der Konzentration auf einen Punkt, den sozialen, berichten will. Er hat damit trotz den Bedenken Eugsters und Blumhardts eben doch eine wichtige Funktion erfüllt, indem er weiten Kreisen ein neues Verständnis des Evangeliums zugänglich machte und andere zum Weiterdenken anregte.

Seit *Sie müssen!* konnte man in der reformierten Schweiz keine starre Grenze mehr ziehen zwischen Christentum und Sozialismus. Seit diesem Buch gab es keine Notwendigkeit mehr, «bis hierher und nicht weiter» zu sagen gegenüber dem Sozialismus. Nun war gleichsam ein ausgewiesener christlicher Denker über die bisher säuberlich gezogene Grenze hinübergesprungen und hatte drüben ausgerufen: Gott ist hier, und nicht dort, wo man ihn bisher immer gepachtet zu haben glaubte. Was das den Arbeitern bedeutet hat, beweist die begeisterte Aufnahme gerade in der Arbeiterpresse; dort hat man Kutters Buch weithin gewürdigt und in grossen Auszügen abgedruckt, als erstes christliches Buch, das die Arbeiterpresse positiv zur Kenntnis nahm. Was es für die Theologie bedeutet hat, ist leicht nachzuempfinden: Gott wurde gleichsam befreit von den bisherigen – bürgerlichen und idealistischen – Konstruktionen und wurde in seiner Autonomie neu erkannt: Ein lebendiger Gott statt eines philosophischen Prinzips.

*Weiterführende Literatur*

Kutter Hermann, Das Unmittelbare – eine Menschheitsfrage, Berlin 1902.
– Sie müssen! Ein offenes Wort an die christliche Gesellschaft, Zürich 1903.
– Gerechtigkeit. Ein altes Wort an die moderne Christenheit, Römer I-VIII, Berlin 1905.
– Wir Pfarrer, Leipzig 1907.
– Die Revolution des Christentums, Leipzig 1908.
Kutter H. jun., Hermann Kutters Lebenswerk, Zürich 1965.
Lindt A. und Geiger M. (ed.), Hermann Kutter in seinen Briefen 1883-1931, München 1983.
Specker L., «Weberpfarrer» Howard Eugster-Züst 1861-1932. Leben und Werk des Vaters der schweizerischen Textilarbeiterorganisation (St. Galler Kultur und Geschichte, Bd. 4), St. Gallen 1975.
Specker L. (ed.), Politiker aus der Nachfolge. Der Briefwechsel zwischen Howard Eugster-Züst und Christoph Blumhardt 1886-1919, Zürich 1984.

# Kapitel 4:
# Der Durchbruch in der Schweiz II: Der frühe Ragaz

Kutter, der aus der «positiven» Tradition der kirchlichen Orthodoxie kam, hat die Losung vom lebendigen Gott in die Öffentlichkeit gebracht und einem neuen Verständnis der Christen für die Arbeiterbewegung Bahn gebrochen, während Blumhardt und Eugster-Züst mehr in der Stille wirkten. Auf seinen eigenen Wegen und doch wohl unter einer eigenen Führung ist, vom anderen Rand des kirchlichen Spektrums ausgehend, der freisinnige Pfarrer Leonhard Ragaz in grosser Eigenständigkeit an den gleichen Punkt gelangt, so dass ihn zuerst Kutter, nachher Blumhardt nur noch bestätigen konnten.

Das heisst, dass man die innere Entwicklung dieses eigenwilligen und äusserst selbständigen Bergbauernsohnes genauer betrachten muss. Bei Eugster und Kutter gab es eine frühe Begegnung mit der Botschaft aus Bad Boll und darauf eine komplette Richtungsänderung; bei Ragaz erfolgte der Durchbruch in der Richtung, die schon vorher aus eigener Substanz angelegt gewesen war.

Als das *Unmittelbare* Ende 1902 auf dem Büchermarkt erschien, hat es der philosophisch interessierte Basler Münster-Pfarrer Leonhard Ragaz bald gelesen und als «hochbedeutsame Leistung» qualifiziert, «die mir viel zu denken gibt» (23.5.1903). Er hat es zu einem Zeitpunkt in die Hand bekommen, in welchem sein Denken eine ganz bestimmte Richtung einzuschlagen begann, wo er sich vom traditionellen Reformfreisinn seiner theologischen Lehrer zu lösen begann; Kutters frühes Buch hat ihm wohl Mut gemacht, in der «Maurerstreikpredigt» vom 18. April 1903 Farbe zu bekennen, und das bedeutete nicht nur einen sozialistischen Durchbruch, sondern auch einen theologischen, wie wir sehen werden.

## Theologe aus der Unterschicht

Leonhard Ragaz (1868-1945) ist unter den bedeutenden protestantischen Theologen des 20. Jahrhunderts wohl der einzige, der aus der Unterschicht stammt, der das Kind armer Leute gewesen ist. Er wurde in Tamins (Graubünden), am Zusammenfluss der beiden Quellenströme des Rheins, geboren. Die Eltern waren Kleinbauern der Bergzone mit so wenig eigenem Boden, dass sie Pachtland einer feudalen Familie übernehmen mussten, um ihre sieben Kinder durchzubringen. Leonhard hat schon in der Kindheit schwer gearbeitet; er musste in der Schule Klassen überspringen, um möglichst schnell fertig zu sein, musste ohne eigentliche Neigung Theologie studieren, weil nur für diesen Studiengang Stipendien erhältlich waren. Aber er hat aus seiner Kindheit und Jugend in diesen bedrängten Verhältnissen zwei Erfahrungen mitbekommen, die sein Denken und Handeln geprägt haben: Das Erlebnis genossenschaftlicher Zusammenarbeit der Dorfgemeinschaft mit Gemeindebesitz und Gemeinwerk – er konnte später sagen, er habe in Tamins einen urtümlichen Sozialismus erlebt – sowie das Erlebnis einer politisch vollkommen integrierten und wirklich demokratischen Dorfgemeinde. Der Vater war zeitweise Gemeindepräsident und Inhaber vieler Ämter; an seinem Tische wurde neben der Gemeindepolitik auch die des Kantons und der weiten Welt besprochen.

Mit achtzehn Jahren legte Ragaz die Maturität ab, mit einundzwanzig wirkte er schon als fertig ausgebildeter Pfarrer in Graubünden. Die sechs Studiensemester hatte er in Basel, Jena und Berlin zugebracht, bei den Reformtheologen der Zeit: Wie in Graubünden und der Eidgenossenschaft der politische Liberalismus herrschte, so an den Universitäten der theologische. Ragaz lernte in seinem Studium kaum Alternativen kennen, und so ist der Bauernsohn unbewusst und fast selbstverständlich in eine bürgerliche Gesellschaft und Kultur integriert worden, die eigentlich seiner halbproletarischen Herkunft nicht entsprach, und er hat auch deren Theologie übernommen. Erst im Bergpfarramt in Flerden oberhalb von Thusis (1890-93) hat er eine richtige Begegnung mit der Bibel erlebt, als er sie ohne wissenschaftlichen Kommentar naiv und direkt (Kutter würde sagen: unmittelbar) auf sich wirken liess. Schon früh war er unbefriedigt von einem moralisierenden, spiessbürgerlichen, machtbesessenen Pfarrertum und suchte gegen diesen «Liberalismus vulgaris» das echte, tiefe religiöse Erleben. Es mag nicht nur mit einer schwachen Gesundheit, sondern auch mit solchen Problemen des jugendlichen Predigers zusammenhängen, dass er sich fünfundzwanzigjährig als Lehrer an das Bündner Gymnasium, die Kantonsschule in Chur, wählen liess; er erteilte dort ausser Religionsunterricht auch Italienisch und Deutsch. Diese erste Eskapade aus der Kirche in die Welt nahm aber schon zwei Jahre später ein Ende, und von 1895 bis 1902 war Ragaz Stadtpfarrer der bündnerischen Metropole Chur.

In der Churer Zeit erstieg er einen ersten Höhepunkt seines äusseren Erfolges. Der kirchliche und politische Freisinn, der in Graubünden den Ton angab, hatte ihn so hoch getragen, wie es der Sohn armer Bergbauern nie hätte erwarten dürfen. Ragaz wurde Mitglied des kantonalen Kirchenrates, er war – vor Bundesräten und im Angesicht der ganzen Schweiz – Festprediger bei der Feier zum Andenken an die Calvenschlacht (1899) und feierte als Prediger und im kirchlichen Unterricht grosse Erfolge. Einzig die Überlastung brachte ihn dazu, sich 1902 nach Basel, in das zweite Pfarramt am Münster wählen zu lassen – er hoffte, dort mehr Zeit für das Nachdenken und eventuell auch für die theologische Schriftstellerei zu gewinnen.

## Maurerstreik-Predigt

In Basel entfernte er sich immer stärker vom theologischen und politischen Liberalismus; er warf ihnen vor, dass sie nach der Befreiung aus den Fesseln der Dogmen nicht mehr

67

die Kraft besessen hätten, weitere, positive Ziele ins Auge zu fassen. Insbesondere mangle es der liberalen Theologie an echter, kräftiger Religiosität. Persönliche Erlebnisse und Begegnungen bereiteten in seiner frühen Basler Zeit eine Wende vor. Sie wird zum ersten Male fassbar in der Predigt, die Ragaz im Münster am 18. April 1903 gehalten hat und bei der er einen erfolglosen Streik der Maurer und Bauhandlanger besprach, der eben zu Ende gegangen war.

Seit der Jahrhundertwende hatte sich das soziale Klima in den schweizerischen Städten wesentlich verschärft; vor allem die Bauarbeiter, unter denen die Lehre vom revolutionären Generalstreik Boden gewann, versuchten ihre Lage durch häufige Kämpfe zu verbessern. Etwa 2000 Mann traten am 5. April 1903 in Basel in den Ausstand und verlangten eine Herabsetzung der täglichen Arbeitszeit auf 9 1/2 Stunden und einen garantierten Mindestlohn, auch bei Regenwetter. Zur Verhinderung von Ausschreitungen, wie man sagte, berief die Basler Regierung die Standestruppen ein; die gesamte Basler Arbeiterschaft war über diese einseitige Parteinahme der Behörden so erbost, dass sie den Generalstreik erwog. Nach wenigen Tagen wurden die Truppen entlassen, weil das Osterfest anbrach, und am Samstag nach Ostern mussten die Bauarbeiter den Streik mit totalem Misserfolg abbrechen. Es war in Basel der grösste Arbeitskonflikt seit 1869 gewesen.

Am Tag nach dem Streikende bestieg Ragaz die gotische Kanzel des Münsters, das die Gemeinde der reichsten Basler Gesellschaft fasste, und predigte über Mt 22, 24-40, wobei ihm an diesem Text nicht nur das «vornehmste Gebot» wichtig war, sondern vor allem Jesu Antwort auf die Sadduzäerfrage: «Er ist ein Gott der Lebendigen». Die Predigt ist eine Woche später unter dem Titel *Ein Wort über Christentum und soziale Bewegung* im *Basler Protestantenblatt* gedruckt worden, und sie enthält in der Tat einen Versuch, die Haltung der Christen zu sozialen Fragen zu definieren. Aber wichtiger ist die heilsgeschichtliche Interpretation der Arbeiterbewegung, die Ragaz hier zum ersten Mal verkündigt. «Die soziale Bewegung ist eben doch das weitaus Wichtigste, was sich in unseren Tagen zuträgt. Sie ist eine Umwälzung aller bestehenden Verhältnisse, ebenso gross wie die Reformation und grösser als die französische Revolution. Wenn das offizielle Christentum kalt und verständnislos dem Werden einer neuen Welt zuschauen wollte, die doch aus dem Herzen des Evangeliums hervorgegangen ist, dann wäre das Salz der Erde faul geworden!» Hier erkennt also auch Ragaz die Entscheidungsstunde der europäischen Gesellschaft, und auch für ihn, gleich wie für Kutter, hat das Heraufkommen dieser Entscheidung etwas mit Gottes Willen zu tun. Man dürfe sich von der atheistischen Weltanschauung der Sozialisten und der augenscheinlichen Roheit ihrer Bewegung nicht beirren lassen: «Wer verständig ist, sieht in all dem Wogen und Stürmen das Weben und Walten des schöpferischen Gottesgeistes.»

Man wird gut daran tun, diese Predigt nicht nur als Anleitung zum Verhalten der Christen zur Arbeiterbewegung zu verstehen, sondern auch als Anzeichen eines neuen theologischen Bewusstseins. Ragaz war vorher durch eine Depression gegangen, weil ihm sein Amt und seine Verkündigung nicht mehr überzeugt hatten; mit der Maurerstreikpredigt war dieser Zustand überwunden; er hatte offenbar auch im Glauben etwas erlebt, was ihm Mut machte. Das war die plötzliche Erkenntnis, dass Gott nicht nur in der Bibel zu uns spricht, sondern auch durch mächtige Taten in der Gegenwart. Wie andere Männer der gleichen Generation sah er dieses gegenwärtige Wirken Gottes im Kampf der Arbeiterbewegung für Recht und Freiheit des Menschen verwirklicht, und wie Kutter und Eugster machte es ihm nichts aus, wenn diese Bewegung ohne Berufung auf Gott daherkam und sogar atheistisch redete, wenn nur Gott am Werk war und Taten erfolgten.

Damit war nun auch Ragaz auf dem gleichen Punkte wie Blumhardt, Eugster und Kutter: Er war beim selben Glauben an den in die Gegenwart hineinwirkenden Gott und beim selben Verhältnis zur Arbeiterbewegung angekommen, das diese um ihrer Hoffnung willen ernst nahm und keine Grenzen mehr aufrichtete, die aus Begriffen und Ideen stammten.

Aber im Gegensatz zu Eugster und Kutter war Leonhard Ragaz in der Zeit seines Durchbruchs Christoph Blumhardt noch nicht begegnet. In einem Brief an seinen Mentor Schmiedel in Zürich schreibt er einen Monat nach der Maurerstreikpredigt: «Besonders interessant ist, dass die Blumhardtianer eine Richtung innerhalb des ‹positiven› Lagers repräsentieren, die viel radikaler ist als die Reformer.» Freunde Blumhardts hatten seine Stellungnahme ausdrücklich gebilligt, während die freisinnigen Parteigenossen sich eher ablehnend verhalten hatten. Es ist allerdings nicht auszuschliessen, dass gewisse blumhardtsche Impulse Ragaz schon vor der Maurerstreikpredigt erreicht hatten; man weiss nicht genau, wann seine Bekanntschaft mit Bertha Imhoff, einer Ziehtochter Blumhardts, entstanden ist; vor der Maurerstreikpredigt kann sie ihn kaum schon auf Blumhardt hingewiesen haben, sonst wäre er nicht so erstaunt über die Basler «Blumhardtianer» gewesen. Kutters *Unmittelbares*, aus dessen Schlusskapiteln blumhardtscher Geist redete, beeindruckte ihn gerade in den Tagen des Maurerstreiks; es ist im Tagebuch in einem zusammenfassenden Bericht über die vierzehn Tage vor und nach der Maurerstreikpredigt genannt. Aber es verhält sich auf jeden Fall so, dass Ragaz keine wirkliche Kenntnis von Blumhardts Botschaft besass, als er in der Maurerstreikpredigt sehr ähnliche Aussagen machte. Man muss ihm glauben, dass er selbständig zu seinem Glauben an das Reich Gottes gekommen ist und dass dieser erst nach dem Durchbruch durch Blumhardt bestärkt und gefestigt worden ist; der spätere Ragaz hat Christoph Blumhardt nämlich uneingeschränkt als Meister und Führer verehrt. Aber er sagt: «Der Aufbruch des Glaubens an das Reich Gottes als Kern und Stern der Bibel und der Sache Christi war ein Wunder – ein Aufbrechen der mächtigen Gottesquelle mitten in der Wüste. Ich habe diesen Glauben nicht von anderen übernommen, weder aus

Büchern noch von Personen, nicht einmal unmittelbar aus der Bibel, er hat mir vielmehr erst die Bibel erschlossen. Er ist mir, als ureigenstes Erleben, unmittelbar von Gott gekommen. Ich habe ihn auch nicht, wie die Meinung ist, von Blumhardt übernommen, von ihm wusste ich damals so gut wie nichts.» So bleibt doch wohl die Tatsache bestehen, dass Leonhard Ragaz, dem liberalen Theologen und dem abseits von den religiösen Pfaden der über Blumhardt informierten Basler Pietisten Wandelnden die Botschaft vom Reich Gottes direkt offenbart worden ist.

## Das Evangelium und der soziale Kampf

Ein Freund, der Zürcher Theologieprofessor Schmiedel, glaubte Ragaz vor dem Aufgehen in praktischer Politik warnen zu müssen; er bekam aber die Antwort: «Ich werde nicht in den sozialen Dingen untergehen. Auch wissen die hiesigen Arbeiter ziemlich gut, dass ich kein Pflüger bin» (Über Pflüger, vgl. oben, Kapitel 1). Ragaz hatte eben deutlich erkannt, dass der Kern seiner neuen Auffassung vom Evangelium nicht das neue Verständnis des Sozialismus war. Aber er hat sich in den folgenden Monaten der Basler Arbeiterschaft angenähert – dieser Weg fiel ihm wegen seiner Herkunft aus der Unterschicht und wegen seiner freisinnigen Vergangenheit leicht. Er sprach, nachdem der *Basler Vorwärts* seine Maurerstreikpredigt abgedruckt hatte, in verschiedenen Arbeitervereinigungen und las das *Kapital* von Karl Marx. Bald gehörte er auch zu den Verteidigern von Kutters *Sie müssen!*, das am Ende des Entscheidungsjahres 1903 erschien, ja er hat die positivste Würdigung des Büchleins geschrieben, die damals erschienen ist. «Manche von uns sind in einer recht öden Zeit jung gewesen», schrieb er, «die Welt schien so fertig zu sein. Da hebt sich in geistigem Erdbeben der Boden unter unseren Füssen, und es eröffnen sich neue Fernen. Ja, Gott sei Dank, es ist wieder eine Freude zu leben. Ich gestehe, dass ich von diesen Gedanken tief bewegt bin. Es ist gewiss vielen so gegangen wie mir, dass wir sie schon lange mehr oder weniger deutlich in uns getragen, sie gelegentlich auch schon ausgesprochen hatten, aber nun überrascht werden durch diese stürmische und rückhaltlose Aussprache dessen, was wir als arge Ketzerei still in uns hegten. Es ist offenbar wieder eine Zeit der Abrechnung gekommen, eine Gerichtszeit, das Alte stürzt, der Wind fährt ins dürre Holz.» In dieser Zeit ist es zur persönlichen Begegnung zwischen Kutter und Ragaz, ja zu einer Freundschaft zwischen ihnen gekommen; diese zwei so verschiedenen Pfarrer, ein orthodoxer Berner im liberalen Zürich und ein freisinniger Bündner im orthodoxen Basel, haben unisono den Willen Gottes zur Weltveränderung bezeugt.

Die ganze Bewegung, die damals das Kirchenvolk der reformierten Schweiz stark bewegte, bewog denn auch die schweizerische Predigergesellschaft, die «soziale Frage» wieder einmal auf ihre Traktandenliste zu setzen; dies war seit 1897 nicht mehr geschehen (vgl. oben, Kapitel 1). Nun sollte das Thema in der Industriestadt Basel am Predigerfest von 1906 zur Sprache kommen, und Ragaz hielt das Hauptreferat unter dem Titel *Das Evangelium und der soziale Kampf der Gegenwart*. Schon die Formulierung des Themas zeigt, dass man aus dem Zeitalter der «sozialen Frage» in das des Klassenkampfs eingetreten war.

Hier ist nichts mehr von säuberlicher Grenzziehung zwischen Christentum und Sozialismus zu finden. Ragaz geht bald auf die theologische Grundfrage ein, die sich hinter den Debatten über die kirchliche Stellung zur Arbeiterfrage verbirgt. «Es ist in den letzten Jahrzehnten über das Verhältnis von Christentum und sozialen Dingen viel verhandelt worden. Es scheint mir, dass die dabei zu Tage getretenen Gegensätze auf eine einzige grosse Antinomie zurückgeführt werden können, die sich durch die ganze Geschichte des Christentums zieht. Ich möchte den Gegensatz als den zwischen der ruhenden und der vorwärtsdrängenden Form der Religion bezeichnen. Die erste Art sucht in der Religion eine Stätte zum Ausruhen. Aus diesem Grundzug ergibt sich von selbst, dass es eine individualistische Frömmigkeit ist. Diese Art Frömmigkeit hat bewirkt, dass es bis auf diesen Tag als selbstverständlich erscheint, dass das Christentum eine konservative Macht sei. – Aber neben dieser Strömung ist in der ganzen christlichen Geschichte, bald kaum merklich, bald gewaltig anschwellend, eine andere dagewesen. Sie betont nicht den Glauben an Christus, sondern die Nachfolge Christi. Auch die Vertreter dieser Art umfassen die am Kreuz geoffenbarte Liebe, aber nicht, um darin ruhen zu bleiben, sondern um von da aus in die Welt zu ziehen und sie Gott zu unterwerfen. Denn Gott geht vor ihnen her. Die Welt muss ihm gehören. Statt der Kirche als ruhender Heilskraft fordern sie das Gottesreich. Grösser als der Glaube, der im Ergreifen eines ruhenden Heils sich vollendet, ist ihnen die Hoffnung, die die Erlösung der Menschheit von ihrer Not sucht, und die Liebe, die den Brüdern Rettung bringen will. Ihr sind die irdischen Verhältnisse keine unabänderlichen Ordnungen. Gott ist noch am Werke, und wir sollen mit ihm arbeiten, dass die Welt seiner Herrlichkeit voll werde. Dieser Strom ist in Franziskus, bei den Täufern aufgebrochen, er wirkte stark in der reformierten Kirche, und erfüllt nicht jetzt wieder sein frisches Rauschen unsere Ohren?»

In diesen Sätzen ist der Kern der neuen Verkündigung prägnant zusammengefasst. Man erkennt das am besten, wenn man es mit dem Vortrag des sozialistischen Pfarrers Paul Pflüger am Predigerfest von 1897 vergleicht: Dort war das Christentum als Religion des ethischen Idealismus und der Humanität bezeichnet worden (vgl. oben, Kapitel 1), das Christentum war unter Weglassung der ganzen Zukunftshoffnung auf Sozialethik reduziert worden. Hier aber wurde die «soziale Frage» mit der christlichen Hoffnung in direkte Beziehung gebracht; ihr Ernstnehmen wurde in der aktuellen Situation zum entscheidenden Kennzeichen der «vorwärtsdrängenden Religion».

Die scharf antithetische Fassung der theologischen Grundposition lässt aufhorchen: Wer die Entwicklung des

Christentums so sehen kann (muss), der hat auch eine konkrete Anschauung von Kampf und Gegensatz. Ich meine, dass der biographische Hintergrund, der Ragaz diese Antithesen leichter erkennen liess, in der Realität des Klassenkampfes lag, den man etwa seit der Jahrhundertwende in der Schweiz besonders gut beobachten konnte und für den Ragaz, der Sohn eines proletarisierten Kleinbauern, offenbar stark sensibilisiert war. Es wundert also nicht, dass er auch in der Kirche und in der Theologie den Kampf einer ruhenden, zufriedenen Richtung und einer kämpfenden, vorwärtsschreitenden wahrnahm.

Man muss einzelne der Sätze zitieren, mit denen er nachweist, dass die Arbeiterbewegung aus unbewusster christlicher Hoffnung strömt. «Es handelt sich um einen Akt in dem Drama der Menschwerdung des Menschen. Die Seele kämpft gegen die Sache, die Persönlichkeit gegen das Chaos, der Wille gegen das Fatum. Der Mechanismus schien allmächtig geworden, seufzend beugten sich die Seelen unter das Joch fremder Gewalten; die materiellen Verhältnisse, die Konkurrenz, eine unpersönliche Kultur hatten sich zu Herren gemacht, gegen die nicht aufzukommen schien. Da schritt im Sturm Gott einher; er kam, Götzen von ihren hohen Postamenten zu stürzen, Menschenseelen aus dem Bann des Materialismus und Mechanismus zu retten, sie herauszuziehen aus Mammonssklaverei und Dumpfheit ans Licht einer menschlichen und sittlichen Existenz zur Freiheit der Kinder Gottes.»

### Ansätze zu einer Sozialethik

Das sind, in der pathetischen Sprache der Begeisterung gesprochen, Elemente einer theologischen Weltdeutung; in diesen Abschnitten seines Vortrags ist Ragaz Kutters Stil nahe. Die Zuhörer haben aber Ragaz nicht als einen Epigonen des Zürcher Predigers empfunden, einmal darum, weil er aus dem anderen Lager der in Richtungen gespaltenen reformierten Kirche kam, sodann weil er in anderen Abschnitten seiner Rede einen vollkommen anderen Ton anschlug, den man bisher noch kaum gehört hatte unter den schweizerischen Predigern. Wo nämlich von der modernen Wirtschaft die Rede war, erwies sich Ragaz als sehr belesener und gut informierter Mann. Er ist, soviel ich sehe, der erste, der den Kapitalismus beim Namen nennt und im Gefolge von Marx und Sombart präzis definiert, der erste, welcher die klassische Trias der Arbeiterbewegung feststellt und unterscheidet zwischen dem gewerkschaftlichen, dem politischen und dem genossenschaftlichen Weg. Dass die Arbeiter den Klassenkampf führen, wird ohne weiteres akzeptiert. «Das Wesen des Kapitalismus ist die private Geldwirtschaft. Seine Produktion und Distribution der Güter nimmt prinzipiell auf das Wohl oder Wehe des Mitmenschen, der Gemeinschaft keine Rücksicht und faktisch nur soweit Gesetzgebung oder öffentliche Meinung ihn dazu zwingen. Der an der Produktion beteiligte Arbeiter ist einfach ein Teil des Kapitals. Die Opposition gegen dieses Prinzip ist das Wesen des Sozialismus. Der Geist des Sozialismus ist die vollkommene wirtschaftliche Solidarität.» Ragaz weiss deshalb klar zu unterscheiden zwischen der blossen Sozialreform und dem Sozialismus als «nicht unbedingt gewaltsam zu denkender Überführung der Produktionsmittel aus dem Privatbesitz in die Verwaltung der Gemeinschaft. Damit wäre natürlich eine Demokratisierung des Arbeitsbetriebes verbunden; der Arbeiter würde Miteigentümer der Produktionsmittel, er hätte etwas zu ihrer Verwaltung zu sagen.» Im Zentrum seiner praktischen Argumentation steht dann die Position, «dass es durchaus unmöglich ist, im Namen Jesu die gegenwärtige Wirtschaftsordnung zu verteidigen; dass ein Christ zum mindesten kein Interesse an ihrem Fortbestand hat». Denn die gegenwärtige Wirtschaftsordnung widerspreche der Lebensordnung des Evangeliums «in allen Hauptpunkten»; die Christen müssten deshalb «eine bessere fordern». Diese Konklusion fliesst aus einer präzisen Analyse der Wirtschaftsordnung im hochkapitalistischen

Zeitalter, mit der es sich Ragaz nicht leicht gemacht hat und in welcher ausschließlich «weltliche» Literatur zitiert wird. Die Kombination von sozial-wissenschaftlicher Deduktion, theologischer Reflexion und prophetischem Aufruf macht den Basler Predigerfest-Vortrag von 1906 zu einem Meilenstein in der Diskussion der schweizerischen Reformierten: So fundiert war noch nie über die «soziale Frage» gesprochen worden, in dieser Weise hatte noch keiner ein starkes theologisches Engagement mit profaner Sachkenntnis verbunden. Ragaz schloss mit einem praktischen Aufruf. Die Pfarrer brauchten vor allem viel mehr Sachkenntnis, präzise Information über die sozialen Verhältnisse. Nur dann könnten sie an der «ethischen und religiösen Grundlegung der neuen Ordnung» mitarbeiten. Das war im Grunde genommen die Aufforderung zur Arbeit an einer christlichen Sozialethik, die bisher unterblieben war. Ragaz bekam bald Gelegenheit, in seinem Zürcher Lehramt an diesen grundlegenden Fragen weiterzuarbeiten. Das aber konnte nicht geschehen, ohne die beständig neue Orientierung an «Wahrheit und Gerechtigkeit». «Darum muss, wenn wir etwas ausrichten sollen, die prophetische Predigt wieder unter uns erwachen, die Predigt der Gerechtigkeit und Wahrheit, die der Liebe zu Grunde liegen müssen. Und wenn auch unsere alten Kirchenmauern starke Worte zu hören bekommen, mögen sie zerfallen, wenn sie sie nicht ertragen können; dann stehen wir eben unter Gottes freiem Himmel. Es muss noch einmal dazu kommen, dass man die Kirche flieht, nicht wie man jetzt etwa hört, weil sie alte Sachen sage, sondern weil sie die Wahrheit sagt, sehr neue, aktuelle und unbequeme Wahrheit.»

Diese Rede von 1906 bedeutet für die reformierten Kirchen der Schweiz die endgültige Formulierung eines neuen Verständnisses vom Verhältnis von Christentum und Sozialismus. Das seit sechzig Jahren diskutierte Thema war endgültig unter den Horizont der Heilsgeschichte gerückt, die ängstliche Grenzziehung zum Sozialismus aufgegeben, die Herleitung sozialistischer Ziele aus dem Evangelium gelungen, eine christliche Kapitalismuskritik begonnen. Man muss unbedingt festhalten, was diesen Durchbruch ermöglicht hatte: Entscheidend war ein neues Verständnis des Evangeliums – so möchte ich lieber sagen als: eine neue Theologie – nämlich die Ueberzeugung, dass Gott auch in der Gegenwart noch Taten tut und ein Reich der Brüderlichkeit und Gerechtigkeit aufbauen will. Gewiss war diese Auffassung in den evangelischen Kirchen der Schweiz damit noch nicht durchgedrungen – sie ist es bis heute nicht – aber sie war doch seit 1906 dank Kutter und Ragaz nicht mehr zu ignorieren.

*Weiterführende Literatur*

Lejeune L. (ed.), Bibliographie (der Werke von L. Ragaz), in: Ragaz L., Gedanken aus vierzig Jahren geistigen Kampfes, ausgewählt von Freunden, Bern [2]1951 (auch separat).

Lindt A., Leonhard Ragaz. Eine Studie zur Geschichte und Theologie des religiösen Sozialismus, Zollikon-Zürich 1957.

Mattmüller M., Leonhard Ragaz und der religiöse Sozialismus. Eine Biographie, Bd. 1: Die Entwicklung der Persönlichkeit und des Werkes bis ins Jahr 1913, Zollikon-Zürich 1957.

Ragaz Chr., Mattmüller M., Rich A. (ed.), Leonhard Ragaz in seinen Briefen, Bd. 1: 1887-1914, Zollikon-Zürich 1966.

Ragaz L., Ein Wort über Christentum und soziale Bewegung (Maurerstreikpredigt), in: Schweizerisches Protestantenblatt, Basel 1903, S. 129 ff.

Ragaz L., Das Evangelium und der soziale Kampf der Gegenwart, Basel 1906.

Ragaz L., Meine geistige Entwicklung, in: Mattmüller M., Biographie Bd. 1, S. 240 ff.

Ragaz L., Mein Weg, Bd. I, Zürich 1951.

# Kapitel 5:
# Die Anfänge der religiös-sozialen Bewegung und ihr frühes Denken

## Neue Wege

Das Jahr 1903 hatte den Durchbruch des religiösen Sozialismus gebracht: das Erscheinen von *Sie müssen!* und Ragaz' *Maurerstreikpredigt* hatten sich dem öffentlichen Bewusstsein eingeprägt. Im Jahre 1906 wurden auf den verschiedensten Gebieten die Folgen aus diesem Durchbruch gezogen, es hatten sich nämlich Kontakte zwischen Menschen ergeben, die bisher auf verschiedenen Wegen gegangen waren und sich nun in gemeinsamer Aktion fanden. Im November 1906 erschien die Probenummer der Zeitschrift *Neue Wege*, im Oktober versammelten sich in Degersheim (St. Gallen) sechs Männer und beschlossen, inskünftig «religiös-soziale Konferenzen» einzuberufen. So schlossen sich Gleichgesinnte zusammen, um einander Solidarität zu bieten und um öffentlich von ihrem Glauben Zeugnis abzulegen.

Die Gründung der *Neuen Wege* gehörte in eine Stimmung des allgemeinen Aufbruches; die «soziale Frage» war nur ein Element neben anderen in dieser Stimmung. Die Idee zu dieser Zeitschrift entstand im Kreise schweizerischer Leser der *Christlichen Welt*, des führenden Informationsblattes im deutschen Protestantismus, eines Blattes mit deutlich, aber nicht kämpferisch liberaler Tendenz. (Der junge Karl Barth war eine Zeitlang Sekretär des Herausgebers Martin Rade in Marburg). Das deutsche Blatt nahm sich nach 1900 um die Tendenz der «modernen Theologie» an. In der Gründungsgeschichte der schweizerischen Tochterzeitschrift *Neue Wege* war die zentrale Person nicht der spätere Redaktor Ragaz, sondern der Dogmatiker und Kirchenhistoriker Prof. Paul Wernle (1872-1939), ein markanter Vertreter dieser «modernen Theologie». Das Programm der Zeitschrift enthielt heterogene Elemente: Rückgewinnung der Gebildeten für die Religion, Überwindung des kirchlichen Richtungsstreites, Vertretung einer modernen Pädagogik, zeitgemässe Offenheit für die «soziale Frage». Zwei der Redaktoren, Rudolf Liechtenhahn und Benedikt Hartmann, stammten aus Wernles Kreis, Ragaz trat zu ihm in Beziehung unter dem Einfluss seines Neuaufbruches um 1903. In den ersten Heften, das heisst im Winter 1906/07, blieb die Rubrik «Soziales» klein – nicht jedes Monatsheft enthielt dazu einen Beitrag – und von Politik wurde kaum je geredet. Religiöse und weltanschauliche Probleme, kirchliche und pädagogische Fragen standen durchaus im Vordergrund.

Aber die Verschärfung des Klassenkampfes wirkte auch auf den Kurs der neuen Zeitschrift ein. Zunächst wurden in der Rubrik *Umschau* immer häufiger aktuelle politische und soziale Probleme besprochen, und 1910 trat der irenische Benedikt Hartmann aus der Redaktion zurück; der Spiritus rector des ganzen Kreises, Paul Wernle, stellte seine Mitarbeit ganz ein, weil er diese Entwicklung missbilligte: «Ich schrieb in die Neuen Wege so lange, bis sie durch Ragaz ihren parteilosen Charakter verloren und ein ragazisches Sozialistenblatt wurden», meinte er später. Dieser Prozess der Politisierung der *Neuen Wege* begann etwa um 1910 und wurde in den Jahren des Ersten Weltkrieges vollendet. Ragaz wurde dadurch immer stärker zum Träger der Zeitschrift, und sie hat bis am Tage seines Todes in seinem Leben eine zentrale Rolle gespielt – durch neununddreissig Jahrgänge hin.

## Gründung der religiös-sozialen Bewegung

Einen Monat bevor die Probenummer der *Neuen Wege* erschien, wurde in Degersheim die religiös-soziale Bewegung organisatorisch geordnet, und auch hier war es ein recht breit angelegter Aufbruch zu neuen Zielen, auch hier war die «soziale Frage» nur ein Programmpunkt unter vielen. Es ist begreiflich, dass die von modernen Fragen bewegten Kirchenglieder ein Forum für ihre Gemeinsamkeit suchten, denn die kirchlichen Richtungen, «Positive» und «Reformer», ja selbst die «Vermittler», waren so straff organisiert, dass die Jungen unter ihrer Vereinzelung zwischen den Blöcken litten; ein Einbruch neuer Gedanken in das stabile System der kirchlichen Machtverteilung war unmöglich. Organisator der neuen Gruppenbildung wurde Pfarrer Hans Bader in Degersheim, der im Oktober 1906 sechs oder sieben Gesinnungsgenossen zu einer «pädagogisch-sozialen Konferenz» in sein Pfarrhaus einlud. Kutter, Ragaz und Liechtenhahn waren dabei, und es wurde anhand des Ragazschen Referates vom Predigerfest 1906 diskutiert. Man beschloss als Frucht dieser Tagung für den Frühling 1907 eine religiös-soziale Konferenz einzuberufen, gründete aber beileibe keinen Verein, denn man vermied mit peinlicher Sorgfalt den Anschein, eine neue kirchliche Richtung zu etablieren. Als Vorbild für die Konferenz diente der Evangelisch-Soziale Kongress in Deutschland, diese angesehene und meinungsbildende Zusammenkunft zur Erörterung prinzipieller Fragen.

An dieser Stelle des historischen Prozesses tritt die Bezeichnung *religiös-sozial* zum ersten Male auf: Die seit der Degersheimer Versammlung verbundenen Laien und Pfarrer luden auf den April 1907 zu einer *religiös-sozialen Zusammenkunft* in Zürich ein. Die Selbstbezeichnung ist aus einer gewissen Verlegenheit heraus entstanden; denn *christlich-sozial* und *evangelisch-sozial* waren besetzte Begriffe: Die erste Kombination bezeichnete in der Schweiz die katholischen Arbeitervereine, in Deutschland die Partei des Hofpredigers Adolf Stoecker, mit der man wegen ihres schroffen Antisozialismus nichts zu tun haben mochte; *evangelisch-sozial* nannten sich in der Schweiz die Herren- und Arbeitervereine der «Positiven» (vgl. oben, Kap. 1);

diese Bezeichnung hätte im Gegensatz zur Überwindung der kirchlichen Richtungen gestanden. *Religiös-sozial* war eine Verlegenheitslösung, die in ihrem ersten Bestandteil immer unpassender wurde, als man «Religion» in Gegensatz zu «Reich Gottes» stellte; im zweiten Bestandteil wurde sie geradezu täuschend, als die Bewegung den konturlosen Bereich des Sozialen verliess und entschieden sozialistisch wurde. Im Substantiv *Religiöser Sozialismus* war wenigstens diese Unklarheit verschwunden, das Wort «religiös» bekam später den unerwarteten Vorteil, dass es die Zusammenarbeit mit Juden ermöglichte. Bis zum Ausbruch des Ersten Weltkrieges haben in der Schweiz sechs öffentliche Konferenzen unter dieser Bezeichnung stattgefunden. Schon auf der ersten (Zürich 1907) wurde klar, an welchen Punkt die progressiven Elemente in den reformierten Kirchen der deutschen Schweiz nun gelangt waren: Die Veranstalter – im wesentlichen der Degersheimer Kreis – bekannten sich als Gegner des Kapitalismus und als Freunde des Sozialismus. Die Konferenz wies die Mahnung des anwesenden deutschen Sozialpädagogen F. W. Foerster, die Pfarrer sollten sich auf «die innere Erneuerung des Gewissens konzentrieren», deutlich zurück: «Das Dilemma zwischen Gott und Mammon fordert vom Pfarrer den Kampf gegen den Kapitalismus in Gottes Namen.»

Was der in den vorangegangenen Kapiteln geschilderte Durchbruch der Jahre 1903 bis 1906 bewirkt hat, wird erst klar, wenn man solche Aussagen mit dem früheren Ton der christlichen Sozialdebatte vergleicht. Das Evangelium liess sich nicht mehr ausschließlich als Ruf zur Innerlichkeit deuten, Sozialismus liess sich nicht mehr als unchristlich brandmarken. Der Appell zum sozialen Handeln des Christen floss hier nicht mehr aus allgemeinen ethischen Prinzipien, sondern aus dem neu gewonnenen Verständnis des Reiches Gottes.

Wie sehr dieser Durchbruch die Christen von herkömmlichen Blockierungen befreien konnte, zeigt ein typisches Ereignis dieser Jahre: Die evangelisch-sozialen Arbeitervereine, die einst (vgl. Kapitel 1) zur Konkurrenzierung der sozialistischen Arbeiterbewegung gegründet worden waren, schlossen sich 1907 dem schweizerischen Gewerkschaftsbund an und bezeichneten – mit deutlicher Wendung gegen die katholischen Gewerkschaften – die «Zersplitterung der Gewerkschaftsbewegung durch religiöse Gewerkschaften» als bedauerlich.

Die religiös-sozialen Konferenzen sahen als Referenten die bekanntesten Führer der Sozialdemokratie und des Gewerkschaftsbundes; die sozialistischen Pfarrer der liberalen Richtung standen ihr nahe, Eugster-Züst stiess zu ihr. Bald entstand auch Kontakt zur Zeitschrift *Essor* in der französischen Schweiz, die seit 1906 erschien und unter Pfr. Paul Sublet und dem Genfer Grossrat A. de Morsier ein ähnliches Gedankengut vertrat.

Auf den sechs Konferenzen der Vorkriegszeit wurden ausser theologischen und sozialistischen Themen mehrmals die Frauenfrage und die Friedensfrage behandelt. Es waren bewegte und nach allen Seiten offene Gespräche, welche immer weitere Kreise von Menschen ansprachen. Die Leiter der Konferenzen vermieden jeden Anschein einer Richtungsorganisation. Erst 1911 wurde, zur Organisation der Konferenzen, eine lose *Vereinigung der Freunde der religiös-sozialen Konferenzen* gebildet. Es war wirklich nur ein informeller Kreis von Frauen und Männern, die danach fragten, was Gott in der Gegenwart von den Christen wolle.

Im Juni 1910 traf man sich, vermittelt durch die religiösen Sozialisten aus der welschen Schweiz, in Besançon mit Gesinnungsgenossen aus Frankreich: Elie Gounelle, Alfred Monod, Charles Gide und Paul Passy. Man redigierte eine Prinzipienerklärung, die im Namen des Evangeliums den Protest gegen die bestehende Wirtschaftsordnung erhob und es als Pflicht aller Christen deklarierte, «für die Verwirklichung der Gerechtigkeit auf allen Gebieten zu kämpfen», unter den praktischen Postulaten standen Gewerkschafts- und Genossenschaftsarbeit sowie der Kampf für den Frieden an wichtiger Stelle. Im Herbst 1914 sollte, als

Verbreiterung dieser Basis, ein umfassender *Internationaler Kongress für soziales Christentum* in Basel stattfinden, zu welchem auch Deutsche, Engländer, Niederländer, Skandinavier und Amerikaner erwartet wurden; der Ausbruch des Weltkriegs hat dann diesen kühnen Plan einer sozialistischen Internationale der Christen zerschlagen.

So hatten also vor dem Krieg die religiösen Sozialisten der Schweiz ihrer inneren Gemeinschaft Ausdruck verliehen mit Zeitschriften, in denen sie Zeugnis ablegen konnten, und mit, wenngleich rudimentären, Organisationen, durch welche sie ihre Solidarität ausdrückten.

Die Zeit von 1903 bis zum Kriegsausbruch war die Epoche des ersten Erscheinens und des Wachstums der Bewegung; im Krieg folgte eine eigentliche Bewährungsprobe. In der Frühzeit hat sich auch eine erste Form des religiös-sozialen Denkens herausgebildet, das zwar mehr oder weniger den ganzen Kreis kennzeichnet, aber im wesentlichen doch von zwei Männern formuliert worden ist, von Hermann Kutter und Leonhard Ragaz.

**Kutters spätere Jahre**

Kutter liess nach *Sie müssen!* in rascher Folge drei Bücher erscheinen, die auch in Deutschland grossen Widerhall fanden: *Gerechtigkeit* (1905), *Wir Pfarrer* (1907), *Die Revolution des Christentums* (1908). Schon diese Titel zeigen, dass er sich mit den Fragen eines neuen Bibelverständnisses – *Gerechtigkeit* ist eine Auslegung der ersten acht Kapitel im Römerbrief – und der Kirchenkritik befasste. Sozialismus und Politik traten bei ihm jetzt in den Hintergrund; der Pfarrer am Neumünster ist den Konsequenzen der blumhardtschen Verkündigung im kirchlichen Bereich nachgegangen. Er verkündete mit grosser Kraft den unmittelbaren, nicht systematisierbaren Gott und fragte, welche Predigt vonnöten sei und welcher Dienst von einem bestellten Diener dieses Gottes, einem Pfarrer verlangt werde. Markant war seine Ablehnung der äusserlichen Kirchlichkeit; so hat er sich geweigert, Trauungen und kirchliche Bestattungsfeiern vorzunehmen, was ihn in Konflikt mit den Kirchenbehörden brachte. Im Laufe der Zeit kam bei ihm die Vorliebe für Plato und Kant immer stärker zum Tragen, und in seinem Verhältnis zur Welt nimmt der Leser seiner späteren Schriften denn auch etwas Platonisches wahr, das dem Engagement für den religiösen Sozialismus entgegenwirkte: Gott wird immer wieder die einzige Realität genannt, der gegenüber alles andere zur Schattenrealität werde. In einem Brief Kutters aus dem Kriegsjahr 1915 heisst es: «Mit Plato und Kant drücke ich mich abseits in die Wälder und kann da sitzen und denken …» Mit Plato und Kant liess sich aber die schreckliche Wirklichkeit der damaligen Weltentwicklung nicht deuten, und so ist dann Kutter etwa seit 1910 als religiöser Sozialist verstummt. Er hat allerdings mit dem leidenschaftlichen Einstehen für Gottes Autonomie, mit der Ablehnung aller Ideologien, die den souveränen Herrn der Geschichte vereinnahmen wollte, der im Weltkrieg entstehenden neuen Theologie eines Karl Barth wesentliche Impulse gegeben.

**Ragaz' Vorlesungen: Reich Gottes und «Religion»**

Leonhard Ragaz hat in diesen Jahren die Kanzel des Basler Münsters mit einem theologischen Lehrstuhl vertauscht: 1908 wurde er als Professor für systematische und praktische Theologie an die Universität Zürich berufen. Das neue Lehramt zwang ihn zum Durchdenken und zur Klärung seiner Auffassungen; gleichzeitig liess es ihm mehr äussere und innere Freiheit zur Mitarbeit in der religiös-sozialen Bewegung als das anspruchsvolle Pfarramt. Die erhaltenen Vorlesungsmanuskripte vermitteln einen Einblick in sein Denken, das in diesen Jahren zu einer ersten, geschlossenen Form gediehen ist (Die zweite ist die Form der Kriegs- und Revolutionszeit, vgl. unten, Kapitel 8; die dritte Form der Ragazschen Theologie und Weltsicht liegt im postum erschienenen Bibelwerk vor, vgl. unten, Kapitel 12). Die Ausarbeitung der ersten Form geschah unter dem wachsenden Einfluss Christoph Blumhardts, den Ragaz im Sommer 1909 ein erstes und im Sommer 1911 ein zweites und letztes Mal in Bad Boll besuchte; dabei kam es zu einer besonders eindrücklichen Begegnung mit Blumhardt, die Ragaz erst 1945, in seinem eigenen Todesjahr, in seiner Autobiographie erzählte. Blumhardt gab dem ursprünglich liberalen Theologen Ragaz den Mut zur Bejahung des Wunders und der Göttlichkeit Christi, hat also seine theologischen Auffassungen wesentlich beeinflusst.

Ragaz trug seinen Zürcher Studenten grundlegende Kollegien über Religionsphilosophie, Dogmatik und Ethik vor, dazu schon 1909 eine Vorlesung über «Christentum und soziale Frage». Es handelte sich gewiss primär um die Erfüllung von Berufspflichten, aber Ragaz empfand diese Vorlesungen darüber hinaus als Herausforderung, die Botschaft vom Reich Gottes in ihrem Zusammenhang darzustellen; die Vorlesungshefte aus den Jahren 1908 bis 1913, mit vielen späteren Ergänzungen und Einschüben, stellen damit so etwas wie eine grosse Zusammenfassung des frühen religiössozialen Denkens dar.

Im Vortrag am Predigerfest von 1906 hatte Ragaz die Grundspannung zwischen ruhender und vorwärtsdrängender Religion zum ersten Mal formuliert (vgl. oben, Kapitel 4). Es verwundert also nicht, dass dieser Gegensatz auch in seiner akademischen Lehre zentral bleibt. Der Weltkampf zwischen Gott und dem Bösen macht für ihn den Inhalt der Geschichte aus; es gilt, sich auf die Seite des lebendigen Gottes zu stellen. Die «ethisch-prophetische Frömmigkeit» erschöpft sich nicht in ästhetisch-kultischer Verehrung Gottes, sondern geht unvermittelt in den Einsatz für die Welt und für den Menschen über. Das konventionelle Christentum ist aber unter den Bann der bestehenden Welt geraten und hat die Orientierung auf den kommenden Herrn vergessen. Ragaz beginnt diesen Typus des Christentums in jener Zeit immer ausschliesslicher als «Religion» zu bezeichnen;

Religion ist eine ruhende, auf Kultur und Gottesgenuss orientierte Form des Christentums; sie trennt zwischen Äusserem und Innerem und schafft eine eigene Kaste zur Wahrung ihrer Geheimnisse, die der Priester und Theologen. Das von Jesus offenbarte Reich Gottes unterscheidet sich von der Religion durch seine Dynamik. «Was Jesus wollte, ist die Erlösung von aller Not durch ein Einströmen neuen Gotteslebens in die Menschenwelt. Dadurch entsteht das Reich Gottes. Auf die Erde soll der Himmel herabsteigen. Dann allerdings soll er mit seinen Kräften die Welt verwandeln, und zwar auch die materiellen Verhältnisse; Sorgen, Sündenknechtschaft, Hass, Zwietracht, Schuldqual, Verlorenheit aller Art, Armut, Krankheit, ja der Tod selbst soll *durch* das Reich Gottes und *im* Reich Gottes überwunden werden, auf dass Gottes Gesetz, Gottes Macht und Liebe herrsche.» Das ist Ragaz' beste Definition des Reiches Gottes: Eine durch hereinströmendes Gottesleben neugeborene Welt.

Der Unterschied zwischen Religion als ruhendem Christentum und Reichgottesglauben als vorwärtsdrängendem besteht in der Hoffnung auf das Reich Gottes, die der Religion fremd geworden ist, und in der Tatsache, dass die Gläubigen des Reiches Gottes keine Trennung zwischen Innerlichem und Äusserlichem, zwischen Jenseits und Diesseits anerkennen. Die Religion hat keine Hoffnung für die Welt, ja sie verliert in ihrer statischen Wesensart sogar den letzten Hoffnungshorizont, die Hoffnung auf die Wiederkunft Christi am Jüngsten Tag. Der Glaube an das Reich Gottes schöpft aus der Beobachtung von Gottes Wirken in der Gegenwart die Hoffnung auf sein Weiterwirken bis zur Vollendung einer Welt der Gerechtigkeit und des Friedens. Für alle, die auf ein diesseitiges Reich Gottes hoffen, ist die Erscheinung Jesu Christi wichtig, weil das «Hereinströmen des Gotteslebens in die Welt» mit ihm begonnen hat. Er wird damit zum Beweis, dass eine Hoffnung auf Weltveränderung durch Gott nicht sinnlos ist. In Ragaz', des ursprünglichen liberalen Theologen, Vorlesungen wird Jesus immer zentraler, bis man ihn kaum mehr von einem Orthodoxen unterscheiden kann. Aber sein Christusglaube ist aus der Reichgotteshoffnung entstanden und nicht im Rahmen einer statischen Dogmatik übernommen worden; er ist in manchen äusseren Kämpfen und in der Not, die aus der Beobachtung der Weltereignisse floss, gestärkt worden; die Begegnung mit Blumhardt hat dabei offenbar eine wichtige Rolle gespielt.

Religion trennt zwischen einer weltlichen und einer geistlichen Sphäre; die Botschaft vom Reich Gottes hebt diese Scheidung auf, weil ja auch Jesus in die Welt gegangen ist. Gottes Liebe ist so gross, dass die Sphären nicht mehr getrennt bleiben müssen. «Jesus macht den Vater offenbar. Alle Fremdheit ist aufgehoben. Liebe geht auf völlige Vereinigung. Damit ist die reine Transzendenz endgültig und völlig überwunden.»

Das sind die theologischen Grundanschauungen des frühen Ragaz, hier liegt auch das Zentrum seines Sozialismus'. Die Religion, welche das Reich Gottes leugnet, ist nämlich nur ein Sonderfall der widergöttlichen Mächte. Wie sie müssen auch andere Formen der Knechtschaft überwunden werden, die Ungerechtigkeit der Eigentumsordnung, die Zerstörung der menschlichen Gemeinschaft durch den Kapitalismus, die Entfremdung der Arbeit. Wo «Gottes Gesetz, Gottes Macht und Liebe herrschen», werden sämtliche Fremdbestimmungen des Menschen überwunden, nicht nur die Religion, und der Mensch erlebt die herrliche Freiheit des Gotteskindes.

## Kritik am Kapitalismus

Hier setzt die Kritik des frühen Ragaz am Kapitalismus ein. Er wusste, was er sagte, wenn er die Zerstörung der Arbeit und der menschlichen Gemeinschaft durch das kapitalistische Zeitalter beklagte, hatte er doch in seinem Heimatdorf Tamins noch das bäuerliche Leben der vorkapitalistischen

Epoche erlebt. Er konnte also die Lebensform der städtischen Proletarier in Basel und Zürich mit Zuständen vergleichen, in denen der Mensch noch nicht so ausschliesslich unter der Herrschaft des Profits gestanden hatte.

Ragaz hat dabei von Anfang an die Bedeutung der Arbeit für den Menschen erkannt und sie in den Vordergrund seiner Kapitalismuskritik gerückt. «Die soziale Frage ist mehr eine Arbeits- als eine Lohnfrage», stellt er fest und wirft dem kapitalistischen System vor, dass es durch die profitsüchtige Arbeitsteilung das Verhältnis des Arbeiters zu seinem Werk zerstört. «Er verkrüppelt selbst ob der verstümmelten Arbeit, er wird ein Teilmensch. Alle Arbeit hat ursprünglich etwas Schöpferisches: Sie ist Schaffung eines Neuen aus dem gegebenen Material. Wo dieses Element fehlt, wird sie erniedrigender Sklavendienst.» Die schöpferische Arbeit drückt ja die Gotteskindschaft des Menschen aus. Um des Profits willen wird die ganzheitliche Arbeit zerstört. Für Ragaz steht also – wohl auch als Frucht seiner Marx-Lektüre, aber man kannte damals die dafür besonders wichtigen Pariser Manuskripte noch nicht – der Begriff der Entfremdung der Arbeit im Zentrum, nicht der der Ausbeutung des Menschen. Um ihretwillen ist das kapitalistische System unsittlich und wider Gott, weil es die Arbeit des Menschen zerstört und fremden Zwecken – dem Profit des Kapitals – unterwirft. Eine solche Kapitalismuskritik findet sich, soviel ich weiss, bei keinem früheren Theologen; ihr Widerspruch entzündet sich am Elend der proletarischen Lebenslage. Es ist deshalb anzunehmen, dass es die Sicht der Reichgottestheologie brauchte, um den Aspekt der Arbeit ins Zentrum zu rücken; die Menschenwürde des Proletariers, die durch die entfremdete Arbeit verletzt wird, erkannte erst, wer den lebendigen Gott durch die Geschichte schreiten und die Menschen dabei befreien sah.

Der Kapitalismus hat aber nicht nur die Arbeit des Einzelnen zerstört, sondern auch die Gemeinschaft unter den Menschen schwer geschädigt. In vorkapitalistischen Epochen, sowohl in der Dorfgesellschaft wie in der Welt der städtischen Zünfte, regelte die Gemeinschaft das Volumen der Produktion und achtete darauf, dass jeder das Nötige zu einem gerechten Preis bekam. Im Kapitalismus steuert das Profitstreben des Einzelnen und nicht die Versorgungsnotwendigkeit der Gemeinschaft die Produktion. Das kapitalistische Wirtschaftssystem «hat keine richtige Ordnung der Produktion gefunden, die geeignet wäre, in die Versorgung der Völker mit den materiellen Gütern einige Ruhe und Sicherheit zu bringen». Wie im kapitalistischen System die Arbeit einem fremden Zweck unterworfen wird, so die Konsumation: Sie ist nicht mehr der normale Vorgang einer Bedürfnisdeckung, sondern dient der Erhöhung des Profits. Menschliche Beziehungen werden diesem Ziel vollkommen dienstbar gemacht. «Alles wird Ware. Nichts ist heilig, keine menschlichen Verhältnisse, keine Naturschönheit, keine sittliche und religiöse Wahrheit, keine Ideale – das Geld ist Herr. So wird die Sache absolut Herr des Menschen. Tiefe Gottlosigkeit dieser Ordnung. ‹Ihr könnt nicht Gott dienen und dem Mammon.›»

Dass Gott diese «tief gottlosen Zustände nicht einfach duldet, sondern in diese Welt der Ungerechtigkeit und Entfremdung eingreift, und dass er es mit Hilfe der Arbeiterbewegung (und nicht der Frommen) tut, das stellt eine Grundüberzeugung der religiösen Sozialisten dar. Die Christen haben das erst bemerkt, als dieses Werk Gottes bereits im Gange war. Sollten sie sich nun aber darauf beschränken, das Wirken ihres Herrn passiv zu beobachten und ihre Beobachtungen allenfalls der horchenden christlichen Gemeinde verkündigend und lobpreisend weiterzugeben, oder sollten sie sich zur Mitarbeit in der grossen Befreiungsbewegung der Arbeiter einfinden? Kutter neigte mehr zur ersten Ansicht, Ragaz empfand die Notwendigkeit des Mitkämpfens. Wir meinen, dass sich in den praktischen Konsequenzen, die die meisten religiösen Sozialisten aus ihrer Glaubensauffassung zogen, auch eine ihrer theologischen Grundvorstellungen äusserte: Wenn nämlich die Erkenntnis, dass das Jenseits durch Jesus Christus ins Diesseits eindringt, das Zentrum der Botschaft vom Reich Gottes bildet, dann müssen, in der Nachfolge ihres Herrn, auch die Christen in den Kampf für eine gerechtere Welt eintreten.

Leonhard Ragaz hat diese Konsequenz erkannt und hat sich entsprechend verhalten. Bei einem Zürcher Generalstreik von 1912 setzte er sich so eifrig für die Rechte der Arbeiter ein, dass man ein erstes Mal seine Wegweisung von der Universität forderte. Ein Jahr später ist er der sozialdemokratischen Partei beigetreten wie vor ihm Blumhardt und Eugster-Züst.

## Sozialethik: Befreiung der Arbeit

In seinen Vorlesungen über die Ethik versuchte er, Prinzipien für diesen Weg der Nachfolge zu entwerfen und sie am Evangelium zu prüfen. Christen mussten nach seiner Auffassung für die Befreiung der Arbeit kämpfen. Weil dafür vor allem durch die Gewerkschaftsbewegung gekämpft wird, sollen Christen an dieser mitwirken. Ragaz weiss die Gewerkschaften mit Überlegungen zu werten, die vor ihm kein christlicher Ethiker angestellt hat: Durch sie «wird der Arbeiter aus Verlorenheit und Stumpfheit herausgezogen; er wird wieder Glied einer Gemeinschaft, er erhält wieder Rechte und Pflichten, während er vorher in seinem Elend sich selbstisch zu isolieren suchte. Er bekommt Hoffnung und Würde.» Die Arbeiterbewegung hat gerade dadurch «mehr getan als Kirche, Schule und Staat zusammen».

Darüber hinaus soll der Christ aber für eine bessere Ordnung der ganzen Gesellschaft – nicht nur der Arbeitswelt – kämpfen, die den Menschen nicht mehr versklavt, d. h. zu unmenschlicher Arbeit zwingt, und ihn nicht mehr vereinzelt, d. h. keine wirkliche Solidarität entstehen lässt. Beides kann nur geschehen, wenn die Grundlagen des Gesellschaftssystems verändert werden. Solidarität muss sich in der Wirtschaftsordnung manifestieren als «gemeinschaftliche Regelung von Produktion und Distribution der Güter».

Ragaz ist sich aber ganz klar, was das voraussetzt: eine andere Ordnung des Eigentums an Produktionsmitteln. Solange diese, die doch für die Arbeit unumgänglich nötig sind, dem privaten Profitdenken gehorchen, kann die Befreiung der Arbeit nicht eintreten und die Solidarität aller Menschen findet keinen Ausdruck. Wem es um die von Gott gewollte Befreiung des Menschen und um die Solidarität geht, der muss für eine andere Eigentumsordnung kämpfen.

Das heisst: Sozialismus. Die religiösen Sozialisten sind nämlich nicht einfach sozial denkende Christen gewesen, sondern Sozialisten im kantigen Sinne des Begriffs. Sie waren nicht bloss für einige Korrekturen am geltenden Wirtschaftssystem, sondern für Systemveränderung, Ersetzung der bisherigen Eigentumsordnung durch eine kollektivistische neue. «Sozialismus ist eine Wirtschaftsordnung, die durch das Prinzip der Solidarität die Wirtschaft versittlichen und dem Menschen dienstbar machen will», erklärte Ragaz seinen Zürcher Studenten. «Das Wirtschaftsleben soll so geordnet sein, dass nicht Profit sein Endziel sei, sondern die Befriedigung der materiellen Bedürfnisse der Gemeinschaft, dass es nicht ein Kampf aller gegen alle sei, sondern ein gemeinsamer Kampf gegen die materielle Not.» In einer solidarischen Gesellschaft wird die Arbeit befreit sein, die Gemeinschaft ist auf einen gottgewollten Zweck ausgerichtet und damit nicht mehr entfremdet. Es schwebt Ragaz eine Gesellschaftsordnung vor, «die die Gotteskindschaft, die Bruderschaft, die Solidarität, die Ehre Gottes (mit Calvin zu reden) zum Ausdruck bringt».

Der Begriff des kollektiven Eigentums darf nicht falsch verstanden werden. Ragaz ist kein Anhänger der Verstaatlichung aller Produktionsmittel. Am günstigsten scheinen ihm als Träger kollektiven Eigentums die Genossenschaften, «denn sie haben einen Vorzug vor dem Zwangsstaat» und entsprechen dem Ziel am besten, «für das wirtschaftliche Bedürfnis der Gemeinschaft zu sorgen». Gewerkschaft und Genossenschaft sollen nach Möglichkeit dem politischen Weg zu einer sozialistischen Gesellschaft vorgezogen werden; «denn in der gewerkschaftlichen und genossen-schaftlichen Organisation ist etwas Wachstümliches, etwas Organisches».

## Das Wesen der Solidarität

Alles Organisatorische muss aber vom Geist leben, der die Assoziationen gestaltet und vor Entartung bewahrt. Deshalb gibt es in den Vorlesungen ein intensives Nachdenken über das Wesen der Solidarität. Nachdem Ragaz sie ursprünglich als Kantianer aus der Vermittlung zwischen den Rechten der einzelnen Persönlichkeit hergeleitet hatte, nachdem er von einem allgemeingültigen «Gesetz des Menschen» gesprochen hatte, redete er seit der intensiven Begegnung mit Christoph Blumhardt schlicht vom «Gesetz des Bruders»: «Zum Gotteskind gehört notwendig der Bruder. Gerade durch Gott ist der Mensch aufs Tiefste mit dem Mitmenschen verbunden. Es ist eine unergründliche, unbedingte Solidarität, die den Menschen an den Menschen bindet.»

Man erkennt hier nochmals das Neue, das die religiösen Sozialisten gegenüber den «sozialen» und gar «sozialistischen» Pfarrern früherer Epochen kennzeichnet. So hätten weder ein Kambli noch ein Benz noch ein Pflüger den Zusammenhang zwischen ihrer theologischen Überzeugung und ihrer politischen Stellungnahme definieren können. Die Botschaft vom Reiche Gottes, das sich in der Welt konkretisieren will und für das der Herr der Geschichte Christen neben Atheisten brauchen will, bot offenbar einen Impuls, der den Christen den Zugang zum politischen Handeln leicht machte.

Ragaz hatte so, zunächst noch im engeren Kreis seines Hörsaals, eine erste Form der religiös-sozialistischen Theologie, Ethik und auch Politik entwickelt, bevor der Erste Weltkrieg ausbrach.

Um 1910 herum war im Dialog zwischen Sozialismus und Christentum in der Schweiz eine neue Stufe erreicht worden. Hermann Kutter hatte die Bürgerlichkeit des landläufigen Christentums entlarvt und ihr die Dynamik des lebendigen Gottes entgegengestellt. Leonhard Ragaz hatte, ausgehend von einer Theologie des Reiches Gottes, im Namen Jesu den Kampf gegen den Kapitalismus aufgenommen und gezeigt, dass sozialistische Solidarität und evangelische Nachfolge Jesu zusammengehören. Man darf darauf hinweisen, dass die Entwicklung solcher Gedanken singulär ist in der damaligen evangelischen Christenheit: Die Blumhardtbewegung stellt wirklich eine Vorhut der Christen in der hochkapitalistischen Welt der Vorkriegszeit dar.

*Weiterführende Literatur*

Jäger H.-U., Ethik und Eschatologie bei Leonhard Ragaz. Versuch einer Darstellung der Grundstrukturen und inneren Systematik von Leonhard Ragaz' theologischem Denken unter besonderer Berücksichtigung seiner Vorlesungsmanuskripte, Zürich 1976.
Neue Wege, Blätter für religiöse Arbeit, Jg. 1, Basel 1906/7; Jg. 2, Basel 1908 etc.
Rich A., Theologische Einführung, in: Leonhard Ragaz in seinen Briefen, Bd. 1, Zürich 1966.
Spieler W. (ed.), 75 Jahre «Neue Wege». Sondernummer der Zeitschrift Neue Wege, 75. Jahrgang, No. 11, Zürich 1981. Darin verschiedene Aufsätze zum Thema.
Stähli M. J., Reich Gottes und Revolution. Christliche Theorie und Praxis bei Leonhard Ragaz und die Theologie der Revolution in Lateinamerika, Hamburg-Bergstedt 1976.
Wernle P., Selbstdarstellung, in: Die Religionswissenschaft in Selbstdarstellungen, Leipzig 1929.

# Reichsgottesverständnis in der Zeit des Weltkrieges und der Revolutionen

## Kapitel 6:
## Bewährung der religiösen Sozialisten im Ersten Weltkrieg

Die Sozialisten aller Länder hatten die Gefahr schon vor jenem schrecklichen August 1914, in dem die ganze europäische Kulturwelt zusammenbrach, herankommen sehen. 1907 hatten sie auf ihrem internationalen Kongress in Stuttgart die Aufgaben der Arbeiterparteien im Kriegsfall festgelegt: gegenseitige Konsultationen, allenfalls Auslösung eines allgemeinen Generalstreiks. Seit 1908 jagten sich die internationalen Krisen, und man konnte erkennen, dass hinter allen diesen lokalen Konflikten – Marokkokrisen, Balkankriege, Libyenkrieg – die zwei Bündnisse der Grossmächte lauerten, dass eines Tages ein örtlich begrenzter Konflikt unversehens um sich greifen und zu einem Weltbrand werden konnte.

### Rote Fahnen im Basler Münster

Im Oktober 1912 schuf der Erste Balkankrieg – zum wievielten Mal seit sechs Jahren? – die akute Gefahr einer solchen Eskalation. In dieser Stunde höchster Gefahr rief die Arbeiter-Internationale ihre Mitglieder zu einem dringlichen Kongress ein: Vor den Augen der kriegsbereiten Regierungen Europas sollte eine machtvolle Demonstration klar machen, dass das Proletariat sich nicht in den Krieg schicken lasse, sondern international gesinnt sei und gegen jeden

Versuch zur Kriegsauslösung Widerstand leisten werde. Dieser Kongress wurde nach Basel einberufen, und in dieser Stadt war das Verständnis der Kirche durch Blumhardts viele Freunde und durch das Wirken von Ragaz so weit gediehen, dass die Kirchenbehörden – Kirche und Staat waren seit 1911 getrennt – das Münster freigaben für die sozialistische Friedensdemonstration.

Am 24. November 1912 zogen mit ihren roten Fahnen über tausend Sozialisten ins romanische Basler Münster ein, angeführt von Männern wie August Bebel, Jean Jaurès, James Keir Hardie und Viktor Adler. Diese Szene war für die damalige Zeit etwas Unerhörtes. «Die Sozialdemokratie hat eine hohe christliche Kirchenbehörde vor ihren Triumphwagen zu spannen verstanden: Unter Glockengeläute und Orgelklang sind die Atheisten und Dissidenten, wohl auch anarchistische Meuchelmörder und Bombenwerfer, in das Wahrzeichen der schweizerischen Christenheit eingezogen», schrieb eine Zeitung in Sachsen; der deutsche Konsul in Basel meldete nach Berlin, die Basler Kirche habe der Sache des Evangeliums schweren Schaden zugefügt, während die reformierte Kirchgemeinde in der nordfranzösischen Industriestadt Lille feststellte, «cette largeur chrétienne» habe selbst in ungläubigen, ja atheistischen Arbeiterkreisen Frankreichs tiefen Eindruck gemacht. Für Leonhard Ragaz war diese Szene die Erfüllung einer grossen Hoffnung und ein Ereignis von starker Symbolkraft: «Das äussere Geschehen verwandelte sich in ein Gleichnis: dass eine Zeit kommt und schon da ist, wo wir uns finden, *wieder* finden werden, alle die jetzt Getrennten, Feindlichen, in einer neuen Kirche, in dem neuen, grösseren Haus des Vaters, auf das wir hoffen.» Das Ereignis dieses Sozialistenkongresses in der Kirche nimmt sich wirklich wie der Höhepunkt einer Entwicklung aus, die an einem Punkt die heillose Trennung der Arbeiterschaft vom Evangelium überwunden hatte – und es bedeutet wohl etwas, dass diese Gemeinsamkeit im Einsatz für den Frieden erreicht worden ist.

Die religiösen Sozialisten haben den Appell zum Kampf

für den Frieden sehr ernst genommen, allen voran Leonhard Ragaz, der als Gymnasiast ein begeisterter Kadetten-Offizier und später einmal sogar Feldprediger des Waffenplatzes Chur gewesen war. Als zu einem *Internationalen Kongress für Soziales Christentum* auf den September 1914 nach Basel eingeladen wurde und als dort die Friedensfrage auf die Tagesordnung gesetzt werden konnte, gab es Schwierigkeiten mit den Evangelisch-Sozialen aus Deutschland, für die «derartige Fragen wie das Recht des Krieges und der nationalen Verteidigung überhaupt aus der Diskussion ausscheiden»; man konnte den Kongress nur dadurch retten, dass man das Thema «Kirche und Militarismus» wesentlich entschärfte und «Kirche und Weltfriede» sagte – am Ende ist dann dieser Kongress durch den Ausbruch des Weltkrieges hinfällig geworden.

## Kriegsausbruch 1914 als Gericht

Als im August 1914 der Krieg mit ungeheurer Wucht ausbrach, war es den religiösen Sozialisten in der Schweiz klar, wie man ihn im Horizont des Gottesreiches zu verstehen hatte. «Das Hereingebrochene macht uns nicht irre, im Gegenteil, wir erkennen darin erbebend und doch hoch aufatmend die gewaltige Hand des Gottes, der lebt und seiner nicht spotten lässt», schrieb Ragaz noch im August 1914, als manche seine optimistische Zukunftshoffnung für zerschlagen hielten. Das Gericht über eine faule Gesellschaft des Egoismus und der falschen Götzen schien logisch. Christoph Blumhardt hat den Kriegsausbruch so verstanden: «Es ist schon lange bestimmt und schon lange vorbereitet: Es muss über unser Europa eine Trübsal kommen. Wir fühlten uns wie in eine Fäulnis hineinkommen. – Jetzt heisst es auf einmal: ‹Halt! Merkt auf: Es ist der Herr, der kommt.›» Blumhardt fasste das Gericht Gottes als Antwort auf die ganze Entwicklung auf, die die europäische Kultur genommen hatte; Ragaz nannte als besondere Herausforderung des göttlichen Zornes den Mammonismus der Wirtschaftsordnung und die Gewaltätigkeit der internationalen Politik. Jetzt liess der Herr der Geschichte zu, dass die Dämonen sich auslebten und sich dadurch selber vernichteten. «Der Hass, die Gewaltätigkeit, die Lüge, der Mordgeist – sie waren alle vorher da. Diese Dämonen sind gleichsam nur aus dem Dunkel in den hellen Tag gestürmt», schrieb Ragaz in den *Neuen Wegen*, aber die schrecklichen Ereignisse des Krieges bewiesen nur, «dass Gott ein lebendiger Gott ist, der den Weltgeschicken nicht ruhig zuschaut, sondern in sie eingreift mit mächtigen Taten.» Gerade das Losstürmen der Dämonen nährte die Überzeugung, «dass Christus, der in diesem Gericht waltet, immer mehr hervortreten wird als der Herr der Welt und dass in dem langen Kampf Christus endlich den Sieg gewinnt». Spätestens zu diesem Zeitpunkt ist es Ragaz klar geworden, dass das Reich Gottes sich nicht allmählich und stetig wachsend auf der Erde durchsetzt, sondern dass häufig «die Katastrophe der Entwicklung zu Hilfe kommt». Ragaz hat damit eine vertiefte Schau vom Wesen des Reiches Gottes gewonnen, und seine Hoffnung auf den Sieg Gottes hat sich durch die Katastrophe von 1914 wesentlich vertieft. Er hoffte, «dass Christus, der in diesem Gericht waltet, immer mehr hervortreten werde als Herr der Welt und dass in dem langen Kampf Christus endlich den Sieg gewinne».

In den dunklen Tagen der ersten Kriegswochen hat Leonhard Ragaz vor Gott gelobt, «dem Kampf gegen den Krieg mein künftiges Leben zu widmen». Damit trat der Pazifismus ins Zentrum des religiös-sozialen Denkens hinein, nachdem er früher eher nebenbei mitbedacht worden war. Die religiösen Sozialisten erkannten nun immer klarer, dass dasselbe Gewaltprinzip, welches sie bisher in der Welt der Arbeit unheilvoll am Werk gesehen hatten, überall sein Unheil anrichtete; Kampf gegen den Krieg und den diesen hervorrufenden Imperialismus wurde fortan zu einem integrierenden Bestandteil des religiös-sozialistischen Denkens.

Im Kampf für den Frieden nahmen sie nun wiederum

wahr, das die Sozialisten ihre Bundesgenossen waren, wie sie es schon im Kampfe um die Gerechtigkeit für die Erde gewesen waren. Zwar war es auch den Sozialisten aller Länder und ihrer Internationale nicht gelungen, den Krieg zu verhüten, aber auf ihrer Seite war nun die Trauer über das Kriegsgeschehen gross, echt und tief, während sich doch wahrhaftig in den christlichen Kirchen nicht selten ein Ton der Kriegsbegeisterung hören liess. Leonhard Ragaz hat mit tiefem Erschrecken gesehen, wie sich gewisse deutsche Theologen gebarten, und wie von einem «deutschen Gott» gesprochen wurde, der in den Augen seiner Verehrer wie der blutrünstige Wotan aussehe.

Andererseits zeigte sich bei den Sozialisten eine Bereitschaft, nach den tieferen Gründen der Katastrophe zu fragen, die Ragaz und seine Gesinnungsgenossen bewegte: «Mit tiefer Freude und Genugtuung», stellte er im Mai 1915 fest, «sind wir in diesen Monaten Zeugen eines herrlichen Geistes gewesen, der ob ihrer inneren Niederlage in der Sozialdemokratie aufgebrochen ist, eines Geistes der Selbstbesinnung und des Selbstgerichts, des Zornes über alle unwahren Phrasen und irreführenden Theorien, des Suchens nach tieferen Grundlagen und reineren Kräften für den Aufbau einer neuen Welt. Wir haben in sozialdemokratischen Versammlungen und sogar in sozialdemokratischen Blättern mehr von diesem Geist erlebt als in den meisten Kirchen und Kirchenblättern.»

### Auf dem linken Flügel der Sozialdemokratie

Bei den Sozialisten aber fragten viele nach den Ursachen der Katastrophe und suchten nach einem neuen Weg. In dieser Situation des Fragens und des Aufbruchs sind die religiösen Sozialisten in Zürich, allen voran Ragaz, erst so recht in die Kampfgemeinschaft mit der Sozialdemokratie hineingewachsen, speziell mit deren linkem Flügel. Es kam zu einer engen Zusammenarbeit mit der sozialistischen Jugend unter Willy Münzenberg, es kam zu Begegnungen mit Leo Trotzki, der Ragaz als einzigen schweizerischen Sozialisten ernst nahm. Sogar Lenin wunderte sich in einem Artikel über den kämpferisch antimilitaristischen Ton, der in den *Neuen Wegen* herrschte. Die religiösen Sozialisten waren, gerade durch ihre unbedingte Kriegsgegnerschaft, für einige Zeit zu Meinungsführern in der Schweizer sozialistischen Linken geworden; sie haben dadurch auch an der Schaffung jenes internationalen sozialistischen Zusammenschlusses gegen den Krieg mitgewirkt, der als *Zimmerwalder Bewegung* eine so grosse Bedeutung erlangte. Es zeigte sich daran, wie wichtig der Anschluss vieler religiöser Sozialisten an die Arbeiterpartei gewesen war: Sie waren dadurch in eine so tiefe Solidarität mit Proletariern und Sozialisten gekommen, dass sie die Katastrophe der Internationale von innen miterlebten und nicht auf ein christliches Sonderfeld ausweichen konnten, sondern sich den Anfragen der Genossen immer wieder zu stellen und eine auch für nicht bekennende Christen akzeptable Antwort zu finden hatten.

Mit Jungburschen und anarchistischen Kriegsgegnern zusammen hatten Ragaz und Jean Matthieu die erste bedingungslos pazifistische Zeitschrift gegründet, die im Krieg erschien, *Der Revoluzzer*, und mit ihnen zusammen haben sie als Plattform für das Nachdenken in dieser Zeitlage eine *Sozialistische Gesellschaft* gegründet. Im Jahre 1916 hat Ragaz ein grundlegendes Referat über Arbeiterbewegung gehalten und erhielt von einer grossen Zürcher Parteisektion den Auftrag, ein Programm für Arbeiterbildung auszuarbeiten. Es wurde akzeptiert, und so wurden nun unter dem Titel: *Die neue Orientierung des Sozialismus* Vorträge, Diskussions- und Lektürekurse sowie Gemeinschaftsanlässe veranstaltet, die einen beachtlichen Erfolg zeitigten. Es war ein erster grosser Versuch mit einer neuen Arbeiterbildung, der die Ideen der *Pädagogischen Revolution* (vgl. unten, Kapitel 8) und den Gartenhof (vgl. unten, Kapitel 10) vorbereitete; es wurden allgemein sozialistische, also «weltliche» Themen behandelt, und es geschah keinerlei Evangelisation, obwohl Ragaz überzeugt war, dass «jetzt in der Arbeiterschaft alle Türen für Christus offen stehen». Aber zuerst sollte der Geist der Solidarität noch wachsen, und man wollte warten, bis die Frage nach den Quellen der Hoffnung direkt von den Arbeitern her kam. In der ganzen Zeit der sozialistischen Neubesinnung ist das Problem des Krieges, der Gewalt, des Militarismus für die sozialistische Bewegung in ihrer Gesamtheit und für die religiösen Sozialisten als einzelne Gruppen der Linken immer zentraler geworden. Die schweizerische Sozialdemokratie wurde durch das Problem der Landesverteidigung heftig bewegt; ein Teil des linken, antimilitaristischen Flügels hat sich ja später abgespalten als KPS (Kommunistische Partei der Schweiz). Der sozialistische Antimilitarismus der Vorkriegszeit war etwas ganz anderes als im wesentlichen gewerkschaftlich motiviert gewesen, das heisst, er hatte eine Reaktion gegen die Truppenaufgebote im Streikfall dargestellt. Im Krieg wurde über das Problem der Gewalt prinzipieller nachgedacht, und die Sozialisten erkannten viel klarer als zuvor die Zusammenhänge von Kapitalismus, Imperialismus und Krieg.

**Christlicher Pazifismus**

Die religiösen Sozialisten hatten vor 1914 die internationale Friedensbewegung kaum wahrgenommen; sie standen jenen religiösen Minderheitsgruppen aus England und den USA, die zu Beginn des 19. Jahrhunderts die erste Friedensbewegung begonnen hatten, ebenso fern wie dem von Freimaurern geleiteten Internationalen Friedensbüro in Bern, das den Frieden in erster Linie als Frage eines neuen Völkerrechts auffasste. Der Pazifismus der religiösen Sozialisten und ihre Vertrautheit mit der internationalen Friedensbewegung waren also Erscheinungen, die erst im Krieg entstanden sind. Sie kamen in diesen Jahren und bald nach dem Krieg auch in Verbindung mit der christlichen Friedensbewegung in den angelsächsischen Ländern, insbesondere mit der *Fellowship of Reconciliation*, dem *Internationalen Versöhnungsbund*. In vielen Ländern empfanden damals kritische Christen den Ausbruch des Kriegs als Schuld der Christenheit und suchten nach theologischen Ansätzen, die in Zukunft vor einer so erschreckenden Kriegspredigt und Kriegstheologie bewahren konnten, wie man sie jetzt überall wahrnehmen konnte. Die *Neuen Wege* und das Ehepaar Ragaz wurden fortan ein Zentrum der christlichen Friedensbewegung in der Schweiz.

Die Aufgabe, welche sich den christlichen und sozialistischen Pazifisten stellte, war eine doppelte: Einerseits war die Unvereinbarkeit von Evangelium und Krieg herauszuarbeiten, waren auch Grundlagen für die Versöhnung der hasserfüllten Völker zu suchen, andererseits galt es, an organisatorischen und völkerrechtlichen Überlegungen einer Kriegsverhütung für die Zukunft mitzuarbeiten.

Ragaz sah seinen Kampf für den Frieden in einem eschatologischen Zusammenhang; es galt, dafür zu wirken, dass «der Blutozean des Weltkrieges nicht auch Christus überspüle und in die Tiefe ziehe». Diese Gefahr bestand z.B. in der deutschen Kriegstheologie durchaus, und Ragaz hat sich in den *Neuen Wegen* in heftiger Weise gegen so gerichtete Äusserungen deutscher Pfarrer zur Wehr gesetzt. Karl Barth hat seinerseits in einem Brief an Martin Rade in Marburg davor gewarnt, «Vaterlandsliebe, Kriegslust und christlichen Glauben in ein hoffungsloses Durcheinander geraten» zu lassen; Ragaz reagierte mit einer «wohlgemeinten Warnung» an Prof. Gottfried Traub und schrieb, dass ein nationales Bild von Gott dämonisch sei und die geistige Solidarität zwischen den Christen aller Völker breche. «Sollten Männer wie Sie nichts von einer geistigen Solidarität der Völker wissen», schrieb er an Traub, «die es nicht erlaubt, die Schuld an einer solchen Weltkatastrophe einfach auf ein anderes Volk zu schieben?» Die deutsche Kriegstheologie zerstörte die Christenheit: «Es gibt nur noch das Volk und das Volksgefühl. Hell lodert es auf, eine heilige Flamme! Alles wird in ihrem Lichte heilig. Wüstes Schimpfen über den Gegner, orgiastisches Selbstlob, fürchterliches Morden und Brennen, Ausbrüche wildester Roheit, alles wird eine Art Gottesdienst. *Gott* kommt und verbindet sich mit dieser Leidenschaft, der Gott des Volkes.» Der Kampf gegen die Gewalt hatte also durchaus auch eine theologische, ja eine metaphysische Seite. Der Gewaltdämon und die nationalen Götzen waren in dieser Kriegszeit die gefährlichsten Gegner Christi und des Reiches Gottes.

Der Kampf musste auch nicht nur auf politischem Gebiet geführt werden, weil er sonst die tiefste Dimension nicht erreicht hätte. Wenn es denn um dämonische Mächte ging, wie sie im Rausch der Kriegsbegeisterung aufschienen, brauchte es eine tiefere Dimension des Kampfes gegen sie. Ragaz hat in dieser Zeitlage diesen harten Kampf entdeckt, dass auch das Leiden eine Form des Kampfes sein kann, die dem Reich Gottes dient. Er pflegte das so auszudrücken: «Man muss mit starkem Zeugnis für Christus dem Moloch (der Gewalt) zwischen die Zähne treten, dass er uns zerreisse und daran sterbe.» Er hat den Menschen immer als Mitarbeiter am Kommen des Reiches Gottes gesehen, aber seit den Erlebnissen der Kriegszeit sah er den wichtigsten Beitrag im Leiden, das der Christ auf sich zu nehmen habe und mit dem er nach einer seltsamen Ordnung des Reiches Gottes für das Reich eintreten könne.

Einen solchen Kampf und ein solches Leiden nahmen in der Kriegszeit die Dienstverweigerer aus Gewissensgründen auf sich. Erst im Weltkrieg haben auch Christen und Sozialisten, die nicht Sekten angehörten, in der Schweiz den Militärdienst verweigert. Ein ehemaliger Konfirmand von Ragaz gehörte dazu, und Ragaz musste vor dem Militärgericht Zeugnis ablegen für dessen Lauterkeit. Die religiösen Sozialisten haben fortan ein solches Zeugnis, das vor menschlichen Augen ja gewiss wegen seiner Vereinzelung wirkungslos bleiben musste, als eine bedeutungsvolle Tat des Reiches Gottes eingeschätzt, und sie haben sich stets für die Männer eingesetzt, die eine solche Tat auf sich nahmen. Geworben allerdings haben sie nie für diesen schweren

Weg der Nachfolge, wohl in der Erkenntnis, dass ihn nur der durchhalten kann, der aus eigener Substanz so weit geführt worden ist.

Der Ausbruch des Ersten Weltkrieges hat das Denken des religiösen Sozialismus umgestaltet. Der Kampf zwischen Christus und dem Antichrist wurde fortan viel klarer gesehen und viel vitaler erlebt; bei den Mächten, gegen die sich das Reich Gottes siegreich durchsetzen musste, trat neben den Kapitalismus der Dämon der Gewalt und des Kriegs. Diese Signatur blieb dem religiösen Sozialismus fortan eigen; seine Anhänger sind in aller Regel Pazifisten und häufig auch Antimilitaristen gewesen. Man muss sich klar machen, dass diese Entwicklung im Schwerpunkt des religiös-sozialen Denkens ihre ganz bestimmte Zeitbezogenheit hat: Nicht zu Unrecht bezeichnet eine führende Weltgeschichte, die *Cambridge History of Modern Europe*, die Epoche von 1914-1945 als das Zeitalter der Gewalt, *The Age of Violence*.

*Weiterführende Literatur*

Donat H. Holl K. (ed.), Hermes Handlexikon: Die Friedensbewegung. Organisierter Pazifismus in Deutschland, Österreich und der Schweiz, Düsseldorf 1983.

Josephson H. (ed.), Biographical Dictionary of Modern Peace Leaders, Westport Connecticut, London 1985.

Mattmüller M., Leonhard Ragaz und der religiöse Sozialismus. Eine Biographie, Bd. 2: Die Zeit des Ersten Weltkrieges und der Revolutionen, Zürich 1968.

Ragaz L., Mein Weg, Bd. II, Zürich 1952.

Ragaz Chr., Mattmüller M., Rich A., Leonhard Ragaz in seinen Briefen, Bd. 2: 1914-1932, Zürich 1982.

Trotzki L., Mein Leben, Berlin 1930.

# Kapitel 7:
# Der frühe Karl Barth

Der junge Karl Barth – er war fünfundzwanzig Jahre alt, als er 1911 als Pfarrer nach Safenwil im Kanton Aargau kam – schliesst sich hier noch problemlos an. Er war offen für alles, was ihm eine neue Zukunft für Kirche und Gesellschaft, eine lebenswerte Aufgabe versprach. So hatte er sich, nachdem ihm die pietistisch-orthodoxe Glaubenswelt des Elternhauses zu eng geworden war, der liberalen Theologie geöffnet, wie er sie in Marburg und Berlin kennenlernte. Als junger Pfarrer in der Schweiz schloss er sich der jungen, mächtig vorwärtsdrängenden religiösen sozialen Bewegung an. Die unterschiedliche Art und Haltung von Hermann Kutter und Leonhard Ragaz empfand er als fruchtbare Spannung: «Ist's nicht besser, nach dem Punkt zu streben, wo … Kutters radikale Gelassenheit und Ragazens energisches Anpacken der Probleme … zusammenklingen? Ich glaube einfach an die Möglichkeit einer solchen Position…» Dass er hier nicht stehen bleiben konnte, dass seine eigentliche Lebensaufgabe noch anderswo lag, das lebte als Unruhe in ihm drin, aber Gestalt gewann es noch nicht. Noch schloss er sich den beiden älteren Pionieren willig an.

**Barth als Gewerkschafter**

Ragaz sah in Gewerkschaften und Genossenschaften wesentliche Organe der Verwirklichung einer sozialistischen Gesellschaft. Damit machte Karl Barth ernst. Er stürzte sich in Safenwil alsbald in die *Gewerkschaftsarbeit*. Besser gesagt: Er empfand die Not der unorganisierten Arbeiterinnen und Arbeiter der dortigen Textilindustrie als Herausforderung, der er sich als Christ und Pfarrer nicht entziehen konnte. Den Preis, den eine solches Engagement kostete, die Feindschaft, die er sich damit zuzog, die Isolierung, in die er geriet, war er zu zahlen bereit. Kämpfe waren ihm schon damals das Element, in das der Christ von Haus aus hineingehört. Er schreibt selber darüber: «In dem Klassengegensatz, den ich in meiner Gemeinde konkret vor Augen hatte, bin ich wohl zum ersten Mal von der wirklichen Problematik des wirklichen Lebens berührt worden. Dies hatte zur Folge, dass mein eigentliches Studium sich nun auf Fabrikgesetzgebung, Versicherungswesen, Gewerkschaftskunde und dgl. richtete und mein Gemüt durch heftige, durch meine Stellungnahme auf Seiten der Arbeiterschaft ausgelöste Kämpfe in Anspruch genommen war.»

Sein Einsatz bewirkte, dass die Safenwiler Arbeiter, 587 der 760 Erwerbstätigen, sich gewerkschaftlich organisierten. Er arbeitete sich dabei in seiner gründlichen Art tief in die Materie hinein und wertete die aktuellen Publikationen, vorab die *Schweizerische Textilzeitung*, z.H. seiner Arbeiter aus. Im Laufe der Jahre sammelte sich ein umfangreiches Dossier bei ihm an.

Vom gewerkschaftlichen Einsatz ist der *politische Kampf* nicht zu trennen. Das bekam Barth bald zu spüren. Der gesamte Freisinn – die herrschende Schicht der Dorfbevölkerung – stand gegen ihn auf. Anfangs 1915 trat er der *Sozialdemokratischen Partei des Kantons Aargau* bei, womit sich die Situation noch verschärfte. Mit den beiden Fabrikanten Hüssi und Hochuli kam es zu immer neuen Auseinandersetzungen, in denen Barth sachliche Härte mit persönlicher Sanftmut zu verbinden suchte, was ihm freilich nicht immer gelang. Einen ersten Höhepunkt erreichte der Kampf anfangs 1915, als Hochuli seine Arbeiter sich samt ihren im Konfirmandenunterricht stehenden Söhnen und Töchtern anlässlich einer Betriebsfestivität vollsaufen liess; Barth nahm sofort dazu Stellung; in der nächsten Konfirmandenstunde erklärte er den jungen Leuten, «sie hätten nun ein Stück Hölle kennen gelernt» und in einer Predigt über Ps 14,7 setzte er das «gefangene Volk», von dem im Text die Rede war, mit den Safenwilern gleich, die «unter einer Mammonsmacht, die sich alles erlaube, gefangen seien».

Ein zweiter Höhepunkt war der Sommer 1917; Barth hatte eine «Grabrede für einen Genossen» publizieren lassen, in der er dessen Einsatz für die «Menschheitssache» würdigte. Die Lage spitze sich derart zu, dass Barth mit einem «Zusammenbruch» rechnen musste: «... Heute nachmittag habe ich mit dem Fabrikanten in der Villa geredet wie Mose mit Pharao, um ihn zu bitten, das Volk in die Wüste ziehen zu lassen. Höfliches Männergespräch in tiefen Klubsesseln, das leider mit einer glatten Ablehnung und Kriegserklärung endete, wobei ich hören musste, ich sei sein ärgster Feind in seinem ganzen Leben. Nun wird es sich zeigen müssen, wie die (organisierten) 55 und das hinter ihnen stehende Dorf sich halten werden. Natürlich bin ich auf einen Zusammenbruch mehr als gefasst...» Statt dessen durfte er erleben, dass die Sozialdemokraten in den darauf folgenden Gemeinderatswahlen die Mehrheit erlangten. Die Gegner inszenierten eine eigentliche Kirchenaustrittsbewegung gegen den «roten Pfaffen». Aber die Arbeiter hielten umso treuer zu ihm, kamen fleissig zum Gottesdienst und besuchten ihren Wortführer im Pfarrhaus, um sich von ihm beraten zu lassen und ihm ihr Vertrauen zu bekunden. Eine neue überraschende Wende nahm der Kampf, als der Landesstreik November 1918 zusammen mit der das Land heimsuchenden Grippe-Seuche das Dorf erschütterten: «Fast mit Befriedigung fahre ich jetzt auf dem Velo da und dort herum, um bei den letzten Massnahmen gegen die abziehende Grippe mitzuwirken. Eines Tages erwachte ich als Präsident einer elfköpfigen Notstandskommission mit 6'000 Franken Barkapital, das von unseren Fabrikanten aufgebracht wurde. Der Mammon fängt vor Torschluss auf einmal zu wakkeln an auf seinem Thron, und nun wird auf Tod und Leben Suppe gekocht im Schulhaus für alle, und weitere nützliche Werke mit Kleidern usw. sollen folgen. Ob so dem Einzug des Bolschewismus in Safenwil gewehrt werden kann?»

## Arbeiterbildung

Ein weiteres Gebiet von Barths sozialistischer Tätigkeit war die *Arbeiterbildung*. Er hat in seiner Safenwiler Zeit 43 Aufsätze und Vorträge publiziert. Der Grundton wurde schon in einem ersten Vortrag vom Dezember 1911 angeschlagen: «Jesus Christus und die soziale Bewegung». Darin stellte er der Kirche, die 1800 Jahre lang gegenüber der sozialen Frage versagt habe, Jesus Christus gegenüber als Parteigänger der Armen, für den es nur einen «solidarischen, sozialen Gott» gegeben habe und nach dem man «sein Genosse werden muss, um überhaupt ein Mensch zu sein»; der rechte Sozialismus sei das rechte Christentum in unserer Zeit; doch sei der rechte Sozialismus nicht das, was die Sozialisten jetzt machen, sondern was Jesus mache, und was die Sozialisten letztlich wollen. 1914 heisst es in einem Vortrag über «Evangelium und Sozialismus»: «Ich halte die sozialistischen Forderungen für ein wichtiges Stück Anwendung des Evangeliums, glaube allerdings auch, dass sie sich nicht ohne das Evangelium verwirklichen lassen.» In Barths Nachlass hat sich eine 61 Seiten starke Schrift erhalten: «Die Arbeiterfrage Winter 1913/14», die ihm als Unterlage für seine Bildungsarbeit diente; sie enthält reiches statistisches Material 1. «über Lage und Lebensverhältnisse des Arbeiters», 2. über «Versuche, die Arbeiterfrage zu lösen».

Zehn Jahre lang hat Barth das durchgestanden. Zehn Jahre lang hat er beides mit gleichem Ernst praktiziert: Sein Amt als Pfarrer und sein Amt als Vorkämpfer, Berater, Kamerad und Erzieher der Arbeiter in Gemeinde und Kanton. Er hat beides mit der ihm eigenen Leidenschaft und Konsequenz praktiziert. Zwischen beidem empfand er wohl eine Spannung, aber eine solche, die er um des Evangeliums willen austragen musste. Die Krise, in die er in Safenwil geriet, hat nicht hier ihren Herd. Nicht die Verbindung von Christsein und Sozialistsein als solche ist ihm zur Last geworden, die er nicht mehr länger tragen konnte. Die Not, die ihn weitertrieb, liegt anderswo. Von ihr muss, nachdem wir schon jetzt Barths Weg bis weit in die Zeit des Ersten Weltkriegs verfolgt und damit der Gesamtentwicklung vorgegriffen haben, in anderm Zusammenhang die Rede sein. In welcher Richtung Barth weitergedrängt wurde, sei hier mit einem Zitat aus dem Predigtband «Suchet Gott, so werdet ihr leben» (1917) nur gerade angedeutet: «Schon oft sind wir auf die grosse Ratlosigkeit und Sehnsucht zu reden gekommen, von der unsere ganze Zeit und Welt erfasst ist. Es wird kaum jemand unter uns sein, der nicht davon bewegt und berührt worden wäre. Wir sind darin alle anders, als unsere Väter noch waren, dass wir eine seltsame Unruhe in uns und unter uns spüren, die sich durch keine Mittel mehr dämpfen lässt, die vielmehr beständig wächst und aufschwillt wie eine gewaltige Flut... Wir sind in einer tiefen Unzufriedenheit mit allem Bisherigen und Vorhandenen. Wie eine unterirdische Strömung geht diese Unruhe und Sehnsucht durch das Leben unserer Tage und bewegt das Inwendige des Menschen und erschüttert das Auswendige der Dinge und Verhältnisse. Sie äussert sich als soziale Bewegung, weil sie das Zusammenleben von Mensch und Mensch auf eine neue brüderliche Grundlage stellen möchte... Sie steckt in der russischen Revolution und steckt in der dumpfen Gärung der untern Volksschichten aller Länder...»

*Weiterführende Literatur*

Barth K. und Thurneysen E., Suchet Gott so werdet ihr leben. Predigten, Bern [2]1928.
Barth K. – Thurneysen E., Briefwechsel, Bd. I, 1913-1921 (Barth-Gesamtausgabe Teil V), Zürich 1974.
Busch E., Karl Barths Lebenslauf, München 1975.
Marquardt F. W., Theologie und Sozialismus. Das Beispiel Karl Barths, München 1972.

# Kapitel 8:
# Ragaz im Zeitalter der Revolutionen:
# Die acht Werke der Krise

Am Anfang des Weltkrieges hatte in der Schweizerischen Arbeiterschaft eine Stimmung der Selbstbesinnung geherrscht; die Sozialisten hatten nach tieferen Fundamenten für ihre politische Aktion gesucht (vgl. oben Kapitel 6). In dieser Situation hatten die religiösen Sozialisten in Zürich – vor allem Jean Matthieu, Hans Bader, Leonhard Ragaz – einen starken Widerhall innerhalb der Arbeiterbewegung gefunden; sogar ihre evangelische Botschaft fand grösseres Verständnis als je zuvor. An Ostern 1915 hatte Ragaz gesagt: «Jetzt stehen in der Arbeiterschaft alle Türen für Christus offen.»

## Wirkungen der Oktoberrevolution

Bald nachher aber fiel ein Reif auf diese vielversprechenden Anfänge. Die beiden russischen Revolutionen des Jahres 1917 schienen der Arbeiterschaft zu zeigen, dass der Weg einer gewaltsamen Revolution durch eine Minderheit den Sozialismus zum Erfolg führe, nicht die mühsamen Anstrengungen der Arbeiterbildung und der politischen, gewerkschaftlichen Auseinandersetzung von Tag zu Tag. Schon im Jahre 1916 hatte Lenin die sozialistische Jugendorganisation, die vorher den religiösen Sozialisten nahe gestanden hatte, von der pazifistischen Losung einer allgemeinen Entwaffnung zu der einer revolutionären Bewaffnung hinübergezogen. In den Augen von Ragaz bedeutete der gewaltsame Weg Lenins eine schwere Gefahr für den Sozialismus; der Weltkrieg hatte doch in aller Deutlichkeit gezeigt, dass der Dämon der Gewalt die Welt auf einen Irrweg geführt hatte; wenn nun dieser Dämon auch noch die Sozialisten zu sich bekehrte, drohte höchste Gefahr.

Ragaz und seine Freunde erlebten die Stimmungswende bei den Sozialisten in dramatischer Weise: Die Arbeiterkurse, die sie eingerichtet hatten und leiteten, leerten sich plötzlich, als man in Zürich von der russischen Februarrevolution hörte; jedermann war jetzt auf den Beinen, um die Ereignisse durch einen russischen Genossen kommentieren zu hören.

Ihre Reaktion auf die russischen Revolutionen ist bemerkenswert, weil sich darin erweisen musste, wie sich die Sicht des Reiches Gottes in der Aktualität der Weltgeschichte bewährte. Wir können sie im Tagebuch von Ragaz von Tag zu Tag verfolgen. Die Februarrevolution hat er zunächst positiv gewertet: «Russische Revolution – Ereignis von unübersehbarer Tragweite und zunächst freudiger Natur» (Tagebuch 16.3.1917), hiess es, und einen Tag später: «... wenn nur die Genossen sie nicht verderben.» Das war die Reaktion auf den frühen Zeitungsartikel eines Bolschewisten, der verlangte, dass die Revolution, welche bisher die gemeinsame Sache bürgerlicher und proletarischer Gruppen gewesen war, weitergetrieben und zur ausschliesslichen Sache des Proletariats gemacht werde. Man erkennt schon in diesen ersten Äusserungen das Revolutionsverständnis des Christen und Sozialisten Ragaz, das er später ausführlicher dargelegt hat. Revolution ist nicht gegen Gottes Willen; der Christ hat ein Widerstandsrecht gegen unmenschliche Strukturen. Aber der Widerstand ist nur dann gerechtfertigt, wenn er durch die Mehrheit des Volkes getragen wird und wenn es keine andere Möglichkeit gibt, zu seinem Rechte zu kommen. Revolution durch eine Minderheit – etwa eine echt proletarische Revolution im Bauernland Russland, wo die Arbeiter eine Minderheit bildeten – musste dazu führen, dass die Revolutionäre einen militärischen Gewaltapparat aufbauten, dessen Gefangene sie dann wurden. Eine solche Revolution machte die Revolutionäre zu Gefangenen der Gewalt. «Ich war von Anfang an der Meinung, dass man vorläufig mit einer demokratischen Revolution zufrieden sein müsse, weil für die andere noch die Vorbedin-

gungen fehlen. Ich habe auch von der ersten Stunde an erklärt, dass die ‹Genossen› die Gefahr für die Revolution
sein würden» (Tagebuch, 10.8.1917).

Die Angst, dass die russische Revolution durch Gewalt
entarten könnte, war bei Ragaz also schon vor der Oktoberrevolution sehr stark. Die Tatsache, dass das Kaiserreich
Deutschland die Bolschewiki begünstigte, indem es ihre
Durchfahrt nach Russland erlaubte, schien ihm eine Zusammenarbeit der Gewaltgläubigen zu beweisen. Der Sozialismus habe die Aufgabe, an der Schaffung eines echten Welt-
friedens mitzuwirken; statt dessen erscheine nun in Russland «ein Sozialismus, der nicht einfach die Waffen niederlegt – das wäre etwas Grosses! –, sondern die Waffen behält,
aber sie bloss zum Bürgerkrieg und Klassenkrieg benützen
will. In Russland ist der Sozialismus an der Untreue gegen
seine eigene Sache zugrunde gegangen.» Diese Worte sind
unter dem direkten Eindruck der Oktoberrevolution geschrieben worden. Ragaz hatte während des ganzen Som-
mers und Herbstes die bolschewistische Losung von einem
sofortigen Waffenstillstand vernommen, und er sah voraus,
dass daraus ein Separatfriede mit den beiden Kaiserreichen
Mitteleuropas werden würde; das werde aber den Krieg ver-
längern und vor allem dem deutschen Kaiserreich, dem Mi-
litärstaat par excellence, das Leben erhalten, so dass am Ende des Kriegs, dieser schrecklichen Gewaltorgie, die Macht
der Gewalt unvermindert fortbestehe. Dass sich die Bolschewiki mit dem deutschen Kaiser arrangierten, nur um die
gemeinsame Revolution mit den demokratischen Bürgern
aufsagen zu können, bewies deren Gewaltbesessenheit und
deren Unwillen, an einem menschlichen Sozialismus und einer Welt des wahren Friedens mitzuarbeiten. Ragaz hat im
Dezember 1917 in einem Brief an Trotzki darauf hingewiesen, dass dem wirklichen Frieden nicht gedient sei, wenn
«eine revolutionär-proletarische Regierung ausschliesslich
mit den Vertretern der bürgerlichen und kapitalistischen
Gewalt verhandelt».

## Das Reich der Gewalt

Hinter dieser Ablehnung der Oktoberrevolution und des le-
ninistischen Staates durch Ragaz stand eine geschichtstheo-
logische Schau vom Reich der Gewalt, das im Weltkrieg seinen Höhepunkt erreicht habe und zugleich seine Katastrophe erleben müsse. Ragaz hat gespürt, dass Lenin und die
Bolschewiki mit der Gewalt in einer Art sorglos umgingen,
wie man es in diesem Zeitalter der Gewalttätigkeit einfach
nicht mehr durfte; er konnte das im Sommer 1917 mit Klarheit erkennen, weil er Lenins Einfluss in Zürich schon ein
Jahr früher begegnet war, als die sozialistischen Jungburschen sich von der Losung einer allgemeinen Entwaffnung
abgekehrt und der leninschen Forderung einer revolutionären Bewaffnung zugewandt hatten. Für Ragaz dagegen gab
es seit dem August 1914 keine Möglichkeit mehr, sich vorzustellen, dass etwas Gutes und Dauerhaftes aus der Anwendung von Waffengewalt kommen könne; deshalb musste er
Lenins bewaffnete Revolution, die sich zudem gegen einen
demokratisch denkenden Teil des russischen Bürgertums
richtete, im Namen des Friedens und des Sozialismus leidenschaftlich ablehnen. Das hiess nicht Ablehnung der Revolution in jeder Form, aber Ablehnung dieser Form der
Revolution in einer unreifen Zeitlage und in einem Land,
das dafür die gesellschaftlichen Voraussetzungen noch gar
nicht besass. Es war ein «Teufelswunder», wenn sich der
Dämon der Gewalt nun sogar einer sozialistischen Partei be-
dienen wollte, um seine Macht in Europa weiterhin zu erhalten, ja zu verstärken. «Jetzt sehe ich, wie die russische Revolution nicht nur selbst aufs Äusserste bedroht ist, sondern
auch die Sache des Sozialismus in aller Welt gefährdet.»

An der Art, wie Ragaz die Oktoberrevolution beurteilte,
erkennt man die zentrale Bedeutung der Gewaltfrage in seinem Denken. Er war dadurch so stark sensibilisiert, dass er
besonders früh erkennen konnte, wie wenig wirkliche Arbeiterbewegung im russischen Oktober steckte und dass der
Umschwung im wesentlichen mit den Herrschaftsmitteln

der alten Welt, mit Armeen, gemacht wurde. Die Bolschewiki übernahmen mit diesen Machtmitteln der alten Gesellschaft auch deren Gewaltprinzip; dadurch wurden sie gehin-
dert, eine neue Gesellschaft, einen echten, menschlichen
Sozialismus aufzubauen. «Dieser blinde Sozialismus, der im
Grunde keiner ist, verbündet sich mit der Macht, die eigentlich seine Todfeindin sein müsste, verhilft dieser zum Sieg
und wird von ihr vernichtet. Was er in diesen Monaten in
Russland getan, bedeutet eine Schändung der Idee des Sozialismus, von der diese sich nur schwer wird erholen können. Ein Sozialismus, der nicht etwa die Waffen niederlegt,
sondern die Waffen behält, aber sie zum Bürgerkrieg und
Klassenkrieg benützen will, empört alle edlen und geraden
Seelen auf eine Weise, die schwer wieder gut zu machen ist.
In Russland ist der Sozialismus an der Untreue gegen seine
eigene Sache zugrundegegangen.» Das steht nicht etwa in
einer Abrechnung mit dem Stalinismus aus den Dreissiger
Jahren, sondern im Novemberheft 1917 der *Neuen Wege*!
Ragaz ist einer der ersten gewesen, der erkannt hat, dass die
russische Entwicklung in der Militarisierung des Sozialismus
einmünden würde. Man wird sich davor hüten müssen, diese Beurteilung einfach für doktrinär zu halten: Ragaz ist zu
seiner leidenschaftlichen Ablehnung der Gewalt in jeder,
auch in der sozialistischen Form nicht aus einer abstrakten
Idee der Gewaltlosigkeit gekommen, sondern durch das tiefe Erleben von Kriegsrausch und sozialistischer Katastrophe im August 1914. Er hat darum, im Gegensatz zu fast allen seinen sozialistischen und sogar pazifistischen Freunden, die bolschewistische Revolution schon vor dem Oktober 1917 als einen Irrweg erkannt. Das machte ihn einsam
unter den linken Sozialisten, zu denen er doch um seiner
Kriegsgegnerschaft willen immer gehört hatte.

## Schweizer Landesstreik 1918

Wie Ragaz und die religiösen Sozialisten diese Situation getragen haben, erkennt man an ihrer Haltung zum einschnei-
dendsten Ereignis in der Geschichte der Schweiz im 20.
Jahrhundert, zum Landesstreik vom November 1918. Sie
wussten, dass seit dem Herbst 1917 eine gewisse Gruppe in
der Zürcher Linken – die von Lenin beeinflussten Jungburschen und eine anarchobolschewistische Gruppe – mit ver-
stiegenen Hoffnungen auf eine schweizerische Revolution
umgingen, aber sie haben diese extremen Randgruppen nie
für sehr gefährlich gehalten. Als sich dann jedoch der Konflikt um soziale Forderungen der schweizerischen Arbeiterschaft im Spätjahr 1918 zuspitzte, stellte sich Ragaz eindeutig auf die Seite der Arbeiter. «Da wir im Laufe dieser Jahre
an der Taktik der Arbeiterschaft so oft Kritik üben mussten,
so liegt uns an, zu erklären, dass wir diesmal mit ihr im wesentlichen einverstanden sind», schrieb er schon im August
1918 in den *Neuen Wegen*. «Die von ihr aufgestellten Forderungen waren das, was wir immer verlangt haben: einfach,
einleuchtend, notwendig. Dass die Drohung mit dem Generalstreik nötig wurde, tat uns natürlich leid. Denn wir sind
nun einmal abgesagte Gegner aller Gewalt. Aber wenn irgend einmal, so war sie wohl diesmal berechtigt. Denn es
waren namentlich die reaktionären Massregeln des Bundes-
rates, die dem Fass den Boden ausschlugen. Dergleichen
dürfen wir uns einfach nicht länger bieten lassen.» Das zeigt,
dass der religiöse Sozialist Ragaz sich auch durch den So-
wjet-Enthusiasmus einiger Genossen nicht von seiner Identifikation mit dem Proletariat abbringen liess, und dass er
erkannte, wie auch in der Schweiz im Klassenkampf von
oben Gewalt angewendet wurde.

Die Ereignisse im November 1918 sind bekannt. Als der
Bundesrat und General Wille, in falscher Interpretation der
Lage, die Stadt Zürich mit einem starken Truppenaufgebot
besetzten, als dann auf dem Fraumünsterplatz durch Soldaten auf die unbewaffnete Menge geschossen wurde, und als

der unbefristete Generalstreik im ganzen Lande ausgerufen wurde – übrigens mit lauter reformistischen Forderungen – da haben sich die religiösen Sozialisten mit einer öffentlichen Erklärung in der Arbeiterpresse hören lassen. «Wir halten nicht bloss aus politischen, sozialen und wirtschaftlichen Gründen, sondern vor allem auch aus religiösen Gründen die herrschende Gesellschaftsordnung in ihren Grundlagen für falsch und faul. Sie beruht auf Gewalt, Egoismus und Ausbeutung und muss daher beseitigt werden, um einer dem Geiste Christi besser entsprechenden Platz zu machen. Als solche betrachten wird den recht verstandenen Sozialismus. Der Glaube an Christus und das kommende Reich Gottes, wie wir ihn verstehen, schliesst alle höchsten und radikalsten sozialistischen Verheissungen und Forderungen ein. Unser Platz ist darum an der Seite des aus der Dunkelheit der Not und des Unrechts, des materiellen und seelischen Druckes zum Licht einer grossen Erlösung aufsteigenden Volkes.» Die religiösen Sozialisten erduldeten in den Tagen der heissesten Auseinandersetzung schwere Anfechtungen; Ragaz hat einigen Theologiestudenten, die sich als Verträger des bürgerlichen Pressebulletins zur Verfügung stellten, in offener Seminarsitzung zugerufen, dass Vertreter des Evangeliums sich nicht zu Bajonett und Geldsack bekennen dürften. Und als Soldaten im Stahlhelm das Gebäude der Universität bewachten, bestieg er das Katheder mit einer Protesterklärung: «Man müsste nicht diese Stätte mit Bajonetten vor dem Volke schützen, wenn von ihr aus dem Volke wirklich Brot gereicht worden wäre.»

Der Landesstreik vom November 1918 ist bekanntlich missglückt, von einem massiven Militäraufgebot erstickt; die gedemütigten Arbeiter mussten wieder unters Joch zurückkehren. Wenige Tage nach dem Streikausbruch erschien das Monatsheft der *Neuen Wege* und nahm unter dem seltsamen Titel «Der Kampf gegen den Bolschewismus» zu den Ereignissen Stellung. Die Überschrift liess nicht vermuten, dass hier mit der Politik der offiziellen Schweiz abgerechnet wurde, aber Ragaz definierte den Bolschewismus

116

auf seine Weise als «Diktatur, Herrschaft einer Minderheit über eine Mehrheit durch das Mittel der Gewalt». Die regierende freisinnige Partei wurde unter diese Definition gestellt, weil sie mit dem Vollmachtenregime der Kriegsjahre dem Bundesrat eine Diktatur über das Volk ermöglicht habe und gegen den Willen der Volksmehrheit ein gerechteres Wahlsystem, den Proporz, jahrelang verschleppt hatte. So sprach er vom «Bolschewismus von oben», der bei der Arbeiterschaft Zorn und Erbitterung erzeuge, ja ein gefährliches Kokettieren mit Mustern der gewalttätigen Revolution ausgelöst habe. Nun müssten alle wirklichen Sozialisten mit Entschiedenheit dafür wirken, dass die Arbeiterbewegung dem gewaltlosen, demokratischen Weg treu blieben. «Der Sieg, der uns sonst so gewiss wäre, entgeht uns, wenn wir ihn auf dem falschen Wege suchen.»

**Sozialismus und Gewalt**

Nach dem Landesstreik setzte bei den schweizerischen Arbeitern ein Prozess der Radikalisierung ein, der nach allem, was geschehen war, verständlich ist. Die kleinen Zugeständnisse, der Achtstundentag und der Nationalratsproporz, konnten die Arbeiter nicht darüber hinwegtrösten, dass man sie als Feinde der Demokratie verteufelt und dass man den Klassenstaat mit Hilfe der Armee verteidigt hatte. So gewannen nun die Anhänger der Gewaltrevolution nach russischem Muster auch in der Schweiz an Boden. Die Entscheidung über den künftigen Kurs der schweizerischen Arbeiterbewegung vollzog sich an der Frage, ob sich die Sozialdemokratische Partei der bolschewistischen Weltbewegung, der in Moskau entstehenden Dritten Internationale (Komintern), anschliessen sollte. Um diese Weichenstellung wurde im Jahre 1919 heftig gerungen, und ein Basler Parteitag im August hatte den Beitritt auf Antrag der bekannten Arbeiterführer Grimm und Nobs bereits beschlossen, so dass die in den Parteistatuten vorgeschriebene Ur-

117

nenabstimmung in den einzelnen Sektionen nur mehr eine Formsache schien. Die religiösen Sozialisten haben sich in dieser Situation für das Schicksal des schweizerischen Sozialismus verantwortlich gefühlt und sich im Kampf gegen den Beitritt engagiert, obwohl er zunächst aussichtslos erschien; damals haben sie eine Schriftenreihe lanciert, aus der später die Wochenschrift *Aufbau* entstanden ist. Ragaz veröffentlichte in den Wochen der Auseinandersetzung eine Schrift, die zu den bedeutendsten politischen Texten der Schweizergeschichte zu zählen ist, die Broschüre *Sozialismus und Gewalt*, von der noch zu sprechen ist.

Unter dem Einfluss der religiösen Sozialisten und des ländlich-gewerkschaftlichen Flügels hat die SPS im September 1919 den Beitritt zur Komintern mit eindeutigem Mehr abgelehnt und damit anders entschieden als die französische und die italienische Partei – diese haben den Bund mit der Komintern später bereut und mussten ihn korrigieren. Mehr als ein Jahr später ist es dann zur Spaltung der schweizerischen Arbeiterpartei in eine kommunistische und eine sozialdemokratische Organisation gekommen.

**Rücktritt von der Professur**

Diese ganzen Kämpfe hatten für Ragaz auch persönliche Konsequenzen. Der Zürcher Professor war ja etwas ganz anderes als ein kühler Denker, ein Ideologe des Sozialismus oder auch der Gewaltlosigkeit, nämlich ein Mensch, der sich in alle diese Auseinandersetzungen mit der Leidenschaft eines alttestamentlichen Propheten hineinstürzte. Es gab da Stunden der Verzweiflung und des Ringens im Gebet, ein intensives Eintreten vor Gott für die Gerechtigkeit auf Erden, für unterdrückte Völker und für den Sieg der Sache Gottes. Wer so kämpft und lebt, wird empfindlich gegenüber der eigenen Lebensführung und überprüft diese laufend auf ihre innere Wahrhaftigkeit. Ragaz war in dieser Zeit Universitätslehrer und damit gesicherter, pensionsberechtigter Beamter eines bürgerlichen Staates, der zudem im Verhältnis der moralischen Verpflichtung gegenüber einer Amtskirche stand und Pfarrer auszubilden hatte. Diese Kirche war damals mehr als heute Staatskirche und Kirche des Bürgertums. Seit etwa 1917 schien ihm diese Stellung innerlich unwahrhaftig, seit 1919 hielt er sie einfach nicht mehr aus, so dass es auch zu schwerer körperlicher Krankheit kam. Eine Zeitlang hat er daran gedacht, als Arbeiter in eine Fabrik zu gehen, um so das Los der Proletarier, ihre Unsicherheit und ihre Frustration durch die industrielle Arbeit, zu teilen. Dass er es nicht tat, beruhte auf seiner Überzeugung, dass er in der Arbeiterbildung und durch das Zeugnis der journalistischen und schriftstellerischen Arbeit mehr bewirken könne. Aber er hat seine berufliche Stellung und seine Pensionsberechtigung aufgegeben und ist 1921 im Alter von fast 53 Jahren von seiner Professur zurückgetreten; er nahm diese Unsicherheit hochgemut auf sich, ohne ein Vermögen im Rücken zu haben; es war ein Gang ins Ungewisse, der erst einige Jahre später einer sehr bescheidenen Sicherung Platz machte, als ihn die *Neuen Wege* zu ihrem einzigen besoldeten Redaktor machten. Bald ist er vom nobeln Zürichberg ins Arbeiterquartier Aussersihl umgezogen und hat dort die Arbeiterbildungsstätte *Gartenhof* eröffnet. Seine Enttäuschung an der verbürgerlichten und oft auch sehr militaristischen Kirche ging so weit, dass er nicht nur keine Pfarrer mehr ausbilden konnte, sondern auch kaum mehr einen Gottesdienst besucht hat. Er predigte fortan in den biblischen Betrachtungen der *Neuen Wege* und an gewissen Kursen im *Gartenhof*. Das heisst: er hat es nicht ausgehalten, anderen Vertrauen auf das Kommen des Reiches Gottes zu predigen und sich selber auf Amt und Besoldung zu verlassen. Sein Rücktritt von der Professur und seine Solidarisierung mit dem Proletariat nehmen sich wie der existentielle Beweis für jenen Glauben aus, den er im Krieg und in der Revolutionsepoche gepredigt hatte.

## Die acht Werke der Krise

In den bewegten Jahren 1917 bis 1921 hat Ragaz eine Reihe von Werken veröffentlicht, die in ihrem Zusammenhang eine bedeutende geistige Leistung darstellen und die man in ihrer Gesamtheit als eine neue und vollständige Darstellung der religiös-sozialen Botschaft betrachten muss – sie war gereift unter dem Eindruck des Krieges und der Revolutionen. Diese Werke sind heute fast vergessen, und lange Zeit hat niemand ihren inneren Zusammenhang erkannt. Wir möchten sie die *acht Werke der Krise* nennen und als eine gedanklich geschlossene Formulierung der Botschaft vom kommenden Reich Gottes in einer Umbruchszeit bezeichnen. Es sind folgende Bücher und Schriften:

1. Eine Aufsatzreihe mit dem Titel *Neue Wege*, erschienen ab Januar 1917 in der gleichnamigen Zeitschrift; später bildete sie das Gerüst des Werkes *Weltreich, Religion und Gottesherrschaft* (2 Bände, 1922).
2. Das politische Buch *Die neue Schweiz*, erschienen im März 1918 – viele Auflagen.
3. Die durch Ragaz geschriebenen Hauptabschnitte im Buch *Ein sozialistisches Programm*, einem Gemeinschaftswerk der religiösen Sozialisten, erschienen 1919.
4. Der Vortrag *Politik und Gottesreich*, gehalten an Pfingsten 1919 vor der evangelischen Jugendvereinigung *Freischar*.
5. Die akademische Predigt *Wir harren eines neuen Himmels und einer neuen Erde*, gehalten im Sommersemester 1919, erschienen in den *Neuen Wegen* und im oben genannten Buch *Weltreich, Religion und Gottesherrschaft*.
6. Das Buch *Die pädagogische Revolution*, entstanden aus Vorlesungen im Sommersemester 1919, erschienen 1920.
7. Die Kampfschrift *Sozialismus und Gewalt*, publiziert im August 1919.
8. Das Werk *Der Kampf um das Reich Gottes in Blumhardt, Vater und Sohn – und weiter!*, erschienen in den *Neuen Wegen* ab Januar 1921, als Buch 1922.

Wir möchten versuchen, die Botschaft dieser Werke in ihrem Zusammenhang darzustellen, ohne dass wir zwischen theologischen und politischen, sozialen und pädagogischen Gedanken unterscheiden und auch ohne die einzelnen Zitate den einzelnen Büchern zuzuweisen.

## Reich Gottes contra «Religion»

Grundlegend ist das biblische Verständnis der Zeitgeschichte, das sich erst jetzt voll ausgebildet hat: Ragaz hat den Weltkrieg und die Revolution als eine Phase im Kampf des Reiches Gottes mit dem Reich des Antichrist verstanden. Dass der Dämon der Gewalt die Völkerwelt, die Kirchen und den Sozialismus derart überwältigen konnte, bedeutete auch eine Katastrophe des herkömmlichen Christentums, ja, Religion und Kirchen waren in erster Linie daran schuld. In Auslegung der neutestamentlichen Rede über das Weltgericht (2 Petr 3,10-13) schreibt er: «Wieder (wie beim Untergang des antiken Weltreichs) verzehrt ein Weltbrand eine ganze Kultur. Ihre Himmel stürzen krachend zusammen und ihre Grundlagen werden im Feuer verzehrt.» Der Zusammenbruch der europäischen Kultur und Staatenwelt war also mitverschuldet durch eine weltbefangene, machttrunkene und gewaltgläubige Religion, die als falscher Himmel über einer falschen Welt geschwebt hatte. In der Krisensituation war klar geworden, dass diese Religion im schärfsten Gegensatz zum Reich Gottes stand. «An Stelle Gottes trat die Religion, an Stelle seines schaffenden Waltens die religiöse Entwicklung, an Stelle des heiligen Geistes, der aus den Propheten redet, die religiöse Genialität, an Stelle des Wunders das Naturgesetz, kurz an Stelle Gottes der Mensch und an Stelle des übernatürlichen Gottesreiches die Welt.» Ragaz rechnet darum jetzt mit der liberalen Theologie ab, mit welcher er gross geworden war; sie habe das heilige Paradoxon ins Banale übersetzt und das Revolutionäre des Evangeliums durch eine historisierende Interpretation beseitigt. Sie habe aus dem Evangelium von Christus und seinem Reiche alles gestrichen, was den Massstäben der «modernen Kultur» nicht entspreche. Damit sei die Vorkriegstheologie der Welt das eigentliche Evangelium schuldig geblieben und dadurch habe sie auch den Weltkrieg mitverschuldet.

Damit ist der Gegensatz ins Licht gerückt, der von diesem historischen Moment an die Grundspannung des theologischen Denkens von Ragaz bildet: Religion gegen Reich Gottes, Reich Gottes gegen Religion. Die Theologen und Kirchenmänner sind – wenige Begnadete ausgenommen – vom Reich Gottes abgefallen und haben sich ein Christentum, eine Religion ersonnen. Jesus und seine Botschaft müssen darum von den Entstellungen und Verhüllungen einer unguten Entwicklung befreit werden, und der lebendige Gott selbst hat dieses Werk in der Krise von Weltkrieg und Revolution bereits begonnen. «Er mag mit seinem Hauch diesen babylonischen Turmbau der Religion ebenso umwerfen, wie er den babylonischen Turmbau der Kultur umwirft.»

Der grundlegende Gegensatz zwischen Religion und Reich Gottes wird folgendermassen umschrieben: «Es gibt zwei verschiedene Arten von Religion oder Himmeln und hat sie stets gegeben. Sie kämpfen miteinander, und ihr Streit ist das Zentrum der Geschichte der Menschheit. Von seinem Ausgang hängt ihr Schicksal ab. Das eine ist die *Religion*, die sich die Menschen selbst bilden nach den Gedanken ihres Herzens. Diese wächst empor aus den Verhältnissen der Menschen. Ihr Himmel wird gebildet aus dem Dunst, der aus der Erde aufquillt. Dieser Himmel macht Sünde und Tod zum unabwendbaren Schicksal; dieser Himmel erzeugt dämonisch aufbrausende Lebenslust und wilde Verzweiflung. Dieser Himmel stürzt zusammen vor Christus. – Denn mit Christus kommt ein anderer Himmel. Hier tritt Gott hervor, der Gott ist durch sich selbst und nicht durch Furcht und Hoffnung der Menschen. Hier ist der Gott, der Gerechtigkeit ist, der heilige Gott, der eine heilige

122

Welt schaffen will; Gott ist frei, und frei durch ihn der Mensch. Unrecht, Not und Tod sind keine göttlichen, sondern gottwidrige Mächte und sind dazu bestimmt, dahinzustürzen vor der neuen Welt schöpferischer und erlösender Lebenskräfte, die in Christus hervorbricht und einen *neuen* Himmel schaffen will und eine *neue* Erde, darinnen Gerechtigkeit wohnt.» Die Epoche, welche mit dem Kriegsausbruch und den Revolutionen zu Ende gegangen war, hatte aus der von Menschen gemachten Religion gelebt. «Es war ein Glaube an selbstgemachte Götter. Sie glaubte an die Allmacht der Verhältnisse. Sie glaubte an die Gewalt. Aus den Tiefen grollte das Erdbeben, das diese Welt, die eine Welt der Unmenschlichkeit und Ungerechtigkeit geworden war, in Trümmer warf. Es stürzt in dem heutigen Weltuntergang der Himmel der Götzen zusammen.»

## Theologie, Kirche, Pfaffentum

Damit hat Ragaz mit grosser Kraft der Aussage die Katastrophe des alten Europa und seiner Gesellschaft als Katastrophe eines falschen Glaubens erhellt. Fortan nennt er diesen falschen Himmel, den sich die Menschen selbst bilden und der identisch ist mit dem religiösen Bewusstsein des bürgerlichen Zeitalters, schlicht «Religion» und setzt ihn in Gegensatz zum Reich Gottes, so wie es Christus in den Evangelien zur Geltung bringt. Darin klingt zunächst die alte Unterscheidung vom ruhenden und dynamischen Christentum an (vgl. oben Kapitel 3) aber erst jetzt ist die ruhende Religion, die «Religion» schlechthin, eindeutig unter das Zeichen des Gerichtes gerückt, und erst jetzt gehört das offizielle Christentum für Ragaz auf die Seite der untergehenden und gerichteten Welt. Ragaz hat in den Werken der Krise eine herbe Kritik am traditionellen Christentum, an der Theologie und an der Kirche geübt. «Christus muss von der Theologie und den Theologen befreit werden. Wir müssen die Theologie aufheben, soweit sie die theoretische Entartung des Christentums bewirkt. Die Theologie als besondere Wissenschaft sollte aufhören. Sie sollte nicht ein abgegrenztes Gebiet umfassen, sondern *alle* Wissenschaft, *alle* Wirklichkeit. Es ist die Weise der Religion, sich eine besondere Welt zu schaffen und sich in diese Welt zurückzuziehen, aber die Weise des Reiches Gottes ist es, alle Welt zu umspannen. Darum darf das Reich Gottes auch nicht nur eine Sache der Pfarrer und der Kirchen sein; Ragaz schilt in harter, auch selbstkritischer Weise über das Pfaffentum und gibt die Losung aus «Los von der Kirche». Pfaffentum ist nicht einfach Pfarrertum, sondern eine Art von kirchlicher Tätigkeit, «wo die Religion auf falsche Weise eine Frage der Macht wird», wo es darum geht, «die Macht der Welt zu brauchen, um damit die Sache der Religion zu fördern»; Pfaffentum ist in letzter Hinsicht «die Verwechslung von Gott und Welt. Man verteidigt Gottes Ehre und meint sich selbst, seine eigene Ehre, seine eigene Macht, seine eigene Bequemlichkeit, kurz: seinen eigenen Besitz.» Religion hat also mit Macht und Besitz zu tun, und so wird auch die Kirche in ihrer falschen Form verstanden. «Was wir ‹Kirche› nennen, hängt aufs innigste zusammen mit dem, was wir Religion nennen und ebenfalls bekämpfen. Aus allen Gefahren der Religion werden Gefahren der Kirche. Die Kirche ist organisierte Religion, oder Religion als Organisation. Gott ist nicht das letzte Wort der menschlichen Hoffnung, sondern eine davon abgetrennte Wirklichkeit für sich, die man nur als geheimnisvolle, im gewöhnlichen Sinne mystische Macht denken kann. Die Religion ist ein Ding für sich, das an sich Wert hat, an sich Pflege fordert zunächst ohne Rücksicht auf eine Sache.» Religiöse Organisation, gleich Kirche, manifestiert sich in einem Tempel, einem Kultus, einer Kaste von Priestern, einem religiösen Brauchtum. «Es entsteht eine ganze heilige Welt. Nun aber ist das Charakteristische, dass dies eine Welt für sich ist. So sehr sie danach trachtet, sich über das ganze Leben ihrer Anhänger auszubreiten, so ist die Meinung doch nicht die, dass sie das ganze Leben von Gott aus umgestalten, es Gottes Willen unterwerfen, eine Welt der Gerechtigkeit und Liebe schaffen wollte. Nein, *sie selbst* soll und will gelten. Sie *ist* ja schon die Welt Gottes. Sie *hat* die Wahrheit und sie *ist* die Wahrheit.» Die Entartung der Botschaft vom Reich Gottes in der Kirche geschieht unter dem Einfluss von Macht- und Besitzdenken, und sie ist so schlimm, dass Ragaz die Folgerung zieht: «Wir können nicht bloss eine Verbesserung der Kirche fordern, sondern müssen ihre Aufhebung verlangen. – Die Kirche ist das Grösste, was es auf Erden gibt. Nur eins ist grösser: Das Gottesreich selbst; dieses aber ist ihr Gericht. Mit der Kirchenform des Christentums ist es für uns aus. Das bedeutet, dass wir nicht eine Organisation der Religion wollen, die *neben* der übrigen Welt steht und etwas für sich bedeuten will. Das Gottesreich kommt in die Welt.» Deshalb sollten sich die Christen einfach in freien Gruppen finden und verbinden, als «ein Bund von Gleichgesinnten, die sich zum Reich Gottes bekennen und seiner Sache offen und ganz zur Verfügung stehen».

**Nachfolge Christi**

Wie aber sehen die Grundlagen eines kirchenfreien, laienhaften, die Welt ernst nehmenden und für den Neuaufbau nach der Katastrophe brauchbaren Glaubens aus? «Es muss von Gott her ein neues Wesen kommen, und damit die Kraft für die Geburt der neuen Welt, die sich vorbereitet. Diese neue Welt ist das Reich Gottes.» Wer es verstehen will, kann das nur in der Nachfolge Jesu lernen; er muss ihn wieder ursprünglich sehen und muss alles vergessen, was Religion und Theologie aufgerichtet haben. «Nirgends gibt Jesus eine Anleitung zu irgendwelchen besonderen frommen Übungen und Werken, also zum Kultus. Er gründet keinen Gottesdienst, keine Spur davon. Da ist kein Bekenntnis im Sinne eines Credo. Bekenntnis im Sinne Jesu ist bloss treues Einstehen für Gottes und Jesu Sache. Es ist nirgends Tempelluft, Kirchenluft, sei's noch so geweihte, nirgends mystisches Halbdunkel, sondern überall Gottes freier Himmel, Gottes frische Luft. Alles einfach, natürlich, recht, gesund, sonnenklar, so ganz menschlich und so ganz göttlich.» Das könnte wahrhaftig Christoph Blumhardt gesagt haben!

Man muss beachten, wie hier die Nachfolge Jesu, das heisst die Orientierung des in die Krise gestellten Menschen an Jesus Christus, ins Zentrum gerückt wird. Im Weltkrieg hat der ehemalige liberale Theologe Leonhard Ragaz die Bedeutung Jesu Christi voll erkennen gelernt. «Mit Christus kommt ein anderer Himmel. Das ist nicht einer, den die Menschen selber machen aus dem Stoff des gottnahen und gottfernen, unruhigen und verzagten Herzens, sondern der über ihnen ist, der sein eigenes Recht hat.» Dieser Christus lebt aber nicht «untätig im Jenseits, sondern er ist der Führer der neuen Welt, der in der Vollmacht des Vaters und durch das Mittel des heiligen Geistes sein Werk weiter und zu Ende bringt».

Wer die Entwicklung der evangelischen Theologie in jener wichtigen Durchbruchszeit vor 1920 einigermassen kennt, wird bemerken, dass diese Absage an die selbstgemachte Religion und an einen intellektualisierten Gottesbegriff nahe bei den Durchbruchswerken der sog. dialektischen Theologie, insbesondere beim Denken Karl Barths im 1. Römerbrief (1919) steht. Dieser neue Ansatz wurde aber von Leonhard Ragaz in den wesentlichen Punkten schon in den Schriften des Jahres 1917 erlangt. Man darf also im Hinblick auf das Verständnis des Reiches Gottes im Gegensatz zur Religion von einer Gleichläufigkeit der Wege von Barth und Ragaz sprechen; wir sind der Ansicht, dass die ihnen beiden gemeinsame Kenntnis Blumhardts sie in dieser Richtung gewiesen hat.

Die acht Werke der Krise, die dieses neue Verständnis bei Ragaz zum ersten Male in voller Deutlichkeit darstellen, bleiben aber nicht bei der Aufgabe stehen, die ursprüngliche Botschaft vom Reich Gottes von allen Entstellungen und Verhüllungen zu befreien, sondern sie versuchen auch, die praktische Haltung des Christen in einer solchen Krisenzeit zu bestimmen. Wer unter dem Horizont des göttlichen Wirkens in einer Weltkatastrophe leben will, soll sich nicht in staunender Kontemplation zurückziehen und das Walten Christi untätig zur Kenntnis nehmen. Er soll nicht im Angesicht von Gottes mächtigem Wirken in Passivität verfallen. Denn es ist Gottes unerklärlicher Wille, das Reich unter Mitwirkung von Menschen zu realisieren. Pessimismus in bezug auf das menschliche Handeln ist nur so lange angebracht, als sich die Menschen nicht von Christus lenken lassen. «Der Mensch kann nur in Abhängigkeit von Gott schaffen, aber diese Abhängigkeit macht ihn aktiv. Er *kann* schaffen. Er ist frei. Sein Tun hat für das Reich Gottes entscheidende Bedeutung. Er ist Mitarbeiter; Gott selbst will, dass er frei sei. Gott sehnt sich danach, ihm Kompetenz zu geben.» Allerdings ist die Aktivität der Christen – zu der für Ragaz immer auch das Gebet für das Reich Gottes gehört – nur die *eine* Seite; die andere ist das Leiden für die Gerechtigkeit, dem eine besondere Bedeutung für den Fortschritt des Reiches Gottes beigemessen wird. Zur Nachfolge gehört das Leiden, und dieses nützt, wenn es Gottes Wille ist, dem Reich Gottes in einer geheimnisvollen Weise, wie ja der entscheidende Sieg Christi auch auf dem Wege des Opfers gewonnen wurde.

Die Kritik an einem System, das sich die Menschen zur Sicherheit und zum eigenen Ruhm gemacht haben, geht über aus dem Bereich des Religiösen in den Bereich der Politik. Die alte (Vorkriegs-)Welt hat nicht nur in ihren religiösen Vorstellungen abgewirtschaftet, sondern auch in ihren politischen. Wie sich eine echte und eine falsche Form von Religion bekämpfen, so eine echte und falsche Form des menschlichen Zusammenlebens in der Gesellschaft. «Wir können das Problem der Kirche, das heisst der ‹religiösen Gemeinschaft› nicht erledigen, ohne das der sozialen zu behandeln.»

## Gesellschaftskritik, Staatskritik

«Mit dem Gottesreich Christi müssen wir notwendigerweise den Sozialismus verbinden, denn es ist unmöglich, das Wohnen Gottes unter den Menschen mit den heutigen wirtschaftlichen Ordnungen zusammenzudenken. Die kapitalistische Gesellschaft ist von dem Prinzip des Räubertums getragen, das Ideal des Gottesreiches ist die Bruderschaft. Die heutige Welt hat sich mehr als irgendeine der bisher dagewesenen zu einem offenen und prinzipiellen Kampf aller gegen alle gestaltet und ist so logischerweise zum Weltkrieg gelangt – in der neuen Ordnung herrscht das Gesetz der gegenseitigen Hilfe. Die Leidenschaft dieses Geschlechts ist die Macht, das heisst die Herrschaft des Menschen über den Menschen – das neue Glück eines Geschlechts, das wieder Gott und die Seele gefunden hat, wird das Dienen sein. Es wird aber nach den Schrecken und Schmerzen dieser Zeiten (die nicht etwa erst im Kriege eintraten und in Form des Krieges und die auch nicht mit dem Kriege aufhören werden) wieder Gott – Gott werden.»

Dieser Gesellschaftskritik entspricht eine Kritik am Staat. Mit dem kapitalistischen System hat im Weltkrieg auch der herkömmliche Staat Bankrott gemacht. Der Staat «spielt in der Geschichte eine überragende und verhängnisvolle Rolle. Er erwächst aus Not, Gewalt, Machtdrang, nationalem Egoismus (der oft die Form religiöser Selbstvergottung annimmt), und wird zu einem Werkzeug der Klassenherrschaft, zur schwersten Hemmung der Freiheit und Wahrheit, zur Ursache von Krieg und Verderbnis aller Art. Darum geht durch die Geschichte der Kampf zwischen dem durch diesen Staat besonders deutlich vertretenen Reich der Gewalt und dem Reich Gottes und des Menschen.» Aus dem Bankrott des alten Staates kann sich in Ragaz' Denken nur die Forderung einer «Aufhebung der Politik» ergeben. Ragaz zitiert mehrmals an wichtiger Stelle die Antwort Jesu an die Mutter des Jakobus und Johannes, welche die Erhöhung ihrer Söhne erbeten hatte: «‹Ihr wisset, dass die Herrscher der Völker diese tyrannisieren und ihre Grossen sie vergewaltigen. So soll es unter Euch nicht sein!› Dieses Wort ist das revolutionärste, das je gesprochen worden ist. Es erhellt wie eine grosse Sonne den Sinn der ganzen Weltgeschichte. Zwei Reiche sind es, die darin miteinander ringen. Das eine ist das der Gewalt, das andere das der Liebe. Es treten einander gegenüber Jerusalem und Rom, Christus und Cäsar, der Staat und die freie Gottesfamilie, kurz, das Weltreich und das Gottesreich. Sie ringen miteinander in gewaltigem Kampf; das ist für uns der Sinn der Geschichte, nicht dass die beiden Reiche stets nebeneinander hergehen, in ewig unentschiedenem Kampf miteinander liegend, und dass wir unser Herz in beide teilen müssten, dem einen die ‹geistliche›, dem andern die ‹bürgerliche› Gerechtigkeit gebend, sondern dass das eine über das andere siegt und wir ganz dem einen gehören.» So gibt es also nicht nur die Entscheidung zwischen dem Reich Gottes und der Religion, sondern auch die zwischen dem Reich Gottes und dem herkömmlichen Herrschafts-Staat. Und zwar verhält es sich so, dass man diesen Gegensatz schon vor dem Krieg und der Revolution hätte erkennen können, aber erst die Kriegszeit hat den Gegensatz so hart werden lassen, dass das klar und offenbar vor aller Augen steht. Durch Weltkrieg und Revolution ist der vorher unentschieden gebliebene Kampf zwischen Reich Gottes und Gewaltstaat geoffenbart und der Entscheidung näher gebracht worden. Es ist offenbar, «dass das eine über das andere siegt und wir ganz dem einen gehören. Wir sehen, wie das Reich Christi eine gewaltige Bresche in die alte Welt legt.» Wie sehr der herkömmliche Staat auf die Seite der Religion gehört und wie sehr er dem Reich Gottes entgegensteht, leitet Ragaz in eindrücklicher Weise aus den neuesten Zeitereignissen her: «Der Staat wurde ein Götze. Diesen Charakter hat er im Weltkrieg offenbart. Der Staatskultus ist eine der Mächte gewesen, die uns in die Weltkatastrophe gerissen haben.» Dass er dabei natürlich den bürgerlichen Vorkriegsstaat mit seinem Militarismus, seiner gewalttätigen Bürokratie, seinem elitären Magistratentum und seiner Gewalttätigkeit gegenüber der Arbeiterschaft meint, ist verständlich; er leitet diese Elemente der strukturellen Gewalt übrigens nicht etwa aus dem Beispiel eines kriegführenden Landes, sondern aus dem der schweizerischen Eidgenossenschaft ab (in: *Die neue Schweiz!*). Aber die Epoche der Revolution hat auch schon die Möglichkeit eines sozialistischen Gewaltstaates gezeigt: «Über aller Politik erhebt sich eine gewaltige Macht, eine der grossen Weltmächte, die mit dem Gottesreich in Wettbewerb treten: der *Staat*. Und zwar ist es eben der Machtstaat, der Staat, der Gewalt hat und Gewalt übt gegen seine Glieder und der Gewalt braucht gegen andere Staaten. Wir denken an ein System des Zwanges, das in Kaserne und Zuchthaus seine typische Verkörperung findet. Staat und Politik gehören zum Weltreich, nicht zum Gottesreich. So scheint es. So behandeln die Bürgerlichen die Politik, so aber auch die offizielle Sozialdemokratie. Auf diesem Wege gehen nicht nur Ludendorff und Foch, sondern auch Scheidemann und Noske, nicht nur Laur und Sonderegger (der schweizerische Bauernführer und der Generalstabschef), sondern auch Grimm (der schweizerische Sozialistenführer) und Lenin.»

Gibt es denn überhaupt ein Gegenprinzip zu diesem (bürgerlichen oder nun sogar sozialistischen) Gewaltstaat, oder predigt der religiöse Sozialismus die Resignation in bezug auf das Zusammenleben der Menschen, eine Art von endzeitlich begründetem Anarchismus, wie er in der als endzeitlich empfundenen Krise der Kriegs- und Revolutionsjahre bei Christen denkbar wäre? Ein Element anarchistischen Protestes gegen den Staat ist bei Ragaz unverkennbar, aber dieser Protest geschieht nicht von der individualistischen, ordnungsfeindlichen Seite her, sondern von der föderalistischen: Die Entartung des politischen Zusammenlebens durch die Gewalt äussert sich immer wieder im zentralisierten und grossen Staat am schlimmsten; die kleine Einheit des Zusammenlebens von Menschen in einer Ortsgemeinde kann eher demokratisch sein, speziell, wenn sie von Ausbeutung befreit ist, das heisst wenn die Kooperation sich nicht auf den traditionellen Bereich der politischen Tätigkeit beschränkt, sondern wenn auch wirtschaftlich gemeinsam gearbeitet wird. Die Formen der staatlichen (und der ökonomischen) Organisation sind also in der Sicht des Reiches Gottes nicht irrelevant, sondern es gibt solche, die weniger Gewalt, weniger Herrschaft von Menschen über Menschen enthalten und daher Gottes Willen eher entsprechen.

## Demokratie an der Basis

Der Gegensatzbegriff zum Gewaltsstaat ist bei Ragaz die Demokratie, die er häufig als wahre, richtige Demokratie von einer falschen, ja heuchlerischen unterscheidet. «Die Organisation dieser neuen Form der Demokratie muss, wenn sie gesund sein soll, vom wirtschaftlichen Leben aus geschehen und muss die Arbeit der Gesellschaft zum Ausgangspunkt haben. Die Grundlage für eine solche neue Ordnung würde eine allgemein durchgeführte Berufsorganisation der Gesellschaft sein, welche die sogenannte geistige Arbeit so gut umfasste wie die andere. Das wäre das erweiterte Gewerkschaftswesen der Zukunft.» Hier nimmt Ragaz also die Idee einer Rätedemokratie auf, die er allerdings nicht von Lenin und Trotzki her zu übernehmen brauchte, sondern die er aus dem Denken der französischen Anarchosyndikalisten, speziell Proudhons, schon längst kannte. «Diese Räte schlössen sich zu einer obersten Gesamtvertretung der Bevölkerung zusammen und träten in Gemeinde, Kanton und Bund im wesentlichen an Stelle der heutigen ‹Behörden›. Sie würden damit auf eine viel unmittelbarere Weise als die heutigen Parlamente zum Ausdruck der in der Gemeinschaft wirksamen Kräfte.» Auf dieser Grundlage der wirtschaftlichen Demokratie an der Basis müssten sich auch jene Aufgaben gewaltfrei bewältigen lassen, die bisher der Staat monopolisiert hat. «In einer wirklichen sozialistischen Kultur bestünde zwischen der Arbeit

131

der Gemeinschaft und den wirtschaftlichen Grundlagen ihres Lebens auf der einen, und allen geistigen Problemen auf der anderen Seite der engste Zusammenhang. Arbeit, Rechtsprechung, geistige Kultur, alles einander innig durchdringend, einander tragend und weihend, und alles dadurch aus Kompliziertheit zur Einfachheit, aus Volksfremdheit zur Volkstümlichkeit zurückgeführt.» Dabei «ergänzt die ‹politische› Demokratie die wirtschaftliche, indem sie auf sie baut und sie fortsetzt.»

Wiederum muss man darauf hinweisen, dass dieses Bild vom «staatlichen» Zusammenleben der Menschen in der Periode des Weltkrieges und der Revolutionen gewachsen ist, obwohl gewisse Elemente schon vorher angelegt waren. Denn erst durch den Kriegsausbruch war die Gewaltstruktur der Staaten in ein volles Licht gerückt worden, und erst in der Oktoberrevolution von 1917 und ihren Folgen war klar geworden, dass der bisherige Staat mit seinem Gewaltapparat nicht zu einem brüderlichen Zusammenleben der Menschen passte, wie es der Sozialismus intendierte. Dieser anarchistische Protest gegen den alten bürgerlichen und den neuen ‹sozialistischen› Gewaltstaat stellt also die epochaltypische Antwort auf den Irrweg des bürgerlichen Staats und der leninschen Staatsrekonstruktion dar. Sie ist aber eindeutig aus dem reichsgottesgeschichtlichen Ansatz des religiösen Sozialismus heraus entwickelt. «Wir sehen, wie das Reich Gottes eine gewaltige Bresche in die alte Welt legt, indem es den absoluten Anspruch der natürlichen Lebensformen: Familie, Volk, Staat an den Menschen zerbricht. Das Staatsprinzip erhebt von neuem und immer massloser seine Ansprüche, aber wir gewahren doch, wie es immer stärker von dem anderen durchbrochen wird. Diese Entwicklungslinie aber bedeutet im Grunde eine fortlaufende Aufhebung des Staates in eine höhere Lebensform. Zugleich beobachten wir, wie aus dem Feuer, das Christus in die Welt ergossen, ein Strom durch die Geschichte fliesst, der das Reich Christi selbst darstellt, ein Strom von Liebe, Reinheit, Frieden. Zu ihm dürfen wir den Sozialismus und Kommunismus rechnen, wenn wir auf ihren tieferen Sinn,nicht auf ihre oberflächliche Gestaltung achten. Sie sind, diesem tieferen Wesen nach, die letzte Welle vor dem Reich Gottes.»

Wiederum erkennt man das Verständnis der Krisenzeit an der Art, wie Ragaz den zeitspezifischen Gegensatz von Kapitalismus und Sozialismus versteht. Unter allen Befreiungen der Krisenzeit «hebt sich die eine hervor: Dass der Kapitalismus moralisch gestürzt ist. Er war vorher in den Augen vieler ein Hort der Freiheit und Kultur, als Mehrer der materiellen Wohlfahrt und als Pflanzschule und Übungsstätte männlicher Tatkraft. Dieser falsche Nimbus ist verflogen vor der Erkenntnis, dass der Geist des Kapitalismus einer der Hauptwege gewesen ist, die zu dem Zusammenbruch unserer Welt geführt haben. Er gehörte zu dem ganzen gottverlassenen und seelenlosen Kultursystem, das sich als Fluch der Menschheit erwiesen hat. Er war Egoismus, Tierwesen, Mechanismus, Materialismus, Unmenschlichkeit, Gottlosigkeit.» Es gehörte also zusammen, dass beim Ausbruch der Dämonen der Gewalt auch dieses kapitalistische System demaskiert wurde und sich offen zeigte.

## Sozialismus und Gewalt

Wer vom Gottesreich her dachte, war damit auf das Gegenprinzip zum Kapitalismus, auf den Sozialismus verwiesen. Die religiösen Sozialisten hatten seit den Anfängen ihrer Bewegung eine nahe Bindung zur Arbeiterbewegung gesucht. «Dort, bei den Christen, war das Gottesreich aber zur Religion geworden, hier bei den Sozialdemokraten war das Gottesreich, aber ohne Religion (das heisst ohne bewussten Gottesglauben).» Das war gleichsam der Vorkriegsstandpunkt der religiösen Sozialisten: Es ging ihnen nicht darum, die Sozialisten zu bekehren, sondern darum, der Wahrheit die Ehre zu geben und Zeugnis abzulegen von der Tatsache, dass Gottes Reich bei den Sozialisten zu finden war.

Nun hatte sich aber das Blatt insofern gewendet, als die

Sozialisten im Krieg plötzlich nicht mehr eine verfolgte Minderheit darstellten, was sie mit echten Jüngern Christi vergleichbar gemacht hatte, sondern eine respektierte Macht in den kriegführenden Staaten. Das hatte sie mitverantwortlich gemacht am Reich der Gewalt. Ragaz hat diesen Wandel des sozialistischen Standorts nicht erst bei der bolschewistischen Machtübernahme in Russland gesehen, sondern schon im Kriegssozialismus der deutschen, französischen, britischen Sozialisten. «Um den Sozialismus zu ‹retten›, verriet man ihn zu Beginn des Weltkrieges und später auf eine Weise, die für ihn tödlich hätte werden müssen, wenn sein Los an das der Sozialdemokratie gebunden wäre. Wenn nur die Organisation gerettet wurde, oder gar zu Ehren kam, dann war alles gut. Was die Partei damit tat, war im Grunde ein Verrat an Gott zugunsten der Welt, genau so, wie die Kirche ihn immer wieder begangen hat... Die Sozialdemokratie ist aus einer Gottesreichsbewegung eine Religion geworden.» Diese Sätze sind im Frühling des Jahres 1917, vor der Oktoberrevolution, geschrieben; Ragaz sah in der Oktoberrevolution mit ihrer Gewaltanwendung nur die Konsequenz des Kriegssozialismus in den westlichen Ländern. Auch in ihm war wieder ein Abfall zu erkennen, der Abfall hatte wiederum mit der Versuchung durch die Gewalt zu tun. Vollends war dieser Abfall dann im russischen Geschehen zu bemerken. «Der Leninismus teilt mit der Sozialdemokratie den Aberglauben an die politische Macht und führt das Gewaltprinzip bis zum Extrem durch. Er richtet eine sozialistische Säbelherrschaft auf. Durch seinen Fanatismus zersetzt er die Arbeiterbewegung und führt zur Anarchie des Kampfes Aller gegen Alle.»

Demgegenüber muss der religiöse Sozialist «sofort den Satz aussprechen, dass Sozialismus und Anwendung von Gewalt einander grundsätzlich und aufs schärfste widersprechen. Denn das Gegenteil der Demokratie wie des Sozialismus ist ja eben die Gewalt. Der Kapitalismus ist Ausbeutung des Menschen durch den Menschen, und diese geschieht natürlich bloss durch Vergewaltigung. Das Mittel dieser Vergewaltigung ist das Geld (Kapital) und die hinter ihm stehende Staatsgewalt, die im Militär gipfelt.»

Nun hat also die Versuchung, das Ziel mit Gewalt erreichen zu wollen, auch die Sozialisten ergriffen. «Der Sozialismus ist vor diese zwei Wege gestellt und hat zu wählen: Entweder muss er sich als absolutistische und despotische Macht wissen oder als eine demokratische, entweder als eine autoritäre Zwangsgewalt oder als eine Macht der Freiheit.»

Wir haben bereits gesehen, welche praktischen Konsequenzen die religiösen Sozialisten aus diesem Verhältnis der Schicksalsstunde des Sozialismus gezogen haben. Daher rührte also ihr Kampf gegen den Bolschewismus und die Dritte Internationale. Hatten sie in der Frühzeit noch zur Sozialdemokratie gehalten, wenn diese auch Fehler und Schwächen aufwies, so konnten sie jetzt nur noch zu ihr stehen, wenn sie den Weg der Gewalt dezidiert aufgab. «Einst war unser Weg, die Gottesreichswahrheit in der Sozialdemokratie zu erkennen und zu vertreten und alles, was an Fremdem und Falschem daran hing, zu ertragen und mitzunehmen, wenn auch unter Schmerzen. Jetzt ist unser Weg, das Gottesreich allein zu vertreten, das Gottesreich für alle», nicht mehr nur für die Proletarier. In der Krisensituation war es klar geworden, dass das Reich Gottes nichts mit gewalthaltigem und machthungrigem Sozialismus zu tun hatte, wenn denn die Sozialisten nicht mehr die «geistlich Armen», die Unterdrückten und Verfehmten, aber auch nicht mehr die wirklich radikal Hoffenden waren. Der neu zu vertretende Sozialismus lag weit ab vom parteioffiziellen, ja, er konnte sogar aus der Partei hinausführen.

### Vier Punkte eines Sozialismus von Christen

Ragaz postuliert damit einen parteiunabhängigen Sozialismus, der sich vor allem vom siegreichen und machttrunkenen der Bolschewiki und der durch den Krieg an der Macht beteiligten deutschen, österreichischen, britischen Sozialisten richtet. Jetzt wird auch deutlicher als früher ausgesagt, was die religiösen Sozialisten von den gängigeren Formen des Sozialismus trennt; es ist, wie wenn Ragaz jetzt, nachdem er sich voll mit der Arbeitersache identifiziert hat, sich erlauben könnte, innersozialistische Kritik zu üben. In vier Punkten fasst er den spezifischen Standort der religiösen Sozialisten zusammen, allerdings so, dass diese Haltung nicht trennend werden muss, sondern die weitere Mitarbeit in Arbeiterbewegung und Arbeiterpartei durchaus ermöglicht.

1. *Wir sind keine Marxisten.* Was heisst das? Es bedeutet grossen Respekt vor der analytischen und kämpferischen Leistung von Karl Marx, und es bedeutet, dass die materialistische Analyse von gesellschaftlichen Vorgängen durchaus gebilligt und auch angewandt wird. Aber der Marxismus wird vor allem insofern akzeptiert, als er Messianismus ist, also «dem Glauben, dass es ein Reich der Gerechtigkeit und wahren Menschlichkeit auf Erden geben und dass dieses Reich den Geringen gehören soll, einen glühenden Ausdruck verleiht». Marxismus als Wissenschaft aber und als vollständige Erklärung der geschichtlichen Entwicklung wird abgelehnt. In ihm bemächtigt sich die abstrakte Theorie des lebendigen Sozialismus, wie die Theologie sich des lebendigen Gottesreiches bemächtigt hat. «Der Marxismus ist eines jener Systeme, die den individuellen Menschen einer allgemeinen Macht opfern. Es ist eben kein Zufall, dass aus der gleichen Wurzel, welcher der Marxismus entsprossen» – gemeint ist das hegelsche Denken – «auch der preussische Staatsabsolutismus und Militarismus erwachsen ist. Zwischen Marx und Treitschke besteht geistige Blutsverwandtschaft. Wo der eine den absoluten Staat setzt, da der andere die absolute Gesellschaft. Es sind autoritäre Systeme, die die Gewalt als Mittel zur Durchsetzung ihrer Ziele bedenkenlos anwenden.» Damit mündet auch die Marx-Kritik in die Warnung vor der strukturellen Gewalt der Systeme ein. Der Geschichtsmaterialismus hat seinen Wert als Aussage über die materiellen Kräfte in der Entwicklung, aber, «wir glauben, dass in der Menschenseele noch andere,

136

tiefere, stärkere Mächte wirksam sind als der Egoismus und dass das oberste Weltgesetz nicht der ‹Kampf ums Dasein› ist. Der Geist ist der Herr der Welt, nicht der Stoff; Gott ist Gott, nicht die Welt.»

2. Der *Klassenkampf* wird bloss soweit anerkannt, als er die Beschreibung einer «gewaltigen Tatsache der Geschichte, die Gegenwart inbegriffen, darstellt». Man kann ihn vorstellen als «Kampf um die Erhebung des Proletariates aus Knechtschaft und Stumpfheit, als Ringen um Recht und Liebe, als Vorwärtsdrängen zu der neuen Welt». Aber es ist ein verhängnisvoller Fehler, wenn die Arbeiterbewegung den Klassenkmapf als taktische Maxime propagiert. Sozialisten dürfen nicht zum Kampf von Klassen gegen Klassen aufrufen. «Wir lehnen die Rolle ab, die die Gewalt in dieser Lehre spielt. Grundsätzliche Abneigung gegen die Gewalt kennt man nicht, weil man auch den Krieg nicht ohne weiteres und jedenfalls nicht aus diesem Grunde ablehnt. Hierin stehen wir nun anders, und es handelt sich gerade hier um einen Grundbestandteil unseres Denkens und Fühlens. Wir betrachten die Gewalt als eine Hauptfeindin der Menschwerdung des Menschen. Für uns ist auch der Sozialismus das Gegenteil der Gewalt. Darum können wir unmöglich der Gewalt die Rolle zubilligen, die sie in der sozialdemokratischen Klassenkampftaktik spielt. Wir können nicht den Sieg des Sozialismus durch ein Prinzip herbeiführen wollen, das das genaue Gegenteil des Sozialismus ist.» In diesem Punkt kommt das Nachdenken über den Sozialismus bald wieder zu seinen biblischen Ursprüngen zurück. Die Arbeiterbewegung soll «nicht den Sozialismus dadurch zum Siege führen wollen, dass man ihn verrät, sondern dadurch, dass man ihm treu bleibt. Und auch jenes älteste und tiefste Gesetz soll nicht vergessen werden, dass Unrecht leiden einer Sache weiter hilft als Unrecht tun, dass unschuldiges Leiden die stärkste Kraft der Welt ist. Wir können auch im Kampf um den Sozialismus das Kreuz nicht verleugnen. Unser Gott ist der Gott der Liebe und nicht der Gewalt.»

3. Mit der Ablehnung des Klassenkampfes als eines Dog-

mas und einer taktischen Maxime geht einher die *Ablehnung des Sozialismus als einer exklusiven Klassensache*. «Wenn es im letzten Grunde nicht die wirtschaftlichen Verhältnisse sind, die den Sozialismus erzeugen, dann kann er auch nicht auf diejenige Klasse beschränkt sein, die davon den greifbaren wirtschaftlichen Vorteil hat, sondern muss eine Sache sein, für die jede Menschenseele gewonnen werden kann, eine Sache für alle!» Diese Überzeugung, mit der sich Ragaz bewusst auf die Seite der verachteten utopischen Sozialisten stellt, fliesst im Grunde aus seiner Anthropologie: «Wenn Gott sein Werk in den Seelen hat, dann muss die Seele auch von der Wahrheit des Sozialismus ergriffen werden können. Dann muss sie die Liebe dem Hass und die Bruderschaft dem Räubertum vorziehen. Dann muss der Sozialismus für alle sein. Er ist für alle oder er ist nichts. Entweder ist unser Gottes- und Gottesreichsglaube nur eine Dekoration, oder wir müssen aus ihm diese Folgerung ziehen.»

4. Eine letzte Differenzierung, die die religiösen Sozialisten von den meisten Marxisten und Sozialdemokraten unterscheidet, ohne sie von diesen zu trennen, ist die Auffassung, dass der Sozialismus weiter sein müsse, als ihn die traditionellen Parteien interpretierten. «Jeder Sozialismus, dessen Grenze enger ist als Gott und der Mensch, ist uns zu wenig.» Gewiss besteht immer noch Hoffnung, dass aus der Mitte des heutigen Proletariates die grosse Erweckung kommen, dass dort die ersehnte Ausgiessung des Geistes stattfinden wird. «Aber wir sind überzeugt, dass sie dann eine Botschaft für alle wird, so wie das Christentum einst zuvor von Fischern und Zöllnern ausging, aber zu allen kam.» Das bedeutet nun allerdings nicht einen harmonisierenden Allerweltssozialismus, sondern eine Radikalität, die die bestehenden Zustände durchwegs und prinzipiell in Frage stellt, aber nicht im Sinne einer Klassensache, sondern im Sinne einer *Menschheitssache*. «*Einst* war unser Weg, die Gottesreichswahrheit in der Sozialdemokratie zu erkennen und zu vertreten. *Jetzt* ist unser Weg, das Gottesreich allein zu ver-

treten, das Gottesreich für alle.» Das ist eine wichtige Aussage: Der Sozialismus als Spezialangelegenheit der gesellschaftlich-ökonomischen Welt tritt zurück hinter eine gesamte Erneuerung des Glaubens und des Lebens. Statt «religiöser Sozialismus» steht nun der Glaube an das Reich Gottes da, welcher ökonomische, gesellschaftliche, politische Konsequenzen hat, aber auch Aspekte der Glaubensgemeinschaft, der Kultur und selbst der «Theologie», das heisst der Glaubensauffassung.

Wie diese Grundvorstellungen eines weiten und gewaltlosen Sozialismus in die Praxis umgesetzt werden sollen, ist im *Sozialistischen Programm* von 1919 am klarsten dargestellt und kann hier im einzelnen nicht entfaltet werden. Es soll aber doch mit allem Nachdruck darauf verwiesen werden, dass die religiösen Sozialisten den Kampf für diese Vision nicht in einer eigenen Gruppe kämpfen wollten, sondern als Mitkämpfer in der möglichst umfassenden (d.h. ungespaltenen) Arbeiterbewegung. Ragaz hat immer wieder versucht, die menschheitliche Weite und den Verzicht auf die Gewalt aus der Arbeiterbewegung «herauszukämpfen»; seine Solidarisierung mit der Arbeitersache erlaubte ihm nicht, zum Proletariat auf noble Distanz zu gehen; er fühlte sich mitverantwortlich für das Schicksal der sozialistischen Bewegung, in die ihn die Nachfolge Christi gerufen und gestellt hatte.

### Sozialistische Bildungsarbeit

Der wichtigste Beitrag schien ihm dabei in der Bildungsarbeit zu liegen. Das moderne Bildungswesen der schweizerischen Arbeiterbewegung geht auf religiöse Sozialisten zurück; die *Arbeiterbildungszentrale* des Gewerkschaftsbundes auf Hans Neumann, die *schweizerische Arbeiterschule* auf Max Weber. Leonhard Ragaz hat in seinem bedeutenden Buch *Die pädagogische Revolution* (1919) die Grundlagen für diese Aktivitäten geschaffen.

Das Bildungssystem gehört zur alten Welt, die im Feuer

des Weltkriegs und der Revolutionen verzehrt worden ist. Die Universitäten hatten nichts getan, um die Katastrophe abzuwenden, ja sie hatten sie mitverschuldet. «Gerade an den Hochschulen war der Geist gepflanzt und gepflegt worden, der den Weltbrand veranlasste: eine oberflächliche Kulturvergötterung, ein die tiefsten Lebenswerte und Lebenswurzeln verkennender Intellektualismus; ein in schroffstem Gegensatz zu dem allmenschlichen Ideal der universitas litterarum stehender Nationalismus und ein dem Geist Hohn sprechender Imperialismus und Militarismus. Wenn die Kriegstheologen das Christentum kompromittierten, so die Kriegsprofessoren fast noch ärger die Wissenschaft.»

Das Versagen der Universität war aber nur ein Teilaspekt eines vollkommen entarteten und fehlgeleiteten Bildungssystems. Die Elemente, welche die Vorkriegswelt zum Untergang reif gemacht hatten, fanden sich alle in potenzierter Form in der Universität, im Gymnasialwesen, in der Volksschule. Ragaz analysiert das Bildungssystem und findet bei ihm ähnliche Grundübel wie in der Theologie, in der Kirche, im Staat und in der kapitalistischen Gesellschaft, nämlich durchgehende Privilegien einer Minderheit, strukturelle Gewalt einer autoritären Lehrweise, Intellektualismus im Sinne eines fehlenden Bezugs auf die grossen Fragen der Zeit und eine fatale Orientierung am Bestehenden.

Genau gleich herrschte in den Schulen eine Fremdbestimmung der Bildung durch intellektualistische Vorstellungen und durch Unterwerfung unter die Ziele einer kapitalistischen Gesellschaft und ihre militaristischen Diener. Ragaz war überzeugt, das zur religiösen, zur politischen und zur gesellschaftlichen Revolution unbedingt auch eine pädagogische kommen müsse. Die Kernpunkte eines wahrhaft genossenschaftlichen und freiheitlichen Bildungssystems können hier nur sehr kurz genannt werden; im übrigen sei auf das Buch *Die pädagogische Revolution* verwiesen. Das wesentliche war für Ragaz zunächst die Aufhebung der Intellektualisierung der Bildung: Wie die befreite Arbeit im Zentrum des Lebens stehen muss, so muss sie auch einen Hauptinhalt der Bildung darstellen. Es schwebt ihm eine Gesamtschule mit integrierter Berufsausbildung vor, wo die Kinder und Jugendlichen ohne autoritären Druck bereits ein nützliches Werk tun und wo ihnen dann von der Arbeit her lebendige und existentielle Fragestellungen aufgehen, welche auch ihre Bildung über den Beruf hinaus fördern. Allerdings darf eine solche Schule nicht vom Staat reglementiert werden, sondern muss unbedingt von einer freien Genossenschaft von Eltern getragen werden; sonst geschieht der Freiheit und dem Willen der Eltern Gewalt. Mit dieser Arbeits- und Bildungsschule soll aber die Bildung des Menschen nicht aufhören, sondern in einer lebendigen Volkshochschule neben dem Berufsleben weitergehen, damit sich der Mensch immer bewusst bleibt, wofür er seine Arbeit tut und wie er zur Gemeinschaft steht. Diese lebendige Volkshochschule steht in freier Verbindung zur Universität, an der zwar Forschung und Lehre für Spezialisten betrieben wird, die aber in lebendiger und beidseitig befruchtender Beziehung mit der Volkshochschule steht. Ragaz sah im Bildungssystem in gewissem Sinne einen Hebel zur Umgestaltung der Gesellschaft in Richtung auf Brüderlichkeit und Freiheit. Wie er von einer Entkirchlichung der Religion und einer Entstaatlichung der Gesellschaft spricht, so von einer Entschulung der Bildung. Im neuen Bildungssystem soll genossenschaftliche Arbeit den autoritären Lehrstil der alten Bildungsanstalten ersetzen, sollen die Entscheide von Lehrenden und Lernenden gemeinsam gefasst werden. Das sind Gedanken, die in der intendierten Bildungsreform der Jahre nach 1968 in vielen Punkten ebenfalls erhoben worden sind, ohne dass sich die nunmehrigen Träger ihres frühen Bundesgenossen bewusst geworden sind.

Insgesamt stellen die acht Werke der Krise einen bedeutsamen Versuch dar, die Kritik der im Weltkrieg demaskierten bürgerlichen Welt vom Gedankengut des religiösen Sozialismus her zu vollziehen und Elemente für einen Neuanfang zu nennen. In ihrem Zusammenhang stellen diese acht

Werke einen der bedeutendsten Beiträge zum religiös-sozialen Denken dar; es ist nötig, sie aus der Vergessenheit zu heben.

*Weiterführende Literatur*

Die «acht Werke der Krise»
1. Die Aufsatzreihe *Neue Wege* erschien von Januar 1917 bis Januar 1918 in der Zeitschrift *Neue Wege*, später im Werk *Weltreich, Religion und Gottesherrschaft*, 2 Bde., Erlenbach-Zürich 1922.
2. Die neue Schweiz, Olten 1918, viele Auflagen.
3. Gerber M., Lejeune R., Matthieu J., Ragaz Clara und Leonhard, Staudinger D., Ein sozialistisches Programm, Olten 1919.
4. Politik und Gottesreich, Vortrag (Freischar-Bücherei No. 1), Zürich 1919.
5. Wir harren eines neuen Himmels und einer neuen Erde. Akademische Predigt, in: Neue Wege August 1919, später in «Weltreich, Religion...», wie oben No. 1.
6. Die pädagogische Revolution, Olten 1920.
7. Sozialismus und Gewalt, Olten 1919.
8. Der Kampf um das Reich Gottes in Blumhardt, Vater und Sohn – und weiter, in: Neue Wege 1921, dann als Buch, Erlenbach-Zürich 1922.

Benn K.-O., Failing W.-E., Lipp K.-H., Leonhard Ragaz, religiöser Sozialist, Pazifist, Theologe und Pädagoge, Darmstadt 1986. – Eine Sammlung von Texten, Dokumenten und Aufsätzen von und über Leonhard Ragaz, herausgegeben vom Leonhard-Ragaz-Institut e.V., Darmstadt.
Der Aufbau. Sozialistische Wochenzeitung, beginnend 7. Januar 1921, Zürich.
Ewald G., Die pädagogische Revolution. Relevanz des Ragazschen Denkens für die heutige Bildungspolitik in: Ewald G. (ed.), Religiöser Sozialismus, Stuttgart-Berlin-Köln-Mainz 1977.
Mattmüller M., Das Reich-Gottes-Verständnis von Leonhard Ragaz in den acht Werken der Krise (1917-1921) in: Der Aufbau, Zürich 1981, Heft 13 und in: Stöhr M. (ed.), Theologische Ansätze im religiösen Sozialismus, Arnoldshainer Texte, Bd. 14, Frankfurt am Main 1983.

# Kapitel 9:
# Karl Barth in den zwanziger Jahren – die «Theologie der Krisis» und ihre Auswirkungen

Ich habe im Kapitel 7 davon gesprochen, dass Karl Barth in seiner Safenwiler Zeit mehr und mehr in eine Berufs- und Berufungskrise geriet, die ihn neu zur Bibel trieb. Im Studium des Römerbriefs suchte er Klarheit zu gewinnen. Er gewann sie in Gestalt der *Theologie der Krisis*. So also, dass seine persönliche Berufungskrise ins Licht der Krisis zu stehen kam, die von Gott her über alles menschliche Tun ergeht. Er entrann also seinen persönlichen Problemen nicht. Er wurde nur frei, sie neu zu sehen: sie unter dem Horizont der Infragestellung zu sehen, der von Gott her alles menschliche Wesen, Wollen und Tun unterliegt.

Bevor ich auf die neue Wendung bei Barth eingehe, möchte ich vom Verhältnis des Krisis-Theologen Barth zu Leonhard Ragaz sprechen. Ich tue es bewusst unter dem Gesichtspunkt der letzten Zusammengehörigkeit der beiden Theologen. Gerade in der Zeit, wo ihre Wege im Vorletzten diametral auseinandergehen, bleiben sie in einer letzten Hinsicht zusammen.

### Das Verhältnis zu Ragaz: Zusammengehörigkeit noch in der Trennung

Ich habe schon im Kapitel 7 auf das Verbindende hingewiesen, soweit es sich in der Stellung zum Sozialismus ausdrückt: Beide verstehen, mit Barth zu reden, die sozialistischen Forderungen als ein wesentliches Stück praktischer Anwendung des Evangeliums, und beide sehen den Sozialismus als Herausforderung, das Evangelium ganzheitlich zu

143

verstehen als Botschaft, die die Wirklichkeit insgesamt, betont auch ihre leiblich-materielle, gesellschaftlich-diesseitige Dimension unter den Horizont des Gerichts- und Heilshandelns Gottes stellt.

Ich muss aber, um auszusagen, was die beiden im letzten verbindet, noch eine Schicht tiefer graben. Dann wird deutlich, dass sie in letzter Hinsicht zusammengehören gerade auch in der Zeit, wo sie sich in vorletzter Hinsicht denkbar weit voneinander entfernten. Es ist nicht leicht, dieses Verborgene in Worte zu fassen. Aber ich muss es doch versuchen. Ich will es so sagen: Was beide im tiefsten verbindet, ist die Erfahrung der Wirklichkeit Gottes in ihrer Andersartigkeit unsern landläufigen Gottesbildern gegenüber. Ich muss beides betonen: es geht um die Wirklichkeit Gottes, und es geht um diese Wirklichkeit in ihrer Andersartigkeit all dem gegenüber, was Christen und Nicht-Christen sich unter dem Wort Gottes vorzustellen pflegen.

Bei Ragaz wie bei Barth fällt einem auf, dass Gott, sein Wille und seine Gegenwart, ihr Denken und Handeln durchgreifend bestimmt und beherrscht. Es gibt nichts in der Welt und in ihrem Leben, das sie nicht sofort zu Gott in Beziehung bringen müssten, das nicht ins Licht von Gott her zu stehen käme. Gott ist so allgegenwärtig wie das Licht, in dem wir sehen, und die Luft, in der wir atmen. «Du bist die Quelle...»

Und das andere: Gott ist allgegenwärtig in seiner Andersartigkeit allem Bestehenden gegenüber. Gottes Wille geht auf eine neue Welt, eine neue Gesellschaft, ein neues Menschsein, biblisch gesprochen: einen neuen Himmel und eine neue Erde. So wie diese Welt jetzt ist, hat sie vor Gott keinen Bestand. Sie ist dem Gericht verfallen. Die geschichtlichen Katastrophen sind Zeichen dafür, dass Gott diese alte Welt verwandeln will auf die neue hin, die ihm entspricht. Schon fangen die Ordnungen, in denen wir es uns gemütlich gemacht hatten, an einzubrechen. Die Gottesbilder, mit denen wir unser Leben schmückten, beginnen zu fallen. Das Trostmittel, zum dem wir Gott degradiert hatten, will nicht mehr helfen. *Gott nach Auschwitz* – so heisst der Titel eines Buches, das kürzlich herausgekommen ist. Es wiederholt nur für unsere Zeit, was Ragaz und Barth für ihre Zeit sagten: «Gott nach dem Völkermorden des 1. Weltkrieges; Gott nach dem Zusammenbruch der Verbindung von Thron und Altar; Gott nach der bolschewistischen Perversion des Sozialismus.» Grundsätzlich: Gott, wie er uns im Gekreuzigten begegnet. «Der Götze wackelt», heisst es in einem Brief Barths aus dieser Zeit; gemeint ist: die Gottes- und Christusbilder der bürgerlichen Theologie haben ihre Glaubwürdigkeit verloren.

Beides, die Wirklichkeit Gottes und die Andersartigkeit Gottes sind in einem Diktum aus Barths letzten Lebensjahren zusammengefasst. Einem Journalisten gegenüber hat Barth damals bemerkt: «Um den ungeheuren Herausforderungen unserer Zeit standzuhalten, bedarf es einer tiefen Gottesfurcht.» Das altmodische Wort «Gottesfurcht» weist, recht verstanden, auf das Verborgene hin, das Barth und Ragaz verbindet. Ich zitiere aus dem Text, den Barth seinen Konfirmanden 1921 in ihr Heft diktierte: «Es entsteht die lange Leiter von den edelsten Menschen zu den rechtschaffenen Bürgern, zum gedankenlosen Volk, zu den Gefangenen in Lenzburg. Und Gott? Seine Gerechtigkeit ist eine ewige Gerechtigkeit, gleich nahe und gleich ferne denen auf den höchsten und denen auf den tiefsten Stufen. Gottesgerecht wird der Mensch, indem eine ganz andere Welt anbricht». – «Wanderer zwischen zwei Welten sind wir Menschen, heimatlos geworden in dieser, noch nicht zu Hause in jener Welt... wer merkt, dass er ein solcher Wanderer ist, der wird unzufrieden, der kann sich nicht mehr beruhigen, sondern bekommt viel zu fragen, das ist recht! So fängt der Glaube an. Die immer Zufriedenen sind nicht zu beneiden...»

Soviel zur letzten Gemeinsamkeit der beiden grossen Schweizer Christen und Sozialisten. Ich musste es gerade jetzt betonen, wo das Trennende hart zutage tritt. Es scheint mir für uns heute wichtig, ohne Verwischung des Trennenden, dieses Gemeinsame im Auge zu behalten, das den Zeitgenossen damals zumeist verborgen blieb.

## «Theologie der Krisis» in den Kommentaren zum Römerbrief

Barths Römerbriefkommentar ist in 1. Auflage 1919, in 2. gänzlich umgearbeiteter Auflage 1922 herausgekommen. Diese 2. Auflage hat ihn mit einem Schlag berühmt gemacht. Darüber hat sich niemand mehr gewundert als Barth selber. Er kam sich vor wie einer, der, in einem dunkeln Glockenturm aufwärts sich tastend, an Stelle des Geländers ein Glockenseil erwischt und jäh über den Ton der Glocke erschrickt, die er selber zum Klingen gebracht hatte.

Wir hörten, wie Ragaz den Weltkrieg als Gericht, vorab als Gericht Gottes über Christentum und Kirche erfuhr. Bei Barth hat sich im Zusammenhang seines Römerbriefstudiums, das von der Lektüre Kierkegaards, Dostojewskis und Nietzsches begleitet war, dieses Gericht radikalisiert. Vor Gottes Urteil kann nichts Menschliches bestehen. Unser Christentum nicht, es ist eine Verharmlosung, Verwässerung, Verleugnung der Gerechtigkeit aus Gott. Die Kirche kann nicht bestehen: sie deckt mit ihrem Predigen und Handeln Gottes Wahrheit zu, statt sie aufzudecken. Der religiöse Sozialismus kann vor Gott nicht bestehen, sofern er der christlichen Kirche und Gesellschaft das Urteil spricht, ohne zu sehen, wie fragwürdig er gerade damit wird, dass er sich als Richter aufspielt (vgl. Röm 2). Aber Barth geht noch weiter. Auch die Theologie, vorab diejenige, die er selber produziert, kann vor Gott nicht bestehen. Barths Briefe an Thurneysen sind in diesen Jahren erfüllt von Aussagen über die «gänzliche Fragwürdigkeit seines eigenen Tuns». «Was soll das alles, was ich da schreibe!» «Im Himmel ist man», sagt er einmal, «bereits fertig mit meinem Elaborat.» «Im Himmel ist Schweigen über mein Tun.» Ein Ja von Seiten Gottes kann nur der erwarten, der sich dem radikalen

Nein, das von Gott her über uns ergeht, beugt. Leben aus Gott gibt es nur jenseits des Sterbens an sich selbst. Ich zitiere aus einer Stelle, wo er sich gegen die Religiös-Sozialen richtet: «Alle Reformmenschen sind Pharisäer, leiden an Humorlosigkeit und können das Verurteilen nicht lassen. Nehmt ... einem richtigen Religiös-Sozialen, ... einem Pazifisten das Pathos der moralischen Entrüstung, und ihr habt ihm das Rückgrat gebrochen... Er lebt nun einmal von seinem heimlichen oder offenen Protest...» Aber kaum hat Barth in dieser Weise von Gottes Kritik gesprochen, wie sie die Religiös-Sozialen trifft, stellt er sich selber mit darunter: «Ist es nicht am Tage, dass der Pauliner im selben Augenblick, wo er den Moralisten ‹verachtet›, zum – antipharisäischen Pharisäer wird, sich selber ins Unrecht setzt... Wer darf urteilen? Wer ist in der Lage, zu stürzen und aufzurichten? Der Mensch oder Gott...?»

Weiter eine Stelle, wo er den Revolutionär ins Licht der Kritik von Gott her stellt: Der Revolutionär, so führt Barth in Erklärung von Röm 13 aus, krankt im gleichen Spital wie sein Antipode: «Auch die radikalste Revolution kann dem Bestehenden nur das Bestehende entgegenstellen.» «Das Alte kehrt, nachdem es gestürzt ist, in verstärkter Form wieder.» «Die Widerstandskraft des Bestehenden wird durch den siegreichen Angriff der Revolution keineswegs gebrochen, sondern nur zurückgedrängt, komprimiert, in andere Formen gezwungen und dadurch umso gefährlicher gemacht.» Die wahre Revolution kommt allein von Gott her und unterwühlt heimlich das Bestehende, um ebenso heimlich das Neue vorzubereiten. Der menschliche Revolutionär «erhebt einen Anspruch, den der Mensch nicht erheben kann. Auch er tritt Recht habend andern Menschen gegenüber. Auch er usurpiert eine Stellung, die ihm nicht zukommt, ... eine Autorität, die nicht lange säumen wird, ihren Charakter als Tyrannis zu enthüllen. Welcher Mensch hätte das Recht, das ‹Neue›, eine ‹neue› Zeit oder Welt oder gar einen ‹neuen Geist› auf den Plan zu stellen und zu vertreten... Unsere Sache kann es nicht sein, uns mit dem

Massstab Gottes zu bewaffnen und zu tun, als ob Gott durch uns täte…»

## Die ambivalente Wirkung von Barths «Theologie der Krisis»

Die quantitative Wirkung dieser Theologie war ungeheuer. Sie hat einen ganzen Schwarm von Rezensionen, Interpretationen, Gegenschriften und Adoptionsversuchen nach sich gezogen. Es war ein Stein in den Teich gefallen, der wilde Wellen erregte. Auch wer ablehnte, tat es unter dem Eindruck der Gewalt der Aussage, die hier gemacht wurde.

Die Ablehnung schien zunächst zu überwiegen. Die theologische Zunft jedenfalls stellte sich fast geschlossen gegen das Buch. Ragaz und seine Freunde empfanden es als «Dolchstoss», als Verrat an der gemeinsamen Sache – wir werden sehen, inwiefern dieser Eindruck nicht unbegründet war. K. Barths Bruder, der Philosoph Heinrich Barth, beurteilte diese Theologie als bolschewistisch: wie der Bolschewismus politisch mit der ganzen überlieferten bürgerlichen und ausserbürgerlichen Kultur aufräumte, so Barth theologisch. Barth selber klagte über die «Wüstenzone», die um ihn her entstehe, über die Einsamkeit, in die er mit seinem kritischen Radikalismus, seinem «Kahlschlag» der landläufigen Theologie geriet.

Mehr freilich wunderte ihn die Tatsache, dass sein Buch dicht neben der schroffsten Ablehnung eine begeisterte Zustimmung auslöste. Das gab ihm mehr zu denken als die Ablehnung. Er hatte gemeint, die Krisis, das Gericht zu bezeugen, dem vom Gott des Evangeliums her unser Wesen und Tun unterliegt. Er hatte auf Leser gehofft, die mit ihm erschrecken möchten über unsere Situation in der Welt vor Gott. Über die Heucheleien und Rechthaberei unseres Christentums, über die Widersprüche, in die wir uns auch mit unserem besten Wollen und Handeln fortwährend verstricken. Er hatte Leser erwartet, die aus diesem Erschrek-

148

ken heraus neu mit Gottes vergebender, neuschaffender Liebe rechnen möchten, die im Gericht heimlich am Werk war. Es gab welche, die so reagierten.

Aber es gab in grösserer Zahl die andern, die aus der biblischen Gerichtsbotschaft, wie Barth sie auslegte, eine paradoxe Genugtuung sogen. Wenn die Welt noch in ihren besten Kräften und Unternehmungen durch und durch fragwürdig war – dann konnte man sich ja in seinem Arrangement mit dem Bestehenden bestätigt sehen. Wozu die Zustände verändern, wenn die Dinge dabei doch im Kern unverändert blieben und man nur gewisse Umdispositionen an der Oberfläche bewirkte?! Wozu *pädagogische Revolution* und *Neue Schweiz*, um die Bücher von Ragaz zu nennen, wenn man auch mit den revolutionärsten Neuerungen in neuer Auflage nur das Alte reproduzierte!? Wozu protestieren, wenn hinter dem Protest doch nur der Mensch stand, der gegen den andern recht haben wollte und sich zum Richter seines Bruders aufspielte!?

So kam es, dass Barths «Theologie der Krisis» vorab in Deutschland der kirchlichen und ausserkirchlichen Reaktion Vorschub leistete. Konnte man nichts wirklich Gutes tun, so verzichtete man am besten auf jedes Tun und liess die Dinge laufen, wie sie eben liefen. Ja, Barths Buch konnte einen eigentümlichen Hochmut erzeugen: eine Art «Pharisäismus des Zöllners». Man tat sich dann etwas darauf zugute, dass man die Fragwürdigkeit allen Seins und Tuns durchschaut hatte und blickte mit einem gewissen Mitleid auf die andern herab, die diese «Todesweisheit» noch nicht erlangt hatten und weiter naiv an ihre alten und neuen Ideale glaubten. Man machte aus der Not eine Tugend, aus dem konkreten Erschrecken, das Barth meinte, ein allgemeines Prinzip. Die Verborgenheit Gottes, wie Barth sie lehrte, missbrauchte man, um ein Leben ohne Gott zu rechtfertigen. Oder konnte sich einbilden, gerade mit seiner Theologie des Gerichts selber vor Gott gerechtfertigt zu sein: «Pharisäismus des Zöllners» in seiner reinsten Gestalt...

Soviel zur zwiespältigen Wirkung dieses Buches. Barth

149

selber hat mit der Zeit erkannt, dass er am tragischen Missverständnis, das er bewirkte, selber nicht unschuldig war. Er
hat sich mehr und mehr von seinem berühmtesten Buch distanziert. Darauf werden wir später zurückkommen.

## Positive Wirkungen der «Theologie der Krisis»

Barths Buch hat auch verstehende Leser gefunden: solche,
die über die Lüge und den Götzendienst erschraken, die in
Kirche und Gesellschaft im Schwange waren, und die in
neuer Ehrlichkeit nach dem lebendigen Gott fragten. Sie er-
fuhren Barths Buch als reinigendes Gewitter. Man konnte
nun ehrlich zu seiner Schuld, Not und Begrenztheit stehen.
Man konnte einander so annehmen, wie man war und tun,
was man an seinem bescheidenen Platz zu tun vermochte.
Man verlor den Respekt vor den Mächten, die in Kirche und
Gesellschaft herrschten, und liess sich von den grossen Worten, die durch die Welt gingen, nicht mehr imponieren. Ich
spreche nacheinander von der reinigenden Wirkung der
Theologie der Krisis im Bereich der Universität, der Kirche
und der Gesellschaft.
  Barth wurde, während er die 2. Auflage des Römerbriefs
schrieb, als Honorarprofessor für reformierte Theologie an
die Universität Göttingen berufen. Gleichzeitig wollten ihn
die Aargauer Genossen für ihren «Grossen Rat» vorschla-
gen, wobei sie andeuteten, dass sie ihn gerne als Regierungsrat sähen. Barth liess die politische Karriere fahren
und wurde Theologieprofessor in Deutschland. Das blieb
er, bis ihn das Hitlerregime vertrieb. Aber er war es freilich
auf seine Weise. Der herrschende Lehrbetrieb war und
blieb ihm fremd. Die geheimrätliche Würde, mit der seine
Kollegen sich umgaben, konnte ihn nur zum Spotte reizen.
Es machte ihm Angst, wenn er daran dachte, dass dieses System ihn selber mitvereinnahmen und mitdeformieren könnte. «Ich glaube bestimmt», schreibt er an Thurneysen, «dass
man vieles vom Elend der Theologie nicht der Dummheit

und Bosheit der Theologen, sondern einfach dem unvermeidlichen Unfug des akademischen Betriebs zuschreiben muss. Bei diesem Schleimfädenziehen ohne Ende müsste ja ein Erzengel banal werden. Diese Tragödie wäre einmal in Romanform darzustellen. Jedenfalls ist sie überall,... wo über die Theologen geschimpft wird,... in Rechnung zu stellen. Die Pfarrer sind so, wie sie sind, weil sie von in solcher Lage befindlichen Professoren belehrt wurden...» – So gut er konnte, versuchte er das System, das er doch nicht sprengen konnte, ein wenig zu lockern. Dem dienten die vielen Gelegenheiten zu freiem, unkonventionellem Verkehr mit den Studenten, die er einführte: offene Abende, an denen auch über nicht-theologische Literatur, z.B. die Programme der grossen politischen Parteien der Weimarer Republik diskutiert wurde; Spaziergänge mit einzelnen Studenten und Gruppen von ihnen; gemeinsame Wochenenden. Das war damals noch ungewöhnlich. «Er ist so menschlich», sagten die Studenten von ihm. So nahm er auf seine Weise und seinem persönlichen Bereich die postulierte Universitätsreform vorweg.

Was die positive Wirkung der «Theologie der Krisis» im Bereich der Kirche betrifft, muss ich mich mit einem Zitat aus einem Aufsatz des Jahres 1930 begnügen. *Quousque tandem*, lautet der Titel. «Wie lange noch müssen wir die Kirche so reden hören, wie im Sammelwerk *10 Jahre deutsche Geschichte 1918-28* geredet wird?» Hier rühmt ein gewisser Präses Dr. Wolff mit grossen Worten das Geschick, mit dem die Kirche die Nachkriegswirren zu überstehen vermochte, um gestärkt aus ihnen hervorzugehen. Dazu Karl Barth im genannten Aufsatz: «Unter Ausserachtlassung aller professoraler Umständlichkeit, Rücksicht und Vorsicht möchte ich dazu sagen: Es ist ein zum Himmel schreiender Skandal, dass die deutsche evangelische Kirche andauernd diese Sprache redet... Ich werde grob und sage: wo diese Sprache geredet wird, da ist Catilina, da ist die eigentliche, gefährliche Verschwörung gegen die Substanz der evangelischen Kirche. Gefährlicher als das Gefährlichste, was Katholiken, Juden und Freidenker nach den Schauernachrichten, mit denen ihr je und je euer Kirchenvolk in Atem zu halten sucht, gegen sie im Schilde führen können. Gefährlicher als alles, was etwa der Sowjet-Atheismus gegen das ‹Christentum› unternehmen ... kann. Mögen solche Angriffe auf die Kirche ausrichten, was sie können und dürfen – eines werden sie nicht können und dürfen: die Substanz der Kirche werden sie nicht einmal angreifen, geschweige denn versehren... Die Substanz der Kirche ist die ihr gegebene Verheissung und der Glaube an diese Verheissung... Warum wird nicht *das*, *das* den Christen zugerufen von den Führern unserer Kirche? Was sie ihr in Wirklichkeit zurufen, ist die Verleugnung der Verheissung und des Glaubens, und das bedeutet die Zerstörung der Substanz der Kirche, die nur von innen erfolgen kann. Und die erfolgt hier. Wenn es denen, die heute im Besitz des Namens, des Apparats, der Ämter, der Stimme der evangelischen Kirche sind, gestattet sein soll, aus der Kirche das zu machen», was sie unter Kirche verstehen, «dann ist es an der Zeit, allem Volk zu sagen, dass die Kirche aus ist und dass es betrogen wird, wenn man von ihm verlangt, hier Kirche zu sehen, zu ehren, zu glauben, zu lieben. Die Kirche ist heute schon von einer finstern Wolke von Misstrauen umgeben. Wer nicht blind ist, sieht es. Ihre Führer aber sind blind und sehen es nicht. Für das Opium, das sie ihnen reichen, werden sich auch die Kleinbürger, die heute noch den Trost der Pastoren bilden, eines Tages bedanken.» (Vgl. Ragaz: *Tonikum, nicht Opium...*)

*Weiterführende Literatur*

Barth K., Der Römerbrief, 1. Auflage Bern 1919 (Neudruck Zürich 1953); 2. Auflage München 1922.
Marquardt F. W., Theologie und Sozialismus. Das Beispiel Karl Barths, München-Mainz 1972.
Moltmann J. (ed.), Anfänge der dialektischen Theologie. Rudolf Bultmann, Friedrich Gogarten, Eduard Thurneysen, 2 Bde., München 1968.

# Bewährung der Hoffnung im Zeitalter des Faschismus, des Zweiten Weltkrieges und des Ost-West-Konfliktes

## Kapitel 10:
## Der späte Ragaz: Arbeiterbildung, Friedenskampf, Antifaschismus

Nach dem Rücktritt von der Theologieprofessur konnte Leonhard Ragaz noch fast ein Vierteljahrhundert wirken; die Basis seiner Arbeit waren die Bildungsstätte in Zürich-Aussersihl und die von ihm nunmehr allein herausgegebene Zeitschrift *Neue Wege*; an beiden Werken konnte er bis zum letzten Tag seines Lebens aktiv und in ungebrochener Kraft arbeiten. Seinen Lebensunterhalt bestritt er zum Teil aus Honoraren für Vorträge und aus dem geringen Honorar für die Redaktion der Monatsschrift, zum Teil aus dem bescheidenen ererbten Vermögen seiner Frau; es braucht wohl nicht betont zu werden, dass sein Lebensstil spartanisch war und dass stets geteilt wurde, mit den Proletariern der Umgebung und bald auch mit den Flüchtlingen vor dem Faschismus, die den Weg ins Haus an der Gartenhofstrasse 7 in Zürich fanden.

Vom Reichtum dieser späten Lebensjahrzehnte kann nicht adäquat berichtet werden; die biographische Forschung hat ihn noch nicht erschlossen, die grossen Werke aus dieser Epoche – die politischen Schriften und das monumentale Bibelwerk – harren noch der grundlegenden Interpretation, einzig die zeitpolitischen Kommentare in den *Neuen Wegen* sind durch Sylvia Herkenrath kompetent behandelt worden. So kann denn nur in Umrissen gezeigt werden, welche Konsequenz der Kampf für das Reich Gottes nun annahm; vom Werk der Bibeldeutung allerdings muss im übernächsten Kapitel im Zusammenhang von Biographie und Zeitgeschichte gesprochen werden, denn es ist eine vergessene Summa der religiös-sozialistischen Botschaft in Erinnerung zu rufen.

## «Arbeit und Bildung»

Schon seit 1915/16 hatten Clara und Leonhard Ragaz innerhalb der sozialistischen Partei Kurse für Arbeiter abgehalten, zunächst in der sozial-demokratischen Parteisektion Ober/Unterstrass, im bürgerlichen Quartier an den Füssen des Zürichbergs, rechts von der Limmat. Nach dem Krieg verschob sich diese Arbeit immer mehr in die Proletarierviertel links von Limmat und Sihl, in jenes Arbeiterquartier, in welchem sich beim Landesstreik von 1918 und schon vorher die heftigsten Zusammenstösse des Klassenkampfes abgespielt hatten. Im Sommer 1920 entstand eine *Gemeinschaft für geistige und soziale Arbeit*, die 1922 ihren definitiven Namen fand: *Arbeit und Bildung*. Tragende Organisationen waren die religiös-soziale Jugendgruppe *Freischar*, die Mädchenschar Aussersihl, die Frauenliga für Frieden und Freiheit und – natürlich – der religiös-soziale Freundeskreis um Ragaz, Gerber, Matthieu, Lejeune. Die Abendkurse wurden zunächst im Volkshaus, in den Lokalen der Frauenzentrale und in alkoholfreien Gaststätten abgehalten; man warb mit Inseraten in der sozialistischen Presse und den Tageszeitungen zweimal jährlich für die Veranstaltungen; angesprochen wurden konsequent nur Proletarier, und es bestand von Anfang an ein unausgesprochener Gegensatz zur universitätsnahen bürgerlichen Volkhochschule, die Vorträge von Universitätsdozenten im Kollegiengebäude der Uni veranstaltete, also akademischen Bildungsstoff auf volkstümliche Weise vermitteln wollte, meist in der

154

Form von Vorlesungen. *Arbeit und Bildung* veranstaltete prinzipiell nur Kurse der gemeinsamen Arbeit, mit kurzen Einleitungen und viel gemeinsamem Gespräch. «Herunter von Kanzeln und Kathedern und hinaus in die Volksversammlungen, auf die Strassen und an die Zäune»!

Im Oktober 1924 wurde an der Gartenhofstrasse das «Heim» von Arbeit und Bildung eröffnet, in einem Mietshaus mitten im Arbeiterviertel. Ein bescheidener Saal für hundert Personen und zwei Zimmer standen zur Verfügung, eine Küche diente für die Veranstaltung einfacher Festanlässe. Im gleichen Haus befand sich die Zentralstelle für Friedensarbeit, später auch das Sekretariat der Vereinigung für Internationalen Zivildienst. Leonhard Ragaz zog schon 1924 aus seiner distinguierten Wohnung am noblen Zürichberg in das Haus an der Gartenhofstrasse und machte dieses zum Zentrum seiner neuen Existenz unter den Armen und denen, die eine neue Lebensform suchten. In Vorträgen bei Arbeitervereinigungen nahm er sein Apostolat rund herum in der Schweiz wahr – manchmal waren es in einem Jahr über 50 Referate. In anderen schweizerischen Zentren bildeten sich ähnliche Institutionen wie *Arbeit und Bildung*, so in Basel – das Werk Mathilde von Orellis und der Ehegatten Koechlin in Kleinhüningen, mit dem Namen *Die Ulme* – in Bern, wo Ragaz die später als Buch gedruckte Vortragsreihe *Von Christus zu Marx – von Marx zu Christus* hielt, und in der Ostschweiz. Bald wurde die Arbeitsmethode des Ferienkurses entdeckt und entwickelt; im Mädchenheim Casoja auf der Lenzerheide in Graubünden wurden Ausbildungs- und Lebensführungskurse für junge Mädchen abgehalten, im Heim Benteli im Toggenburg (St. Gallen) Mütterwochen, Zeiten der Konzentration und der Erholung. Fritz Wartenweilers Volksbildungsheim Nussbaum in Frauenfeld (Thurgau) stand von Anfang an in naher Beziehung zum Gartenhof, Emil Blum und der Habertshof in Hessen verstanden sich als nahe Verwandte. Eine Zeitlang bildeten junge religiöse Sozialisten eine kommunistische Agrarsiedlung in Herrliberg am Zürichsee. Der Gartenhof war also

bloss das Zentrum, nicht das ganze Werk aller Bildungsbe-
mühungen, die sich in diesen plastischen Jahren nach dem
Ersten Weltkrieg formten. Dabei entstand auch ein Kreis
von Menschen, die über den gemeinsamen Kampf für Sozialismus und Frieden zu einer Gemeinsamkeit in der Hoffnung und im Glauben gelangten. Von hier aus sind die Impulse ausgegangen, die zur Arbeiterbildungszentrale des
schweizerischen Gewerkschaftsbundes führten und zur
schweizerischen Arbeiterhochschule, welche beide von
Hans Neumann und Max Weber, dem späteren Bundesrat,
getragen wurden – Männer, die zum weiteren Kreise um *Arbeit und Bildung* gehörten.

Als Leonhard Ragaz aus der akademischen Arbeit aus-
schied, sah er seinen Weg noch nicht klar vor sich; es
schwebte ihm etwas vor, «das man als Verbindung von Sett-
lement (Siedlung) und Volkshochschule bezeichnen kann».
Von Anfang an war klar, dass jeder Intellektualismus vermieden werden sollte. Immer wieder gingen vom Gartenhof
Impulse für den konkreten politischen Kampf aus; Strate-
gien für Genossenschaftsbewegung und Wohnungsreform
wurden besprochen, Streikaktionen von Arbeitern wurden
mitgetragen, Erklärungen zu Volksabstimmungen ausgear-
beitet. Das heisst: Die gemeinsam erarbeitete Bildung galt
als Grundlage für die vielfachen Anliegen der schweizerischen Arbeiterbewegung, und der Kampf für den Frieden
gehörte von Anfang an eng dazu. Die Beteiligten erstrebten
eine «freie, warme Gemeinsamkeit des Arbeitens und
Kämpfens», das Werk sollte ein «Bildungs- und Verkündi-
gungswerk» sein. Immer wieder fällt auch das Stichwort der
*Erweckung*, in Aufnahme einer Losung des grossen Dänen
Grundtvig. Die Halbjahresprogramme von *Arbeit und Bildung* bekamen bald einen regelmässig wiederkehrenden
Aufbau: Bibellektüre und -deutungen an den Samstagabenden, sozialistische und sozialreformerische Themen an den
Dienstagabenden, Frauengruppen, Jugendgruppen, Kurse
über Rechts- und Wirtschaftsfragen, genossenschaftliche
Zirkel, naturwissenschaftliche Kurse, bei denen das Ziel

156

war, über eine positivistische Naturbetrachtung hinauszukommen, Debatten über Friedensfragen und Völkerbund.

Zur Eröffnung des Heims an der Gartenhofstrasse hat Ragaz ein grundlegendes Referat über *Unsere Bildungsarbeit* gehalten, welches die Konkretion der Gedanken der *Pädagogischen Revolution* enthält – es sprechen daraus die damals schon gemachten Erfahrungen in den frühen Jahren dieser Arbeit. Er vermochte dabei zu zeigen, dass die Bildungsarbeit organisch aus dem Glauben an das Reich Gottes herausgewachsen war: Im Gegensatz zu einem auf Privilegien gebauten Bildungssystem gilt es, eine «Gütergemeinschaft im Geistigen» zu bilden. Denn die Kräfte für die Umgestaltung der Gesellschaft fliessen nicht automatisch aus der sozialen Bewegung; einer wirklichen und dauerhaften Umgestaltung muss eine geistige Umwälzung vorangehen. In der Nachfolge Pestalozzis, der ja primär eine soziale Umgestaltung, nicht einfach eine neue Schule wollte, führt der Weg zur Rettung des Volkes über ein neues Verständnis der Gerechtigkeit, und dieses kann nur gemeinsam, in neuen Gemeinschaftsformen erlangt werden. Die bisherige Bildung ist Klassenbildung, weil die Gesellschaft in Klassen zerfallen ist, und sie schafft Privilegien. Eine Erneuerung der Bildung ist nur möglich, wenn gleichzeitig die Arbeit erneuert wird – sie darf nicht nur die bestehende Bildung einem weiteren Kreise von Menschen vermitteln, das wären Brosamen vom Tische der Privilegierten, sondern muss gemeinsam neue Bildungsinhalte entwickeln, von der Arbeit her – darum *Arbeit und Bildung*. Ragaz redet von Bildungsdemokratie, von Sozialismus und gar vom Kommunismus der Bildung – das heisst, dass der Bezirk der Bildung nicht abgegrenzt wird vom gesamten sozialen Leben, sondern dass bei der Erarbeitung und Vermittlung der Bildung sozialistische Grundformen gelten sollen. Generell soll also statt Vorträgen das Arbeitsprinzip gelten; eine herrschaftsfreie Lehr- und Lerngemeinschaft ist das adäquate sozialistische Bildungsprinzip. Auch die Inhalte werden vom Kampf um das Reich Gottes und vom Sozialismus her bestimmt:

«Wir suchen für alles Volk die höchste Kultur, finden sie im Menschlichen und Göttlichen, vor allem in echter Gemeinschaft und rechter Arbeit.»

Hat dieser grosse Entwurf einer neuen Menschenbildung, der von der Gerechtigkeit und der Hoffnung auf das Reich Gottes ausgeht und den Weg über die Bildung für den gemeinsamen sozialistischen Kampf sucht, einen Erfolg gekannt oder Schiffbruch erlitten? In seinem Erinnerungsbuch *Mein Weg*, geschrieben im letzten Lebensjahr, redet Ragaz eher gedämpft vom Gartenhof, obwohl er sich wieder für die Aufbruchstimmung der frühen Jahre erwärmen kann. Aber das dürfte aus dem Vergleich zwischen dem Absoluten des ursprünglichen Plans und der Bescheidenheit der Realisation herrühren. Fest steht, dass Tausende von Menschen durch die Kurse des Gartenhofs gegangen sind, die sich in den Kämpfen in Gesellschaft und Kirche während Jahrzehnten bewährt haben, fest steht auch, dass immer wieder starke Impulse der Erneuerung von dort ausgegangen sind, in die Arbeiterbewegung und in die evangelische Kirche hinein. Die Aussagen darüber, ob viele Proletarier erfasst wurden oder eben doch mehr Menschen aus dem Mittelstand, gehen auseinander. Ich neige dazu, für die früheren Jahre einen stärkeren Kontakt mit dem Proletariat anzunehmen und später eine gewisse soziale Verengung des Kreises. Wirklich gelungen ist von Anfang an die Schaffung von wesentlicher Gemeinschaft, vor allem in den Samstagabenden und in den Ferienkursen; die Tatsache, dass diese beiden Gefässe der Bildungsarbeit bis in die 30er Jahre erhalten geblieben sind, spricht dafür, dass sich dort in besonderem Masse eine Gemeinschaft des Glaubens, des Hoffens und des Kampfes gebildet hat. Der Gartenhof stellt so auf jeden Fall zusammen mit den gleich gestimmten Werken an anderen Orten einen der wichtigsten Ansätze zu einer neuen Bildungsarbeit dar, die in der Schweiz im 20. Jahrhundert geschaffen worden sind.

# Der Pazifist

In der politischen Arbeit dieser Jahre hat der Kampf für den Frieden im Zentrum gestanden, getreu dem Gelübde vom August 1914, das ganze verbleibende Leben in den Dienst dieser Sache zu stellen. Ragaz wurde ein unbeirrbarer Kämpfer für den Völkerbund und gegen jede Form der Aufrüstung; sein antimilitaristischer Kampf und sein Eintreten für die Militärdienstverweigerer sind ihm von der breiten Öffentlichkeit der Schweiz sehr übel genommen worden – er wurde vor allem um dieses Kampfes willen als Aussenseiter marginalisiert und bei jeder Gelegenheit angegriffen, verhöhnt, als Utopist verspottet.

Von gewisser theologischer Seite her (im Klartext: von Barth und seinen Gefolgsleuten) wurde vor allem dieser Friedenskampf als Ideologisierung der Botschaft vom lebendigen Gott missdeutet. Das war unrichtig und verkannte den inneren Zusammenhang der Dinge. Man muss nämlich erkennen, dass Ragaz mit seiner ganzen pazifistischen Tätigkeit in einer Gruppe der frühen Friedensbewegung von Christen eingebunden war, der *Fellowship of Reconciliation*, des *Internationalen Versöhnungsbundes*. Diese Internationale von Christen gegen den Krieg war knapp vor 1914 gegründet worden und hatte noch im Juli/August 1914 Deutsche, Franzosen und Engländer zum gemeinsamen Gebet um die Erhaltung des Friedens vereinigt; sofort nach dem Krieg fanden sich die gleichen Christen und viele neue wieder zusammen im niederländischen Bentveld (1919); ein eigentlicher christlicher Enthusiasmus brach dort aus und der Wille, sich in völliger Gemeinschaft – auch mit sozialistischen Konsequenzen – für den Aufbau einer friedlichen neuen Welt einzusetzen. Aus diesem Anstoss ist der internationale Zivildienst entstanden; im Frühling 1919 räumten Franzosen, Deutsche und Engländer in gemeinsamem freiwilligem Arbeitsdienst die Ruinen der Schlachtfelder um Verdun auf – die deutschen Teilnehmer auferlegten sich Schweigen, um die tief verletzten französischen Anwohner nicht herauszufordern. Die Schweizer, welche im Werk des Internationalen Zivildienstes führend waren, vor allem der Ingenieur und Dienstverweigerer Pierre Cérésole und die Lehrerin Hélène Monastier, standen dem religiösen Sozialismus nahe; die frühe Vereinigung fand ihr europäisches Zentrum im Haus an der Gartenhofstrasse in Zürich.

Der Versöhnungsbund ging aber nicht in diesem Zweig seiner Arbeit auf. Er versuchte, die Grundlagen des christlichen Verhaltens zur Friedenspolitik zu bestimmen; und hier nahm nun Leonhard Ragaz, der als Mitberater und auch als Redner an den entscheidenen Konferenzen dabei war, eine ganz andere Stellung ein, als die ihm von theologischen Gegnern zugeschriebene des Nurpolitikers, der das Evangelium auf abstrakte Friedens- und Sozialformeln reduziert und ideologisiert. Auf einer Zusammenkunft, die der Versöhnungsbund 1923 in Nyborg (Dänemark) abhielt, trat er ein erstes Mal dafür ein, dass der Bund als Grundlage ein Bekenntnis zu Christus ablegen sollte, aber er blieb in der Minderheit: «Man wollte diejenigen nicht abstossen, die aus allerlei nicht schlechten Gründen dieses Bekenntnis nicht ablegen konnten.» Der gleiche Gegensatz tat sich am nächsten, dritten Kongress des Versöhnungsbundes auf, welcher 1924 in Bad Boll stattfand; Ragaz hat Boll vorgeschlagen, weil er sich von diesem Ort einen Einfluss auf den Geist der Tagung versprach; der religiöse Sozialismus pazifistischer Färbung kehrte an seinen Ursprungsort zurück; Christoph Blumhardt war erst 1919 im Friedhof beim Bad Boll bestattet worden. An diesem Orte sollte Klärung gesucht werden für eine christliche Existenz in einer vom neuen Krieg bedrohten und sozial zerrissenen Welt. Deutschland hatte eben die Ruhrbesetzung, den Hitler-Hindenburg-Putsch und die letzten verzweifelten Anläufe der Spartakisten erlebt. «Die Nachfolge Christi in unserer Zeit» war das Generalthema: «Unsere Stellung zu Eigentum, zu Gewalt, zu Christus».

In Boll tat sich der Gegensatz der Anschauungen zunächst bei der Frage der Sozialordnung auf. Sollte alles von einer – revolutionären oder reformistischen – Umänderung erwartet werden, oder hatte die persönliche Tat des Christen daneben auch ihre Bedeutung? Es war nicht die alte Streitfrage über individualistische oder gesellschaftspolitische Lösungen, sondern im Grunde die bedrängendere, ob sich der Christ als solcher mit der Teilname am politischen Kampf begnügen oder ob er darüber hinaus, gerade wegen seines Christseins, ein existentielles Zeugnis ablegen sollte. Die Angelsachsen und Skandinavier dachten mehr im gesamtgesellschaftlichen Rahmen, die Deutschen, Franzosen, Schweizer und Tschechen neigten mehr zum zusätzlichen Beglaubigen des sozialen Kampfes durch beispielhafte Armut, christlichen Kommunismus. Ragaz betonte, es gehe nicht darum, Armsein an die Stelle der sozialen Umgestaltung zu setzen; die Armut des Evangeliums werde die Kraft der Revolution Gottes in die soziale Umgestaltung hineinbringen.

Die gleiche Polarität der Ansichten zeigte sich in der Frage der Gewalt: Sollte man nur für Abrüstung kämpfen, in politischem Verständnis des Evangeliums, oder zusätzlich noch die Verweigerung des Wehrdienstes als Zeichen auf sich nehmen? Ragaz war auch hier eindeutig: Bei aller Freiheit, die sich gemeinsam kämpfende Christen zugestehen müssen, sollten über der gesellschaftlichen Stellungnahme die Gesinnung und das Zeugnis nicht zu kurz kommen. All das verschmolz zur Überzeugung, dass die politische und persönliche Existenz, speziell in schwierigen Zeiten im Zeichen der Nachfolge Christi zu stehen habe. Der Versöhnungsbund müsse aus abstrakten Vernehmlassungen «ins Bestimmtere hinein, genauer gesagt: die persönliche Nachfolge Christi in unserer Zeit. Alles andere wird sonst genügend vertreten, die soziale Umgestaltung durch den Sozialismus, die Versöhnung der Völker durch den Völkerbund. Dem Versöhnungsbund bleibt nur das Eine: dieses Eine ist aber auch das Grösste und Notwendigste: Dass dies alles sich erhebt bis zu dem Punkte, wo die letzten Quellen seiner Kraft entspringen, zur persönlichen Tat und der Nachfolge Christi. Dass dies nicht geschehen kann ohne ein Bekenntnis zu Christus ist wohl klar. Aber dieses Bekenntnis muss nicht, soll nicht wesentlich in Werten geschehen und auf keinen Fall ‹dogmatischer›, das heisst intellektueller und gesetzlicher Natur sein. Wenn dieses ‹Bekenntnis› *richtig* geschieht, wenn die Nachfolge *wirklich* wird, dann werden wir gerade die freiesten und weitesten Geister anziehen, sonst aber wird die Bewegung sich sehr bald ins Chaos dieser Zeit auflösen, statt dieses Chaos gestalten zu helfen.» Ragaz kämpfte in Bad Boll dafür, dass wenigstens ein Kern von Christen sich auf die Leitlinien festlege: «auf das Bekenntnis zu Christus, auf eine absolute Kriegsgegnerschaft, die jeden Militärdienst ablehnt, und auch einen Kommunismus Christi, der sich in der Armut Christi verbinde.» Es ist bedeutsam, wie sehr hier das politische und das individuelle Engagement der Christen als Tat einer Gemeinschaft von gleich hoffenden Christen gesehen wird. Im Versöhnungsbund liess sich aber offenbar zunächst für diese Schau keine Einheit finden.

Dieser Plan eines existentiell verbundenen christlichen, kommunistischen Bundes wurde von Ragaz schon 1924 in einer Entscheidungsstunde empfangen und vertreten. Er wurde ein zweites Mal, in einer noch dramatischeren Stunde, nämlich im August 1933 nach der Machtergreifung Hitlers, vorgelegt. Damals trafen sich in Bentveld (Niederlande) der internationale Versöhnungsbund und der internationale Bund religiöser Sozialisten gemeinsam. Ragaz hielt einen bedeutenden Vortrag über echten und falschen Pazifismus, in dem er betonte, dass Friedensgesinnung nicht eine Versöhnung mit dem Unrecht bedeuten dürfe und dass Gerechtigkeit in allen Fällen vor einem faulen Frieden komme. Aus der Diskussion zwischen christlichen Sozialisten und christlichen Pazifisten, die oft die gleichen Personen waren, sprang wiederum der Plan einer Kampfgemeinschaft hervor, die sich im wesentlichen wieder auf die drei Verpflichtungen von Bad Boll gründen sollte. Das war also gleichsam eine durch den Nationalsozialismus aktivierte Form des Kampfbundes, in gewissem Sinne eine internationale bekennende Kirche, bekennend in Wort und Lebensgestaltung. Weil die *Neuen Wege* in Deutschland bereits verboten waren und man die deutschen Gesinnungsgenossen nicht belasten wollte, ist dieser Plan nicht an die Öffentlichkeit gelangt, so dass man als wichtigste Quelle nur die postum erschienenen Lebenserinnerungen von Ragaz (*Mein Weg*, Band II) zur Verfügung hat. Es sollte sich auf dem Boden der drei Bekenntnisse zu Christus, zur individuellen Armut und zum Widerstand gegen die Gewalt ein geheimer innerer Kreis von Kämpfern bilden, der als *Militia Christi* bezeichnet wurde und für den Leonhard Ragaz die Verantwortung übernahm; die überzeugtesten und opferbereitesten Menschen aus dem *Versöhnungsbund* und aus dem religiösen Sozialismus wollten ihn bilden. «Eine Art Programm oder Manifest» war schon gedruckt und sollte in den *Neuen Wegen* erscheinen, wurde dann aber nicht preisgegeben: «Es sollte keine ‹Mache› werden, sollte eine vertrauliche Sache bleiben. Im Kreise jener Leute, die ins Vertrauen gezogen wurden, fand sich aber keine Entschlossenheit zu irgendwelchen radikalen Schritten. Besonders erschraken die Schweizer vor allem, was auch nur in ganz, ganz freien Formen wie Gütergemeinschaft und ‹Armut› aussah. Nur einige Holländer stimmten zu.»

In einer solchen Situation blieben Ragaz und seine nächsten Gesinnungsgenossen sehr allein. Ihr pazifistischer Kampf wurde weithin missverstanden; es ging ihnen ja nicht um passive Gewaltlosigkeit und Hinnehmen des Unrechts, das sich nun in Italien, Österreich, Deutschland und der Schweiz (Frontenbewegung!) als Faschismus zeigte, sondern um eine «politische, soziale und kulturelle Verteidigung» der Sache Gottes, für die sie sich einsetzten. Gerade als opferbereiter Kern einer auf das Reich Gottes hoffenden und sozialistischen Bewegung konnten sie ihr Zeugnis gegen die Gewalt nicht aufgeben. Wie sie das innerhalb der Arbeiterbewegung isolierte, soll später noch gezeigt werden; sie haben aber dieses Zeugnis nicht aufgegeben, als Gewalt und Gegengewalt wieder in ungeheurem Ausmasse Triumphe

feierten. Sie haben es zeichenhaft gegenüber der schweizerischen Öffentlichkeit abgelegt, als im Jahre 1938 die ersten
Verdunkelungsübungen vorgenommen wurden: jetzt mussten sie dem Kriegsfatalismus entgegentreten: Die schweizerische Zentralstelle für Friedensarbeit, deren Vorsitzender
Ragaz war, versuchte, eine Verpflichtung zum Widerstand
gegen die Verdunkelung unter ihren Mitgliedern zu organi-
sieren, aber sie fand wenig Widerhall: «Es zeigte sich, wie
gross gerade bei uns Schweizern der Schritt von radikalisti-
scher Schwärmerei zur wirklichen Tat ist.» In der totalen
Verdunkelung der Stadt Zürich, zu deren Beobachtung der
schweizerische Bundesrat von Bern hergereist war, leuchte-
ten die Wohnungen der religiösen Sozialisten Gerber,
Trautvetter, Lejeune und Ragaz als einzige. Eine Bestra-
fung wurde aber durch das Bundesgericht aus formellen
Gründen (es fehlte eine Verfassungsgrundlage für die Verdunkelung) aufgehoben.


**Im Zweiten Weltkrieg**

Die Entfesselung des Weltkriegs durch Hitler stellte die religiösen Sozialisten vor eine schwierige Entscheidung. Sollten
sie den Krieg der Alliierten gegen Hitler verurteilen, eventuell für eine allgemeine Dienstverweigerung in England,
Frankreich, den Niederlanden und auch in der Schweiz eintreten? Das Ideal eines rein geistigen Widerstandes, mit
dem Leiden und den Opfern, die dazu gehörten, kam ohne-
hin nur für den kleinen Kern und nicht für ein ganzes Volk
in Frage. Unter Berufung auf Gandhi, der einmal gesagt
hat, er würde die Gewaltanwendung wählen, wenn er vor
die Alternative «Gewalt oder Feigheit» gestellt sei, haben
die religiösen Sozialisten nicht mehr gegen den militärischen
Widerstand gesprochen. «Eine doppelte Voraussetzung war
nötig: Einmal das Bewusstsein von der Gefahr, welche die
Gewalt begleitet, auch wenn sie einer guten Sache gilt, sodann, dass die Gewalt tatsächlich dieser Sache gilt, und

164

nicht unter deren Maske die Wirklichkeit einer andern, in concreto der Verteidigung des herrschenden politisch-sozialen Systems dient.»

In solchen Debatten zeigte sich das Dilemma der Friedensfreunde in einem Zeitalter der faschistischen Gewalt. Die Phase der europäischen Geschichte, in welcher der Neuanfang einer Weltfriedensordnung möglich gewesen wäre, war unbenützt vorübergegangen, der Beitrag der religiösen Sozialisten zum Aufbau eines Völkerbundes war geleistet worden, hatte aber zu keinem Erfolg geführt. Nun waren sie auf den inneren Weg des Zeugnisses gewiesen, der in solchen Zeiten nur dem möglich bleibt, der seine Hoffnung nicht aus dem Gang der Weltgeschichte, sondern aus der Erwartung des Gottesreiches herleitet.

Höhnische Stimmen liessen sich hören, als Deutschland die skandinavischen Länder, Belgien, Holland und Frankreich überrannte: «Seht, ihr Pazifisten, ihr Antimilitaristen, ihr Toren – wie wäre es gegangen, wenn man eure Ratschläge befolgt hätte?» Im Juni 1940 hat Ragaz in seiner Zeitschrift und in einer Flugschrift dazu Stellung genommen: *Wenn es nach euch gegangen wäre! Eine Antwort.* – «Es ist nicht nach *uns*, sondern nach *euch* gegangen!» – rief Ragaz seinen militaristischen Gegnern zu – wenn es nach den Friedensfreunden gegangen wäre, gäbe es einen starken Völkerbund, der die kleinen Länder – Abessinien, die Tschechoslowakei, Österreich, Polen, Finnland, Dänemark, Norwegen, Belgien, die Niederlande, Luxemburg – geschützt hätte; die Militaristen aller Länder hatten eine solche Stärkung des Völkerbundes aber verhütet und waren trotzdem Hitler nicht entgegengetreten. Auch jetzt noch, unter der Bedrohung der hitlerschen Armeen, seien die Menschen mindestens ebensosehr auf die Pazifisten angewiesen wie auf die Waffen: «Nicht leben wir im Schutze des Heeres, sondern das Heer – und die Schweiz – leben im Schutze der Wahrheit, im Schutze der Ordnung, die *wir* vertreten, wenn wir für den Frieden kämpfen, im Schutze der Wahrheit, dass ein Volk nicht leben darf, wenn es bloss in selbstsicherer Verschlossenheit seinen Weg geht, dass ein Volk sein Leben in dem Masse gewinnt, als es dasselbe an Gottes und des Menschen Sache verliert.»

## Militärzensur

Solche Worte hörte die offizielle Schweiz nicht gerne; man brauchte den unerfreulichsten Anlass, um dem unbequemen Mahner den Mund zu stopfen. Als in der Eidgenossenschaft auf deutschen Druck die Pressezensur eingeführt wurde und als diese Aufgabe militärischen Stellen übertragen wurde, war Ragaz eines der ersten Opfer. Man mutete ihm im Frühling 1941 zu, die *Neuen Wege* vor dem Druck einem Zensor vorzulegen. Er hat sich dieser Knebelung nicht gefügt, sondern seine Betrachtungen über biblische und politische Themen von da an dem treuen Leserkreis als Privatdruck im verschlossenen Umschlag zugestellt – es war eines der wenigen Erzeugnisse einer illegalen Presse in der Schweiz während des Weltkrieges. Erst im Juli 1944, unter veränderter weltpolitischer Konstellation, wurde die Vorzensur aufgehoben, so dass die Zeitschrift wieder offen erscheinen konnte.

## Abschied von der Partei

Durch alle diese Jahre hindurch war Ragaz' Verhältnis zur Arbeiterbewegung und zum Sozialismus zwiespältig: Auf der einen Seite blieb die Solidarisierung mit dem Proletariat, die sich in der Aufgabe der Professur und durch *Arbeit und Bildung* manifestierte, eine eindeutige Kostante: Die religiösen Sozialisten standen unwiderruflich auf der Seite des Proletariates und seiner Organisationen. Auf der anderen Seite bekämpften sie immer die Tendenz zur Annahme des leninschen Gewaltweges, die stets präsent war und die ihnen eine gewaltige Gefährdung des Sozialismus schien.

166

Sie haben während der ganzen Zwischenkriegszeit den sowjetrussischen Weg des Sozialismus und den Stalinismus mit deutlichen Worten abgelehnt und sich von ihnen distanziert; für sie waren sie nur die logische Folge der leninschen Gewaltrevolution; sie wussten also zwischen Leninismus und Stalinismus keinen prinzipiellen, sondern höchstens einen graduellen Unterschied zu machen.

Diese Grundentscheidung wirkte sich auch auf das Verhältnis zur schweizerischen und zur gesamten westeuropäischen Sozialdemokratie aus; beide waren, speziell nach der Ansicht von Ragaz, viel zu wenig eindeutig in ihrer Absage an die Gewalt. Es gab auf diesem Felde eine entscheidende Weichenstellung in der Zwischenkriegszeit, nämlich die Anfangsphase des Völkerbundes. Im Mai 1920 wurde in der Schweiz über den Beitritt zum Völkerbunde abgestimmt; die Sozialdemokratie lehnte ihn als Bund der kapitalistischen Sieger ab; die religiösen Sozialisten setzten sich für die Teilnahme der Schweiz mit Überzeugung ein, weil der Völkerbund einen Anfang von übernationaler, gewaltfreier Rechtsordnung bedeutete. Damals wurde in der SPS zum ersten Male davon geredet, Ragaz wegen Disziplinlosigkeit aus der Partei auszuschliessen.

Ragaz und seine Freunde führten die in der Ablehnung des Völkerbundes zu Tage tretende Blindheit der Arbeiterpartei auf grundlegende falsche ideologische Voraussetzungen zurück; wenn sie diese nun immer eindeutiger bekämpften und sich als Gegner des Marxismus bezeichneten, so bezogen sie damit keinesfalls Stellung gegen die Marxsche Gesellschaftsanalyse, die sie immer akzeptiert haben, sondern gegen eine falsche sozialistische und kommunistische Taktik, die in der Zwischenkriegszeit nicht nur in Sowjetrussland, sondern auch in sozialdemokratischen Parteien des Westens überhand nahm. Sie wandten sich gegen den Glauben an eine naturnotwendige Entwicklung, die fatalistisch jede Mitwirkung des kämpfenden Individuums ausschloss, und sie wandten sich gegen eine zu enge klassenmässige Abgrenzung des Proletariates, indem sie für einen weiten

Volkssozialismus optierten, der auch Bauern und Angestellte als Proletarier in den gemeinsamen Kampf für eine neue Gesellschaft einbezog. Die Verengung der proletarischen Sache auf die Industriearbeiter schien ihnen den Menschheitsauftrag des Sozialismus zu verraten; sie wollten etwas viel weiteres aus der Arbeiterbewegung herauskämpfen. Ragaz hat den Kampf gegen den «Marxismus vulgaris» in zeichenhafter Weise gegen die dominante Figur in der schweizerischen Sozialdemokratie, gegen den Berner und Schweizer Parteiführer Robert Grimm, geführt; im Jahre 1928 hielt er im Berner Volkshaus eine Vortragsreihe zur Neuorientierung des Sozialismus, die dann unter dem Titel *Von Christus zu Marx – von Marx zu Christus* als Buch erschienen ist. Es ist seine letzte und reifste grosse Äusserung zu den geistigen Grundlagen der Arbeiterbewegung geworden. «In diesem Buch habe ich jene Formel herausgearbeitet, welche ich dann immer wieder angewendet habe, von dem fundamentalen, durch die Geschichte gehenden Gegensatz zwischen denen, die an Gott glauben, aber nicht an sein Reich, und denen, die an das Reich glauben, aber nicht an Gott, wobei stets der eine Irrtum den anderen herruft oder verstärkt, bis die Überwindung des Gegensatzes erfolgt, die in der Botschaft des Reich Gottes und seiner Gerechtigkeit für die Erde und in ihrer Verwirklichung Tatsache wird.»

Ragaz oder Grimm – die Elite der schweizerischen Arbeiterparteien war sich zeitweise dieser Antithese bewusst; so hat der Redaktor des kommunistischen Parteiblattes kurz vor 1930 einmal über einen hasserfüllten Artikel den Titel *Ragaz ante portas!* gesetzt. Der Kampf hat sich dann zugespitzt in der Auseinandersetzung um die Militärpolitik der grossen schweizerischen Arbeiterpartei, welche sich nach Hitlers Machtergreifung anschickte, ihre alte Militärgegnerschaft aufzugeben und den Militärkrediten zuzustimmen. Die religiösen Sozialisten haben damals beileibe nicht einen schwachen Kompromiss mit dem Nationalsozialismus und seiner schweizerischen Ausprägung, dem Frontismus, befürwortet, sondern von Anfang an entschiedenen Widerstand geleistet. Aber sie wollten eine echt sozialistische Alternative gegen die faschistische Gewalt, nicht einen billigen Schulterschluss mit dem militaristischen und völkerbundfeindlichen schweizerischen Bürgertum. Deshalb bildeten sie die eigentliche Vorhut im Kampf gegen die positive Wertung des Militärs in der Sozialdemokratie, welche im Jahre 1935 auf dem Luzerner Parteitag für die Zustimmung zu den Militärkrediten warb.

Ragaz und die Religiös-Sozialen bekämpften die Neigung zum «Einlenken in den immer stärker werdenden Militärpatriotismus» mit aller Kraft, wie sie einst den Einfluss des leninschen Gewaltdenkens bekämpft hatten; sie erblickten in beidem die genau gleiche Gefahr für den menschheitlich weiten Sozialismus, um den es ihnen ging. Es ging ihnen beileibe nicht um die Gewaltlosigkeit, um die Abrüstung der Schweiz im Angesicht Hitlers, sondern darum, dass die Schweiz eine echte Völkerbundspolitik gegen den Nationalsozialismus machte, statt einfach den bürgerlichen Militärpatriotismus zu übernehmen. So heisst es im Manifest, das die religiösen Sozialisten vor dem entscheidenden Parteitag der SPS vom Februar 1935 ergehen liessen: «Es ist selbstverständlich, dass wir die Schweiz verteidigen wollen. Die Frage ist, ob das Militär- und Gewaltsystem, das heute die Welt wie ein Vampir umstrickt und jeden Tag mächtiger wird, geeignet ist, die Schweiz und überhaupt jedes Vaterland zu verteidigen und nicht vielmehr geeignet, sie zugrunde zu richten.» Eine richtige Verteidigung der Demokratie in Europa könne nicht in Isolation der einzelnen Länder erfolgen, sondern nur durch ein tapferes Einstehen für sie im Rahmen von supranationalen Organisationen. Im Rahmen des eigenen Landes den Burgfrieden mit dem militaristischen Bürgertum zu schliessen, sei ein Verrat am Sozialismus; die führenden Armeekreise böten ja auch wegen ihrer Sympathien zu autoritären Staatsmustern keinerlei Garantie für einen wirklichen Widerstand gegen Hitler. Deshalb dürfe die schweizerische Sozialdemokratie unter keinen Umständen das Bündnis mit der Armee schliessen, sondern müsse kritisch bleiben und auf eine andere Form der Landesverteidigung – eine international verankerte, eine soziale, eine kulturelle und eine geistige – dringen. Der dieses schrieb, war darin konsequent, hatte er doch die besondere Gefahr, die das Vertrauen auf Gewaltmittel für die Sozialisten bedeutete, schon lange erkannt und herausgearbeitet.

Als die sozialdemokratische Partei der Schweiz gegen starken Widerstand gerade der religiösen Sozialisten und mit nicht sehr starker Mehrheit die Revision ihrer Stellung zum Militär beschloss, und das bedeutete: dass sie inskünftig den Militärvorlagen zustimmte, gabe es in der religiössozialen Bewegung eine Debatte über das zukünftige Verhalten zur Partei. Einige, und auch Leute, die als Antimilitaristen und Dienstverweigerer bisher viel auf sich genommen hatten, wollten in kritischer Solidarität bei der Partei bleiben. Ragaz aber trat aus ihr mit einer bedeutsamen Erklärung aus, und einige Freunde folgten ihm dabei. Er rief in Erinnerung, warum die religiösen Sozialisten einst zur Sozialdemokratie gegangen waren: «Wir gingen nicht zu einer politischen Partei, sondern wir gingen zu dem Proletariate, das damals wesentlich durch diese Partei vertreten war.» Inzwischen aber hatte diese Partei sich schon an gar vielen Stellen durch Beteiligung in kommunalen und kantonalen Regierungen mit dem Bürgertum arrangiert, und zuletzt hatte sie sich nun noch mit ihrem Erzfeind, dem bürgerlichen Militarismus verbündet. «Wenn ich nun, nachdem die Lage sich so gänzlich geändert hat, trotzdem in der Partei bliebe, so ging ich mit allem Höchsten, was ich wollte, darin unter. Ich verriete hinterher den Sinn des Schrittes, den ich mit Gott getan.» Er könne das Verbleiben in der Partei heute nicht mehr verantworten vor der «Gemeinde Christi», d.h. vor denen, vor deren Angesicht er sein Tun und Lassen aus der Botschaft vom Reiche Gottes verantworten müsse. Inskünftig müsse es die Aufgabe sein, die christlichen Wurzeln des sozialistischen Handelns viel stärker herauszuarbeiten – aber der Austritt bedeute keine Abwendung vom Sozialismus in seiner reinen Form. «Ich bleibe Sozialist – ich bin es mehr als je! Ich gehöre dem Proletariat – noch mehr als je.»

Leonhard Ragaz hat nach dem Parteiaustritt noch zehn Jahre gelebt und an den Zeitereignissen mit grösster Beteiligung Anteil genommen. Aber er identifizierte sich inskünftig nicht mehr so lebhaft mit der verbürgerlichten Sozialdemokratie, wie er es 1919 beim Landesstreik und beim Kampf um die Dritte Internationale hatte tun können. Immer stärker versuchte er, als Verkündiger der Botschaft vom Reiche Gottes und als Kommentator der Zeitgeschichte in den *Neuen Wegen*, seinen Standpunkt ausserhalb der etablierten Gruppen in dem allein zu finden, was ihm die Bibel offenbarte und was ihm Gott direkt sagte. Er wurde mehr und mehr zur prophetischen Gestalt, die um ein Verständnis der Weltentwicklung rang und vor Gott um einen Ausweg aus der schrecklichen Situation kämpfte. Dieser Weg spiegelte sich in seiner Bibelauslegung, die gerade jetzt, 1936, einen stärkeren Gegenwartsbezug denn je erhielt und die in seiner postum erschienenen Bibeldeutung erhalten geblieben ist. Er spiegelt sich aber auch in seiner Beleuchtung der Zeitereignisse, die Monat für Monat in den *Neuen Wegen* die politischen Entwicklungen ins Licht der Gegenwart rückt und damit einen fortlaufenden prophetischen Kommentar zur Gegenwartgeschichte gibt. Wir können das hier nur kurz zeigen, indem wir seine Beurteilung des Faschismus und Nationalismus über mehr als zwanzig Jahre etwas sichtbar zu machen versuchen.

**Faschismus und Nationalsozialismus**

Ragaz hat sich schon vor dem «Marsch auf Rom» ein erstes Mal über den Faschismus geäussert, und schon dieses erste Wort ist ablehnend. Erstaunlicherweise erkennt er den Faschismus, der nun Italien in einen Bürgerkrieg verwickelt habe – und wirklich haben im Jahre 1922 die faschistischen

Squadren bürgerkriegsähnlich in Nord- und Mittelitalien gehaust – schon in dieser frühesten Äusserung vom August 1922 als Kampfinstrument der bürgerlichen Welt. «Wenn nicht überlegene *geistige* Mächte ins Spiel treten, so wird es überall so gehen. Die herrschende Klasse wird eine Gewaltorganisation in Form eines mehr oder weniger freiwilligen Söldnerheeres schaffen und damit die neu emporstrebende (Klasse) niederzuschlagen versuchen ...» Das ist der Kern seines Verständnisses der neuen Erscheinung Faschismus. Bald aber, nach dem «Marsch auf Rom» kommt er auf die Frage zurück und qualifiziert den Faschismus als pervertierte Heldenverehrung, als pöbelhaften Zäsarismus, und das gibt ihm Gelegenheit, Mussolini – wegen der Heldenverehrung, die er geniesst – als «unbedeutenderen Stiefbruder Lenins» zu bezeichnen (Mai 1923); und schon so früh erkennt er auch die Nähe zum eben erst bekanntwerdenden Hitler: «Nur unter akademischem und Bräuhauspöbel kann ein Mensch wie Hitler Massen mit fortreissen.» Aus dem Jahre 1926 stammt eine erste gründliche Analyse des Faschismus, bei welcher Ragaz auch schon erkennt, dass es sich um eine Erscheinung handelt, die über Italien hinausgeht. Hier kann er nun die Beurteilung des Faschismus bereits in die Hauptstrukturen seines religiös-politischen Denkens einordnen: «Der Faschismus ist ein brutaler Gewaltglaube, und ein solcher hat keine Verheissung.» Denn er ist «nicht bloss eine theoretische Gewaltlehre, sondern hat auch von Anfang wilde und rohe Gewalt geübt und sich mit Verbrechen befleckt. Darum ist der Faschismus gerichtet. Der Sturz ist nur eine Frage der Zeit. Gewiss gibt es eine Geduld der Geschichte auch mit gewalttätigen und verbrecherischen Erscheinungen, aber der Gerichtstag ist noch nie ausgeblieben.» Ragaz nimmt gegen den Faschismus seinen Standpunkt im Vertrauen auf die Vorsehung Gottes ein: «Der Faschismus ist mir, unter dem Gesichtspunkt der Providentia Dei betrachtet, auf Seiten der bürgerlichen Welt was, der Bolschewismus auf Seiten der Sozialisten: Eine flammende Offenbarung böser Gewalten, die im Schosse der Gesellschaft ruhen und die gerade durch solche Offenbarung sich selbst richten müssen.» So hat es Ragaz gegenüber allen faschistischen Erscheinungen bis ans Ende seines Lebens gehalten: Seine Überzeugung, dass sie bald untergehen würden, hat nie gewankt, auch nicht in der Zeit ihrer nahezu vollendeten Macht in Europa, etwa im Jahre 1940.

Ragaz hat die Identität des Nationalsozialismus mit dem Faschismus schon beim Ludendorff-Hitler-Putsch von 1923 erkannt. Schon damals hat er vorausgesagt, was geschehen wäre, wenn Hitler und Ludendorff an die Macht gelangt wären: «Vor allem hätten wir Judenmetzeleien im Stil des Mittelalters zu gewärtigen, und zwar wieder unter dem Zeichen des Kreuzes, diesmal, bezeichnenderweise, des Hakenkreuzes, d.h. des Nationalismus, der Christus schändet, indem er das Kreuz zum Zeichen nimmt.» Seit diesem Moment hat Ragaz den Nationalsozialismus immer unter dem Aspekt des extremen Nationalismus begriffen und ihn damit in die Nähe des italienischen Faschismus gerückt; in den zwanziger Jahren hielt er Hitler allerdings nicht mehr für so gefährlich, dass er mehr als im Vorbeigehen auf den Nationalsozialismus zu sprechen gekommen wäre. Das änderte sich im Herbst 1930, als die Internationale religiös-sozialistische Vereinigung im November ihren dritten Kongress in Basel abhielt; das war zwei Monate nach dem sensationellen Aufstieg der Nationalsozialisten in den Reichstagswahlen vom September und im Jahr, da Oesterreich seinen ersten Freundschaftsvertrag mit Italien abschloss; die religiösen Sozialisten in Österreich waren in der internationalen Vereinigung ein wichtiges Mitglied – das einzige katholische – und erkannten unter der Führung ihres begabten Führers, des Metallarbeiters Otto Bauer (nicht zu verwechseln mit dem langjährigen Führer der SPÖ) die Entwicklung besonders gut. Im November 1930 haben die religiösen Sozialisten Europas eine Erklärung an die europäische Christenheit erlassen, die diese vor Nationalismus und Faschismus warnte; Ragaz als Vorsitzender hatte sie formuliert. Der Gegensatz der nationalistischen Extrembewegungen zu Christus wird deutlich herausgestellt: «Nationalismus wird zu einer fanatischen Religion völkischer und rassenhafter Selbstvergottung, die in ihrem Wesen mit Christus wahrhaftig nichts mehr zu tun hat, vielmehr ganz offenkundig von dem Einen Gott und Vater aller Menschen zu den vielen Volksgöttern des Heidentums in seiner schlimmsten Form zurückführt und am Ende zu einem dämonischen Kultus des Moloch entartet.» Diese Formulierung steht erstaunlich nahe beim ersten Dokument jener Barmer Erklärung, in welcher sich der Widerstand deutscher Christen gegen den Nationalsozialismus angekündigt hat. Die Barmer Erklärung ist aber erst im Mai 1934 erfolgt – einmal mehr erweist sich die Pionierfunktion der religiösen Sozialisten in der Stellungnahme zu politischen Ereignissen; Erwin Eckert hat die Erklärung als Vorsitzender des Bundes der religiösen Sozialisten Deutschlands mitunterzeichnet. Es zeigt sich auch, dass die in den *Neuen Wegen* seit Jahren geübte Verfolgung der Zeitereignisse unter dem Blickwinkel der Reichs-Gottes-Geschichte Leonhard Ragaz und seine Freunde dafür gerüstet hatten, zu Zeitereignissen in einer grundlegenden Art und auf Grund eines bereits erarbeiteten Konsensus rasch Stellung zu nehmen. Seit da verfolgte Ragaz die deutschen Dinge sehr intensiv, fast in jeder Nummer der *Neuen Wege* geht ein Kommentar auf sie ein; im Juli 1932 nennt er Deutschland den Ort der grössten Entscheidung und zitiert Psalm 77: «Dein Weg war im Meer und Dein Pfad in grossen Wassern»; daneben brachte der Jahrgang 1932 eine grosse Reihe von Aufsätzen, die Christoph Blumhardts Denken in Erinnerung riefen – wie wenn es darum ginge, den Deutschen diesen grossen Christen in Erinnerung zu rufen; an Ostern kamen die religiösen Sozialisten aus Süddeutschland und der Schweiz in Bad Boll zusammen, wohl zum letzten Male ohne äusseren Druck. Ragaz war sich bewusst, dass er für alle diese Menschen einen wichtigen Dienst tat, wenn er versuchte, vom Blickpunkt des Reiches Gottes her Licht in die Zeitereignisse zu bringen. Im Dezember 1932 noch bezeichnete er als den Sinn der Chronik in den *Neuen Wegen* «das

Ringen mit dem Chaos des Zeitgeschehens».

Nach der «Machtergreifung» und dem Reichstagsbrand, nach dem überwältigenden Wahlsieg der Nationalsozialisten besprach Ragaz die Ereignisse mit Ausführlichkeit; er war sich dabei wohl bewusst, dass er vor allem seinen Lesern in Deutschland ein klares Wort schuldete. «Ich kann nicht glauben, dass die Hakenkreuzfahne dauernd oder auch nur sehr lange über Deutschland wehen werde. Ich gebe durchaus zu: durch *menschliche* Macht wird dieses Gebilde nicht zu stürzen sein. Aber es wird durch den Stein aus der Höhe zerschmettert werden (Daniel 2,21 ff). Es baut sich auf einer Lügenpyramide auf. Wenn es eine sittliche Weltordnung gibt – und es *gibt* eine! – so kann ein solcher Bau nicht lange halten. Und nun ist das Regime schon durch Mord und Brand gegangen, hat sich mit furchtbarem Frevel bedeckt. Und hat Gott gelästert. Es muss stürzen. Und zwar in nicht zu ferner Zeit. Wir wollen kämpfen und flehen, dass sein Sturz nicht Deutschland und Europa begrabe. Es wird gewaltiger Kräfte aus *Gott* bedürfen, um das zu sühnen, was nun die Dämonen wirken.»

Einen Monat später musste Ragaz bereits berichten, dass religiös-sozialistische Gesinnungsgenossen in Konzentrationslager gebracht worden waren. Dass die Kirchen zu den Greueln der «Machtergreifung» schwiegen, war ihm ein grosses Ärgernis. Im Juli 1933 waren die *Neuen Wege* in Deutschland bereits verboten; das brachte die Zeitschrift und ihren Redaktor in Schwierigkeiten, aber er nahm sich vor, jegliche Zurückhaltung abzulegen und redete nun kräftig vom Kampf gegen die «Hitlerpest». Und Ende 1933 konnte er – endlich – die Erklärung von bedeutenden deutschen Theologen, darunter Karl Ludwig Schmidt und Rudolf Bultmann, gegen die Rassenverhetzung kommentieren und unterstützen. Schon vorher aber, im Mai 1933, erliess die Internationale Vereinigung der religiösen Sozialisten eine neue Erklärung, die nun von den deutschen Genossen nicht mehr offiziell mitunterzeichnet wurde, damit diese nicht gefährdet wurden. Sie trägt den Titel *Das Kreuz Christi und*

*das Hakenkreuz*. Die Geschehnisse der letzten Wochen in
Deutschland werden registriert: «Wir können nicht anders
als nicht nur vor dem Tribunal der Menschlichkeit, sondern
vor dem des heiligen und barmherzigen Gottes, der uns in
Christus sein Herz enthüllt, dagegen Einsprache zu erheben.» Dann werden die schlimmsten Vergehen des frühen
Hitler-Regimes genannt, insbesondere die Rassenverfol-
gung. «Wir fühlen uns vor Gott und Menschen verpflichtet,
diese Dinge der Welt mitzuteilen, damit sie durch das Licht
gerichtet werden und die Welt Gelegenheit bekommt, dagegen aufzustehen.» Das Unerhörteste aber sei das Schweigen
der Kirchen und religiösen Gemeinschaften zu diesem Geschehen. Sollte man wirklich so weit gehen müssen, den
Grund für dieses Verhalten darin zu finden, dass jene Dinge
sich ja bloss gegen Menschen richten, welche das offizielle
Christentum und die übliche Frömmigkeit als ihre Gegner
zu betrachten gewohnt sind? Könnte es dann einen ärgeren
Verrat an Christus geben?» Und dann erfolgt ein schwerer
Angriff gerade auf jene Teile der Christenheit, die sich in
dieser Stunde der Entscheidung nicht bewährt hatten. «Wir
können nicht anders, als in der Hinwendung zum Hakenkreuz von seiten eines grossen und wichtigen Teils der Christenheit einen wahrhaft katastrophalen Abfall von Christus,
und besonders vom Kreuz Christi, eine Verleugnung wich-
tigster Grundwahrheiten des Glaubens an Christus zu er-
blicken. Wenn wir angebliche Vertreter Christi Anlässen,
die doch offenkundig bloss einen Kultus des Nationalismus
und der Gewalt bedeuten, predigend und betend die Sank-
tion Christi geben sehen, so ist das für uns genau das Verhalten der einstigen Baalspriester. Wir stehen nicht an, in all
diesem verirrten religiösen Wesen einen Abfall von Christus
zu einer besonders groben Gestalt des Antichrist zu erblik-
ken.» Später wird die Erklärung noch konkreter: «Wir erklären ausdrücklich, dass wir den Antisemitismus nicht nur
als eine menschliche Gemeinheit, sondern auch als eine
Christus angetane Schmach betrachten.» Und am Schluss
findet der Text ein eindrückliches Bild für das Verhältnis

des Hakenkreuzes zum Kreuz Christi: «Das Hakenkreuz ist das seiner richtenden und damit erlösend in die Welt eindringenden Schärfe beraubte, zum Dienste des Menschen umgebogene Kreuz, das damit zu einem Zeichen des Götzendienstes wird und in den Bann der Dämonen der Welt zieht, ja sogar durch die Ähnlichkeit mit dem Kreuze Christi zu einem Kreuze des Antichrist wird.»

Diese Position haben die religiösen Sozialisten durch den Krieg beibehalten. Viele ihrer deutschen und österreichischen Genossen sind in schwere Bedrängnis und Verfolgung gekommen, viele haben später in den besetzten Ländern ein existentielles Zeugnis abgelegt. Davon kann hier nicht mehr die Rede sein, aber es musste die frühe und entschiedene Reaktion auf die Machtergreifung Hitlers doch dargestellt werden. Man sieht daraus, dass eine ursprünglich an der Arbeiterfrage entstandene, später durch den Kampf um den Frieden gereifte Form der christlichen Zeugenschaft zu politischen Zeitfragen sich in dieser grossen Anfechtungszeit bewährt hat und dass diesen christlichen Sozialisten, die von der Botschaft des Gottesreiches für die Erde ausgingen, eine grosse Sicherheit in der Beurteilung der Zeitereignisse geschenkt wurde. Die Briefe, die Leonhard Ragaz in dieser Zeit schrieb, zeigen deutlich, dass solche Interpretationen der Zeitentwicklung nicht einfach aus Deduktion von allgemeinen Prinzipien flossen, sondern in schweren seelischen Kämpfen, auch unter Leiden an der Zeit, und im intensiven Gebet gewonnen wurden.

*Weiterführende Literatur*

Ragaz L., Arbeiterbewegung und Arbeiterbildung. Vortrag, in: Neue Wege 1916.
– Unsere Bildungsarbeit. Vortrag, gehalten bei der Einweihung des Heimes von «Arbeit und Bildung», in: Neue Wege 1925.
– Aufsätze über den Völkerbund, in: Neue Wege 1919, 1920, 1923, und immer wieder in den politischen Kommentaren der Neuen Wege.
– Aufsätze und Schriften zur Abrüstung, in: Neue Wege 1924, 1928, und immer wieder in den politischen Kommentaren der Neuen Wege.

– Die Konferenz von Nyborg, in: Neue Wege 1923.

– Die Konferenz des Versöhnungsbundes in Bad Boll, in: Neue Wege 1924.

– «Wenn es nach euch gegangen wäre!» Eine Antwort, Zürich 1940 (auch Neue Wege 1940, Aufbau 1940).

– Noch ein Kampf um die Schweiz. Dokumente zum Kampf mit der Pressezensur, Zürich 1941.

– Von Christus zu Marx – von Marx zu Christus, Wernigerode a.H. 1929.

– Zu meinem Austritt aus der sozialdemokratischen Partei, in: Neue Wege 1936.

– Der Faschismus, in: Neue Wege 1926.

– Ein Wort über Nationalismus und Faschismus an die europäische Christenheit, in: Neue Wege 1930. Dazu viele Einzeltexte im politischen Kommentar der Neuen Wege.

Herkenrath E., Die Freiheit des Wortes. Auseinandersetzungen zwischen Vertretern des schweizerischen Protestantismus und den Zensurbehörden während des Zweiten Weltkrieges, Zürich 1972.

Herkenrath S., Politik und Gottesreich. Kommentare zur Weltpolitik der Jahre 1918-1945 von Leonhard Ragaz, Zürich 1977.

# Kapitel 11:
# Karl Barths «Kirchliche Dogmatik»

## Der revolutionäre Grundzug der «Kirchlichen Dogmatik»

Seit seiner Berufung als Lehrer für reformierte Theologie
nach Göttingen gehörte Karl Barth der akademischen Elite
an. Als Theologieprofessor hatte er seinen festen gesellschaftlichen Ort: hoch oben an der Spitze des Bildungsbür-
gertums. Soweit sein Amt ihn der Kirche verpflichtete, war
er noch einmal gesellschaftlich festgelegt. Denn die Kirche
war in Deutschland wohl noch mehr als in der Schweiz eine
Sache des Bürgertums, in Preussen dazu des Landadels, insofern vom Grosstadtproletariat durch eine tiefe Kluft ge-
schieden. Daran hatte auch der Umbruch von 1918 nichts
geändert. Im Gegenteil: im Sturm der Nachkriegszeit hielten sich Theologie und Kirche umso enger an die gesellschaftlichen Schichten, mit denen sie traditionellerweise
verhängt waren. Was konnte Karl Barth hieran schon ändern! Er brauchte zunächst ja all seine Kraft, um sich in sein
Lehrfach einzuarbeiten und den Wissensrückstand aufzuho-
len, in dem er sich als Landpfarrer gegenüber den hochge-
lehrten Herren der theologischen Zunft befand. Er arbeitete wie ein Pferd, um die Stoffmassen zu bewältigen, die sich
vor ihm auftürmten.

Man kann Ragaz verstehen, wenn er dem Werk, das
Barth auf dieser Basis schuf, mit Misstrauen begegnete.
Was konnte von dem Ort her, an dem Barth sich nun be-
fand, schon Gutes kommen! Gutes nämlich im Sinne der
Hilfe für den, der sich berufen wusste, dem Reich Gottes
den Weg zu bereiten! Leonhard Ragaz hatte seine Professur
ja eben darum aufgegeben, weil er sich von ihr für den
Kampf um das Reich Gottes nichts mehr versprach.
Ragaz vermochte erst spät wahrzunehmen, dass bei Barth
im Gewande akademisch-kirchlicher Theologie umwälzen-

de Dinge geschahen. Seit 1926 arbeitete Barth an seinem Lebenswerk, das er zunächst als *Christliche Dogmatik* bezeichnete, in einem neuen Anlauf dann provozierend in *Kirchliche Dogmatik* umbenannte. In kürzern oder längern Abständen erschien in der Folge ein Band nach dem andern. Der letzte Teilband kam 1967 heraus. Das Gesamtwerk war auf 13 Bände mit an die 10 000 vielfach kleinbedruckten Seiten angeschwollen. Das Volumen wirkt zunächst abschreckend. Wer den Mut hat, sich hineinzulesen, wird entdecken, dass er hier von einer Überraschung zur andern geführt wird. Der Eindruck wird sich verstärken, wenn er einige der vielen kleineren Bücher, Schriften oder Verlautbarungen zur Hand nimmt, die Barth nebenbei veröffentlicht hat.

Ich spreche vom revolutionären Charakter der *Kirchlichen Dogmatik*. Ich meine damit ihre Grundintention. Indem sie die Botschaft der Bibel in denkender Rechenschaft nachvollzog, wollte sie ihren Teil dazu beitragen, dass sich das Neue, das im gekreuzigten und auferstandenen Christus aufgebrochen war, inmitten einer dem «Alten» verhafteten Kirche und Welt Bahn breche. Das war ihre Grundintention. Dass ihre Wirkung anders war, zwiespältig, revolutionär und reaktionär in wechselnder Mischung, ist nicht ihr selber anzulasten, sondern den Lesern, die sie nach Massgabe ihrer Freiheit oder Unfreiheit aufnahmen.

Ich ordne, was ich im Folgenden sagen möchte, nach Stichworten, die gewisse Grundtendenzen bezeichnen, die durch die ganze Kirchliche Dogmatik hindurchgehen: «Gnade»; «Gemeinschaft»; «Ganzheit»; «Tat».

## «Gnade»

Gott ist im Sinn des biblischen Evangeliums, wie Barth es versteht, frei sich schenkende, zum Weitergeben verpflichtende Liebe. Was wir werden und sind, empfangen wir als Geschenk seiner Gnade. Es wird nie unser Besitz, auf den wir pochen könnten. Es strömt uns aus der Fülle Gottes in unsere Armut hinein zu und strömt durch uns weiter zu den Brüdern und Schwestern.

Gott bleibt immer der Gebende und wir sind die Empfangenden. Was wir empfangen haben, können wir nicht in frommem Egoismus für uns selbst behalten und im Interesse unseres Seelenheils verwerten. Es ist uns gegeben, damit es unsern Mitmenschen zugute komme. Gottes frei sich schenkende Liebe befreit und verpflichtet uns zu freier Selbsthingabe.

In der traditionellen Theologie war dieser Zusammenhang seit langem durch ein frommes Besitzdenken verdunkelt. Wir erinnern uns an Christoph Blumhardts entsprechende Anklagen an die Adresse seiner Kirche und ihrer Theologie. Barth geht der Sache nach seiner Art auf den Grund. Der Mensch ist bis in die Tiefe seines Wesens hinein zum «Bourgeois» geworden: zum Menschen, dem nur zählt, was er besitzt. So hat er aus Gottes frei zu empfangender und weiterzugebender Gabe ein Besitztum gemacht, eine Lehre, über die die Theologen verfügten, ein Heilsgut, das die Priester verwalteten. In der klassischen römisch-katholischen Lehre wird die Erkenntnis Gottes selber zu einem Vermögen, das dem Menschen von Natur zu eigen ist. Im Ersten Vatikanischen Konzil wurde dekretiert: Si quis dixerit, Deum unum et verum, creatorum et Dominum nostrum per ea, quae facta sunt, naturali rationis humanae lumine certo cognosci non posse, anathema sit («Wenn jemand sagen sollte, der eine und wahre Gott, der Schöpfer und unser Herr, könne aus dem Geschaffenen nicht mittels des Lichts der menschlichen Vernunft erkannt werden, der sei verflucht»). Theoretisch wird dieses Vermögen allen Menschen zugesprochen. Faktisch drückt sich hier das Selbstverständnis jener Elite aus, die überhaupt in der Lage ist, denkend sich im Blick auf die Schöpfung mit der Frage nach Gott zu beschäftigen. Wie sollen die Millionen und Abermillionen, die in den Slums der Grossstädte zusammengepfercht leben, «Gott aus dem Geschaffenen erkennen», wo sie doch nichts als Menschenwerk sehen und menschlicher Manipulation ausgeliefert sind! Im Neuprotestantismus beruht der Glaube auf einem religiösen «a priori», einer Grundmöglichkeit der menschlichen Vernunft oder des menschlichen Gemüts oder Gewissens. Auch hier spricht sich aus, wie sich eine privilegierte gesellschaftliche Schicht versteht. Was kann der breiten Masse der Menschen, die ums nackte Überleben ringen, der Hinweis auf die «Stimme Gottes im Gewissen» bedeuten! Wie sollen sie unter einem geschichtlichen Schicksal, das so grausam mit ihnen umspringt, die Möglichkeit entwikkeln, «Gott» im «Gemüt» zu erkennen und zu erleben.

In all dem sieht Barth bourgeoisen Besitzzwang am Werk. Und immer so, dass den religiös Besitzenden die religiösen Habenichtse gegenüberstehen. Vor dem Gott der Bibel wird dieses religiöse Klassendenken überwunden. Dem Gott der Gnade gegenüber sind wir alle *arm*, angewiesen auf eine Liebe, die sich ihrem Wesen nach dem mitteilt, der ihrer entbehrt. Wenn vor diesem Gott schon ein «Vorzug» gilt, so der paradoxe, dass gewisse Gruppen durch ihre soziale und religiöse Lage unmittelbarer mit der Tatsache ihrer «Armut» konfrontiert sind als andere, deren Wohlsituiertheit sie über ihre «Armut» hinwegtäuscht.

Der Gott der Gnade findet in der Welt der Besitzenden keine Stätte. Jesus selber teilt «das wunderliche Los, das Gott in seinem Volk und in der Welt zufällt: der von den Menschen Übersehene, Vergessene, Geringgeschätzte, Verachtete zu sein». Dem entspricht es, das er, «man möchte fast klagen parteiisch, an Allen, die in der Welt hoch, gross, mächtig, reich sind, vorübersah auf die Niedrigen, die Kleinen, die Schwachen, die Armen – und das bis in die moralische Ordnung: vorbei an den Gerechten auf die Sünder...». «Als Parteigänger der Armen» war er inmitten einer auf Besitz gegründeten Weltordnung «auf ihre totale Veränderung und Erneuerung gerichtet.» So befreit er uns von unserm Besitzzwang. So versetzt er uns in die Ordnung des Seins und Denkens, in der wir nicht länger aus dem leben, was wir für uns selber sind und haben, sondern aus dem, was wir, um es weiterzugeben, von ihm empfangen.

## Gemeinschaft

Gott ist in seinem Wesen Gemeinschaft: *Vater* verbunden
mit dem *Sohn* durch den *Heiligen Geist*. Und wie er Gemeinschaft *ist*, so *schafft* er Gemeinschaft. Er setzt die Welt
und in ihr den Menschen sich selber gegenüber, um in eine
Beziehung freier Gemeinschaft zu ihnen zu treten. Er
schafft sich ein Abbild dessen, was er in sich selber ist: Der
Mensch ist insofern Gottes «Ebenbild», als er seinerseits in
Gemeinschaft mit andern ist, was er ist. «Gott schuf den
Menschen nach seinem Bilde... als Mann und Frau schuf er
sie» (1. Mos. 1,27). Barth versteht diese biblische Grund-
aussage dahin: «Wie sich das anrufende Ich in Gottes Wesen
zu dem von ihm angerufenen Du verhält, so verhält sich in
der menschlichen Existenz selber das Ich zum Du, der Mann
zur Frau.»

Mit diesem konsequenten Verständnis Gottes und des
Menschen als Gemeinschaftswesen setzt sich Barth von dem
die theologische Tradition beherrschenden Individualismus
ab. Danach stand Gott in einsamer Hohheit der Schöpfung
gegenüber. Und innerhalb der Schöpfung stand der Einzelne, den Gott sich erwählte, in einsamem Ringen um sein
Heil Gott gegenüber. Ein gewisser Heilsegoismus prägt die
gesamte traditionelle Frömmigkeit. Das fromme Ich beherrscht auf weite Strecken der Kirchengeschichte die Sprache und das Denken. «Deum et animam scire cupio; nihil
aliud? nihil omnino!» («Gott und die Seele will ich erkennen; nichts anderes? nein, nichts anderes sonst!»), so heisst
es klassisch bei Augustin. Diese Privatisierung des Heils setzt
sich bis in das moderne Christentum in seiner pietistischen,
liberalen oder orthodoxen Spielart fort. Demgegenüber
stellt Barth fest: «Es ist noch jeder aus der Gnade gefallen,
der sie als seine Privatsache für sich behalten wollte.» «Des
Christen Befreiung geschieht damit, dass er aus der Einsamkeit in die Gemeinschaft geführt wird... Mit jedem Schritt,
den er tun darf, geht er hinein in die Gemeinschaft: mit Jesus
Christus und also mit Gott, in die Gemeinschaft mit den

Menschen, zu denen in und mit Christus auch er gesendet ist... Er hat aufgehört, einsam zu sein. Er ist auf alle Fälle mit Gott als mit seinem Vater und mit dem Nächsten als seinem Bruder zusammen...»

## «Ganzheit»

Gemeint ist die Ganzheit des Menschen als Seele *und* Leib, als «Geist» *und* «Materie». Barth nimmt hier, um sich von der klassischen Tradition abzusetzen, die marxistische Anschauung vom Menschen zu Hilfe. Ich zitiere aus dem zweiten Band der Schöpfungslehre einige Sätze über die Funktion des «Historischen Materialismus» als Korrektiv der kirchlichen Lehre, als Vehikel einer theologischen Ideologiekritik. Nachdem Barth über die Leitgedanken marxistischer Anthropologie und Geschichtsanschauung referiert hat, stellt er folgende unbequeme Fragen:

«Wie sollte sich die Kirche darüber wundern, dass der Kampf um die Befreiung des Menschen im Marxismus unter materialistischen Vorzeichen geschah? War sie nicht immer die sicherste Garantie einer Klassenordnung gewesen, die sich kaum anders denn als die Übermacht der ökonomisch Starken verstehen liess? Hatte sie sich nicht darauf versteift, die Unsterblichkeit der Seele zu lehren, statt mit der Verkündigung der Auferstehung von den Toten zu bezeugen, dass Gottes Verheissung den *ganzen* Menschen angeht und darum unmöglich abseits von der materiell ökonomischen Wirklichkeit bejaht und geglaubt werden kann? Als die Massen zuerst dem ökonomischen und dann dem naturwissenschaftlichen Materialismus verfielen, da rächte es sich, dass die Kirche im Ungehorsam gegen die Bibel sich so unbesonnen einem abstrakten Dualismus von Seele und Leib verschrieben hatte» – einem anthropologischen Dualismus, der, so können wir beifügen, genau dem gesellschaftlichen Dualismus zwischen einer elitären herrschenden und einer zum nackten Kampf ums Dasein verdammten beherrschten Klasse entsprach.

Barths Meinung geht dahin, dass die Kirche durch den marxistischen Materialismus herausgefordert ist, sich neu auf die materialistischen Elemente im biblischen Menschenbild zu besinnen: Auf die Einheit von Geist und Materie, von Seele und Leib, die der Mensch nach biblischem Zeugnis auf der ganzen Linie von seiner Erschaffung bis zu der ihm verheissenen Auferstehung darstellt.

Ich kann hier nur kurz auf die Konsequenzen hinweisen, die sich aus dieser ganzheitlichen Sicht des Menschen für sein Verhältnis zur Mitkreatur ergeben. Barth hat, angeleitet durch entsprechende biblische Texte, als erster moderner Dogmatiker das Verhältnis zwischen dem Menschen und der Pflanzen- und Tierwelt ausführlich gewürdigt. «Der Mensch ist nicht zum Herrn *über* die Erde, aber als Herr *auf* der ... Erde eingesetzt. Die Tiere und Pflanzen gehören ihm nicht – sie und die ganze Erde können nur Gott gehören – er ist ihnen aber vor- und übergeordnet; sie sind ihm zum Gebrauch übergeben... Der Sinn und Grund dieser Auszeichnung besteht darin, dass er das animalische Geschöpf ist, dem Gott sich selbst inmitten der übrigen Schöpfung offenbart, anvertraut und verbindet.» In näherer Bestimmung des Umgangs mit Pflanzen und Tieren, der dem Menschen eben in seiner Sonderstellung geboten ist, drängt sich Barth Albert Schweitzers Begriff der *Ehrfurcht vor dem Leben* auf. Er interpretiert ihn – im Blick auf die Tierwelt – als «Respekt vor dem mit dem Menschen am sechsten Schöpfungstag erschaffenen und ihm so nahe verwandten Mitlebewesen», als «Dankbarkeit gegen Gott für die Gabe dieses so brauchbaren und ergiebigen Kameraden», als «verständnisvollen, seinen Bedürfnissen und den Grenzen seiner Möglichkeit nachfühlenden und Rechnung tragenden Umgang mit ihm». Er verweist warnend auf die «sinnlosen Verschwendungen und Zerstörungen», deren sich eine ehrfurchtslose Menschheit hier «zu ihrem eigenen Verderben schuldig gemacht hat».

Gott ist, was er ist, in der Tat seiner gemeinschaftsstiftenden Liebe. Entsprechend kann der Mensch, wozu er als Gottes Geschöpf und Gemeinschaftspartner bestimmt ist, nur in der Tat des Gehorsams erfüllen, mit der er auf Gottes Liebestat antwortet. Das *Evangelium* von der freien Gnade Gottes schliesst als seine Spitze das *Gesetz* in sich, das den Menschen zur entsprechenden Antwort verpflichtet: zu einem Handeln, das von Gottes Gnade Zeugnis gibt. Auch hier setzt Barth den Akzent anders, als es die klassische Tradition der Theologie weithin getan hatte.

Der klassische Protestantismus jedenfalls lutherischer Prägung hatte auf der Rechtfertigung aus Glauben allein als auf dem «articulus stantis et cadentis ecclesiae» insistiert. Dem gegenüber war die andere Dimension der Versöhnungslehre, die Lehre von der «Heiligung» des Menschen, von seiner Indienstnahme für Gott, von seiner Mitarbeit in Gottes Werk weithin vernachlässigt worden. Das Bekenntnis zu Christus als dem Herrn, der uns in seine Nachfolge ruft und zum Tun seines Willens ermächtigt – dieser einem Leonhard Ragaz so wichtige Aspekt des Christusglaubens war zu kurz gekommen. Die Folge war ein «träges», «quietistisches» Christentum, das auf dem Trost des Glaubens ausruhte, statt aus seiner Kraft aufzustehen und das Gebotene an die Hand zu nehmen.

Barth beginnt den Band IV/2 der *Kirchlichen Dogmatik*, der die Lehre von der Heiligung des Menschen zum Handeln in der Nachfolge enthält, mit einem breiten Exkurs über das Mönchtum. «Was das Mönchtum meinte und wollte, war eine konkrete Form jener Nachfolge des Herrn, die man in den Evangelien in sehr bestimmten Umrissen beschrieben findet. Man meinte und wollte also konkrete individuelle und kollektive Heiligung, teleologische Gestaltung des Christenstandes, konkrete und geordnete Bruderschaft, das Alles im Sinn und im Dienst konkreter und totaler Liebe. Es ist gewiss gut, diesem ganzen Wollen und Meinen in unnachgiebiger Bestimmtheit den Satz entgegenzuhalten, dass der sündige Mensch gerechtfertigt wird allein um Jesu Christi willen, durch den Glauben und nicht durch die Werke irgendeines Gesetzes. Vom Mönchtum aber war und bleibt zu lernen: es geht gerade vom Glauben aus und im Glauben notwendig um Nachfolge, Heiligung, Gestaltung, Bruderschaft, Liebe. In der Kraft der Auferstehung Christi werden die Christen solches *tun*. Mag die mönchische Bestimmung dessen, was zu tun ist, fragwürdig sein, so ist das keine Entschuldigung für die Unterlassung oder Vernachlässigung solchen Tuns…»

Was hier in Gestalt eines Exkurses über das Mönchtum von der klassischen römisch-katholischen Form der Nachfolge gesagt wird, das sollte das Thema des letzten Teilbandes der *Lehre von der Versöhnung* werden: eine Lehre vom menschlichen Handeln in der Nachfolge, Stück um Stück bezogen auf die Bitte um Gottes vorausgehendes und begründendes Handeln, wie sie im *Unservater* exemplarisch Gestalt gewann. Davon ist nur das 1. Teilstück erschienen, das die *Lehre von der Taufe* enthält. Mit ihr bricht die *Kirchliche Dogmatik* ab. Ist sie blosses «Fragment», so gibt hier der 80jährige Karl Barth noch einmal so etwas wie die Summe seines Denkens. Und noch einmal ist der Begriff der *Tat* wegleitend. Die begründende Tat Gottes wird als *Taufe mit dem Heiligen Geist* beschrieben und betont so ausgelegt, dass der Mensch darin zum Subjekt eigenen Tuns im Gehorsam gegen Gott wird: Die von Gott her in Christus durch den Heiligen Geist vollzogene Wendung «ist wirklich des *Menschen* Befreiung. Ganz von aussen, ganz von Gott her widerfährt sie ihm aber als *seine* Befreiung. Dass man doch Gottes Allwirksamkeit wie überhaupt, so gerade hier ja nicht umdeute in eine Alleinwirksamkeit Gottes! Die göttliche Wendung, in deren Vollzug einer ein Christ wird, ist ein Ereignis echten Verkehrs zwischen Gott und Mensch. Und so gewiss dieser in Gottes Initiative seinen Ursprung hat, so gewiss wird der Mensch in ihm nicht ignoriert und übergangen, sondern als eigenständiges Geschöpf Gottes ernst genommen – nicht überrannt und überwältigt, sondern auf seine Füsse gestellt – nicht entmündigt, sondern mündig gesprochen und auch als mündig behandelt. Es löscht also die Geschichte Jesu Christi des Menschen Lebensgeschichte nicht aus, sondern von jener her wird diese seine *neue* – aber seine *eigene* neue Lebensgeschichte. Es wird also die Treue gegen Gott, zu der er aufgerufen wird, nicht nur so etwas wie eine Emanation der Treue Gottes, sondern wirklich seine eigene Treue, seine Entscheidung und Tat sein...»

Die *Taufe mit Wasser* entspricht der *Taufe mit dem Heiligen Geist* eben damit, dass der Täufling sich in eigener freier Verantwortung zu der ihm widerfahrenen Tat Gottes im Heiligen Geist bekennt. Dieses sein öffentliches Bekenntnis zum neuen Leben mit Christus kann insofern nicht in der Art der Säuglingstaufe praktiziert werden. Es setzt den zu eigener Entscheidung fähigen Menschen voraus. So tritt hier in diesem Schlussstück der *Kirchlichen Dogmatik* Kirche noch einmal in der Gestalt in Erscheinung, in der Barth sie in der Zeit des Kampfes der *Bekennenden Kirche* erfahren hatte: als Bruderschaft, frei im Gehorsam gegen Gott, frei in der Bereitschaft zum Kampf und zum Leiden inmitten einer von fremden Mächten beherrschten Welt.

*Weiterführende Literatur*

Karl Barth, Kirchliche Dogmatik, 13 Bde., Zollikon-Zürich, 1932-1967.
Gollwitzer H., Karl Barths Kirchliche Dogmatik, ausgewählt und eingeleitet von Helmut Gollwitzer, München-Hamburg [2]1969.
Miskotte K. H., Üeber Karl Barths Kirchliche Dogmatik. Kleine Präludien und Phantasien, München 1961.
Weber O., Karl Barths Kirchliche Dogmatik. Ein einführender Bericht, Neukirchen-Vluyn [2]1956.

# Kapitel 12:
# Das Bibelwerk des alten Ragaz

Leonhard Ragaz hat die Zeitereignisse in einer doppelten
Weise verfolgt: Als Herausgeber der *Neuen Wege* hat er sie
in immer ausführlicher Weise kommentiert, vor allem in
den Rubriken *Zur Weltlage, zur schweizerischen Lage* und
*zur Chronik*; hin und wieder schrieb er auch grundsätzliche
Aufsätze zur politischen Lage. Gleichzeitig setzte er sich
aber als Christ und Theologe mit der weltpolitischen Entwicklung auseinander und versuchte, sie im Zusammenhang
mit der Geschichte des Reiches Gottes zu deuten. Das geschah zum kleineren Teil in den biblischen Betrachtungen,
die er jedem Monatsheft seiner Zeitschrift vorausschickte,
zum grösseren aber vorerst in den Vorträgen an der Erwach-
senenbildungsstätte *Arbeit und Bildung*. Unter den Veranstaltungen im «Gartenhof» bekam schon bald der Samstag-
abendkurs ein besonderes Gewicht, an welchem er meist ein
Buch der Bibel im Zusammenhang interpretierte. Nach der
Machtergreifung Hitlers trat dieses Werk der Bibelerklä-
rung in eine besondere Nähe zum Zeitgeschehen, als er im
Winter 1933/34 unter dem Titel *Die Bibel und wir* daran
ging, «dringliche Probleme der Gegenwart ins Licht der Bibel zu rücken». Hier begann er mit der Auslegung zentraler
neutestamentlicher Texte; speziell wichtig wurde dabei die
Offenbarung Johannis (Kurs von 1936/37); nachher bekamen auch alttestamentliche Bücher ein zunehmendes Gewicht, wozu wohl die Verfolgung der Juden beitrug: 1935/36
unternahm er mit der Gemeinde im Gartenhof einen *Gang
durch die Propheten*, 1938 folgte ein Jahreskurs *Die Geschichte Israels und unsere Zeit*. Zeugen berichten, dass er in
den Jahren des Zweiten Weltkrieges für diese Kurse eine
bezeichnende Form gefunden hat: Im ersten Teil des Sams-
tagabends legte er die biblische Geschichte aus, im zweiten
– nachdem er während einer kurzen Zeit mit geschlossenen

Augen dagesessen hatte – besprach er die politischen Ereignisse der vergangenen Woche und stellte ihren Zusammenhang mit der Geschichte des Reiches Gottes und der Gegenmächte heraus. Er hat damit vielen in den dunkelsten Stunden der europäischen Geschichte Mut gemacht und die Hoffnung auf die Überwindung Hitlers gestärkt.

In der Frühzeit seiner religiös-sozialen Zeugenschaft hatte er sich einst vorgenommen, die zweite Hälfte seines Lebens oder doch mindestens einen Drittel ungeteilt der Bibel zu widmen, ihrer neuen Übersetzung und Erklärung, um sie «den Gegnern zu entreissen» und aus einem fälschlicherweise für die Reaktion missbrauchten Buch den eigentlichen revolutionären Charakter herauszuarbeiten. 1937/38, um seinen 70. Geburtstag herum, kam er endlich dazu, diesem Plan näherzutreten; vorher hatte ihn der Kampf des Tages stets davon abgehalten. Als die durch das Militär gehandhabte Presseüberwachungsstelle im Jahr 1941 die *Neuen Wege* verfolgte und unter Vorzensur stellte, hat er deren Erscheinen bekanntlich eingestellt und nur noch in privaten Sendungen an die ehemaligen Abonnenten seinen journalistischen Auftrag wahrnehmen können; diese an sich unerfreuliche Situation gab ihm die Möglichkeit, den Stoff seiner Bibelkurse neu durchzuarbeiten und – unter Einbezug von vielem, was er in der damaligen Zeitgeschichte erlebte und neu erkannte – in den grossen Werken der späten Jahre druckreif zu machen. So sind vor allem in den Jahren 1942 bis 1945, in 16 Bänden (elf Büchern und fünf Broschüren) seine Schriften zur Bibel erschienen, die die Botschaft vom Reiche Gottes und seiner Gerechtigkeit in ihrer letzten und reifsten Form enthalten. Sie lassen sich in zwei Gruppen von Werken gliedern, von denen die früher fertiggestellte die *Botschaft* der Bibel darlegt und deutet, die zweite die *Geschichte* der Sache Gottes von der Schöpfung bis zur Auferstehung Christi und weiter in die nachbiblische Zeit bis zu den letzten Dingen.

Wir bezeichnen die erste Gruppe, der Charakterisierung durch den Autor folgend, als Bibel-Katechismus und rech-

190

nen folgende Werke dazu:

1. Falsche Übersetzungen der Bibel von welt- und reichsgeschichtlicher Bedeutung, in: Neue Wege 1937/38; als Broschüre, Zürich 1941.
2. Sollen und können wir die Bibel lesen, und wie? in: Neue Wege 1940; als Broschüre (zusammen mit 1.), Zürich 1941.
3. Das Unservater (von der Revolution der Bibel I), in: Neue Wege 1941; als Broschüre, Zürich 1943.
4. Die zehn Gebote (Von der Revolution der Bibel II), in: Neue Wege 1943; als Broschüre, Zürich 1943.
5. Die Gleichnisse Jesu, Bern 1944.
6. Die Bergpredigt Jesu, Bern 1945.
7. Das Reich Gottes in der Bibel, in: Neue Wege 1948; als Broschüre, Zürich 1948.
8. Die Botschaft vom Reiche Gottes. Ein Katechismus für Erwachsene, Bern 1942.

Die zweite Gruppe bezeichnen wir mit Ragaz' eigenen Worten als seine *Bibeldeutung*; sie ist fast ausnahmslos erst nach seinem Tod veröffentlicht worden.

1. Band I Die Bibel – eine Deutung, Urgeschichte, Zürich 1947.
2. Band II Moses, Zürich 1947.
3. Band III Die Geschichte Israels, Zürich 1948.
4. Band IV Die Propheten, Zürich 1948.
5. Band V Jesus, Zürich 1949.
6. Band VI Die Apostel, Zürich 1950.
7. Band VII Johannes – Evangelium und Offenbarung, Zürich 1950.
8. Die Geschichte der Sache Christi, Zürich 1945.

Das Gesamtwerk ist ein eindrücklicher Block von Schriften, bei dem nur schon die Leistung des Verfassers Erstaunen erregt; er war damals immerhin über siebzig Jahre alt und hat dieses Werk als sein eigentliches Vermächtnis an die Nachwelt fast in einem Zuge hingeschrieben. Die gegen 3000 Seiten sind bisher theologisch noch kaum bearbeitet und nur von einem engen Kreis von Lesern zur Kenntnis ge-

nommen worden. Sie zeigen das Ragazsche Denken in einer
Form, die sich von der wesentlich bekannteren der Frühzeit
und der der acht Werke der Krise deutlich unterscheidet.

### Die Botschaft vom lebendigen Gott

Ragaz liest die Bibel als Botschaft vom lebendigen Gott, der
in die Geschichte hineinwirkt. Alle Verkündigung und alle
Geschichte zeigen den Kampf Gottes gegen das menschlich
Gemachte der Religion; das übergreifende Thema ist der
endgültige und sichere Sieg Gottes und der Einbruch seines
Reiches mit der Fülle der Gerechtigkeit. Ragaz will die Bibel also nicht als objektive Geschichtsquelle lesen, sondern
als einen Bericht von den Taten Gottes, der die Menschen
als Söhne und Töchter, als Mitarbeiter in den Kampf für das
Reich Gottes und seine Gerechtigkeit hineinruft. Diesen
Schwerpunkt der biblischen Botschaft erfasst Ragaz zunächst in der Verkündigung Jesu, d.h. in den Gleichnissen,
in der Bergpredigt, im Reichsgebet des *Unservater*. Nachher
zeigt er den weiteren Kampf für das Reich Gottes als durchgehende Linie der biblischen Geschichte und der Weltgeschichte seit Ostern. Das ganze Werk wirkt wie aus einem
Guss, als Zeugnis einer zusammenhängenden Schau der
Geschichte Gottes mit den Menschen. Ragaz war sich bewusst, dass ihm am Ende seines langen und kampferfüllten
Lebens mit dem Gelingen dieses Werkes von Gott ein besonderes Geschenk gemacht worden war. «Das Suchen
führte zum Finden. Die Eroberung des Heiligen Landes,
das die Bibel darstellt, ist gelungen. Besser gesagt: Sie wurde *geschenkt* und ist in gewissem Sinne das kostbarste Got-
tesgeschenk, das dem Verfasser geworden ist.»
   Wir sehen uns vor die Unmöglichkeit gestellt, in Kürze einen Eindruck von diesem umfassenden Gesamtwerk zu vermitteln. Deshalb sollen nur einige Punkte berührt werden,
die besonders nahe zum Thema dieses Buches gehören.
   Durch das ganze Werk geht wie ein roter Faden die Aus-

sage, dass Gott sich gegen die Mächtigen und Grossen dieser Welt der Schwachen und Unterdrückten annimmt. Es ist eindrücklich, wie Ragaz schon in der mosaischen Gesetzgebung den Schutz des Schwächeren herausarbeitet: Den Schutz des Fremdlings, der Frau, des Kindes, sogar des Sklaven. «Das Grundwort dieses Gesetzes vom Sinai heisst ‹heilig›. Alles, was ist, ist Gott geheiligt. Das heisst: Es gehört Gott, dem persönlichen Gott, der den Menschen zur Persönlichkeit macht. Darum ist Gottes heiliges Recht über ihm, wie über aller Kreatur. Darum dürfen Mensch und Kreatur nicht angetastet, nicht ausgebeutet und nicht ‹monopolisiert› werden. Die Heiligkeit der Schöpfung zeigt sich auch in einem umfassenden Respekt vor der Natur; hier finden sich Worte über den Schutz der Pflanzen – Ragaz liebte besonders Bäume – und der Tiere, ja der Umwelt («Bergwelt»), die jeden ökologisch orientierten Christen von heute bewegen. Noch viel stärker wird aber die gottgewollte Würde und Unantastbarkeit des Menschen hervorgehoben: Der Sklave soll nach dem Willen des Gesetzes nach einer bestimmten Frist freigelassen werden, das Verhalten zum Fremdling – einem Mensch, der für die alte Zeit «am Rande des Menschentums» lag – bildet den Prüfstein dafür, dass Gottes Gebot in einer Gesellschaft gilt. Speziell hervorgehoben werden die Gebote zum Schutz der Tauben, der Blinden, der Alten: Dass Ragaz dies so stark betont, ist aus einer Zeit heraus zu verstehen, in welcher das «lebensunwerte Leben» missachtet wurde. Ragaz' Achtung vor dem Kind und der Frau geht so weit, dass er dem Alten Testament gelegentlich eine Sexualmoral unterstellt, die dem mosaischen Gesetz ferne liegt.

Je weiter der Leser in den sieben Bänden der Bibeldeutung vordringt, desto deutlicher wird es, dass Ragaz seine Bibel im Zeitalter des Nationalsozialismus und des Faschismus, im Zeitalter des Weltkrieges als ein Trostbuch gelesen hat. Das Alte Testament liest er als Bericht von den Urordnungen Gottes, gegen die sich keiner ungestraft vergeht. Diese Grundordnungen betreffen aber nicht nur den Umgang mit den einzelnen – der Frau, dem Kind, dem Fremdling, dem Knecht – sondern auch die Ordnung des menschlichen Zusammenlebens. Die gottgewollte Ordnung der Gesellschaft zeigt sich am klarsten im alten Israel der Richterzeit: genossenschaftlich, in kleinen Gemeinschaften geordnet, mit einem Minimum von Macht in den Händen der Obrigkeit und des Gesamtvolkes. Ragaz hat seine Bibel im Zeitalter des totalitären Staates gelegentlich wie einen anarchistisch-föderalistischen Traktat gelesen. Aber es liegt natürlich in seinem Gesellschaftsverständnis, das sich auf wichtige Züge im biblischen Geschichtsbericht stützen kann, ein heftiger Protest gegen den modernen Staat, seine Wirkung als Garant einer ausbeuterischen Gesellschaftsordnung, seine Schuld am Kriege und seinem Militarismus. Diese Kritik ist wohl an keiner Stelle der Ragazschen Bibeldeutung so eindringlich, wie im zentralen Band über die Propheten (Band 4 des siebenbändigen Werkes). Ragaz versteht die Propheten des alten Israel von ihrer zentralen politischen Funktion aus. «Der Prophet verwirft den Staat, aber er betont das Recht und verteidigt das Recht gegen das Unrecht.» Damit ist der Prophet auch der Gegner der unrechtmässigen Ausübung staatlicher Gewalt, die «uns die Zeiten, die wir nun durchmachen, wieder eindringlich bestätigen». «Der Prophet vertritt gegen den Staat und seine Herrschaft Gott und seine Herrschaft.» Das bedeutet: Gegen den nationalistischen Staat ist der Prophet «Internationalist, um dieses ebenfalls entwertete Wort anzuwenden. Denn der Eine Gott ist auch der Gott aller Völker», und er ist ein Kämpfer für den Frieden. «Die Propheten Israels sind die grössten der Pazifisten und Antimilitaristen, weil der Krieg gegen Gott ist.» Der Prophet nimmt aber auch die soziale Botschaft des mosaischen Gesetzes wieder auf: «Der arme, gedrückte, entrechtete Mensch, der schwache und geringe, steht in einem besonderen Verhältnis zu Gott», sagen die Propheten, und sie kämpfen für sein Recht. Und nun kommt Ragaz mit grossem Nachdruck auf die Eigentumsauffassung der Bibel zu sprechen, die die Propheten ganz besonders klar dargestellt haben. «Es gibt überhaupt kein absolutes menschliches Eigentum: Alles Eigentum ist nur Pachtbesitz gegenüber Gott. Darum ist jede Anhäufung des Besitzes in *einer* Hand (um von Monopolisierung zu schweigen), ist jedes Privileg dieser Art eine Versündigung gegen Gott. Aus dieser Grundempfindung entsteht die prophetische Empörung gegen den krassen Unterschied von Arm und Reich.» Gott wendet sich in der Interpretation der Propheten ganz eindeutig den Armen zu. Da stehen denn Sätze wie der folgende: «Das Proletariat wird unter den besonderen Schutz und die besondere Liebe Gottes gestellt. Auch die Sklaven sind Gegenstand einer besonderer Aufmerksamkeit der Propheten.» Mit dieser Stellung zu der Armut ist ein Element von ungeheurer Bedeutung in die Geschichte getreten, ein Element der Weltrevolution. Sie, nicht die Grossen und Mächtigen, sind die, auf denen Gottes Schutz und Wohlgefallen ruht. Sie sind die Träger seiner Sache, nicht die Priester, Schriftgelehrten und Pseudopropheten. Sie sind die für seine Forderung und Verheissung Empfänglichen. So findet sich also im letzten Hauptwerk von Leonhard Ragaz jene Verkündigung, die an den Anfängen der religiös-sozialistischen Bewegung erklungen war, die Botschaft von einem Evangelium, das ganz besonders dem Proletariat gilt, und von einer Hoffnung, deren Träger die Armen sind.

## Die Bibel als geschichtliches Trostbuch

Das sind Elemente der Bibelauslegung, die am Ende eines bewegten Lebens und als Summe eines bedeutenden Denkens die Botschaft des religiösen Sozialismus auf biblischer, heilsgeschichtlicher Grundlage zusammenfassen. Das ist aber nur der eine Aspekt der Ragazschen Bibeldeutung. Der andere ist die existentielle Lektüre der Bibel als eines geschichtlichen Trostbuches. Ich habe schon einleitend gesagt, in welcher Zeitlage und vor welchem Publikum Ragaz seine Bibelinterpretation vorgetragen hat. Es ging ihm darum, die Ereignisse einer schrecklichen Kriegszeit und eines geradezu apokalyptischen Unrechtsregimes in das Licht der biblischen Schau zu rücken. Hier treten nun ganz neue Elemente hervor, die sich mit allgemeiner Politik und mit Reichsgottesperspektive befassen und weit über das frühe Anliegen der sozialen Gerechtigkeit und des Kampfes gegen die Ausbeutung des Proletariates hinausblicken. Ragaz bezeichnet die Bibel als das *Ur-Bilderbuch der Geschichte*. Als solches liefert sie ihm auch ein Verständnis für die totalitären Reiche, die Mussolini, Hitler und Stalin – sie alle werden namentlich zitiert – aufgebaut und zu grosser Machtfülle gebracht habe. Staaten mit Weltreichanspruch sind immer die Folge eines Abfalls von Gott – das zeigt sich schon bei den Reichen vor der Sintflut. Das Weltreich ist der dämonische Gegenversuch zum Reiche Gottes: «Es ist ein täuschender Widerschein des Gottesreiches. Aber die biblische Geschichte zeigt in voller Klarheit, dass der Weg solcher Weltreiche zur Katastrophe führt. Sie sind, oft nach kurzem Glück und Glanz, dahingestürzt. Gott duldet solche Grössen nicht.» Am Schluss ist die Rede vom Gleichnis des Kolosses auf tönernen Füssen und vom 13. Kapitel der Offenbarung. Das ist «das biblische, im besonderen das prophetische Bild von der Geschichte.» Diese Worte sind in einer der dunkelsten Stunden der europäischen Geschichte geschrieben, nach dem Zusammenbruch Frankreichs, als sich ein von Hitler und Stalin beherrschtes Europa abzuzeichnen begann: Die Bibel wurde zum Trostbuch eines Christen, der sich um die Zukunft der Menschheit, um die Zukunft der Freiheit sorgte. Das Schicksal der Weltreiche war für Ragaz in den beiden Visionen Daniels klar umrissen: Die vier Tiere werden besiegt; der Menschensohn herrscht; der Koloss auf den tönernen Füssen wird zerstört. «In diesem Bild von den vier aufeinanderfolgenden Weltreichen und dem Kommen des Menschensohnes fasst sich das biblische, im besonderen das prophetische Bild von der Geschichte zusammen:

Damit schaut die Geschichte Israels, sich in ihrem letzten Sinn verstehend, auf den Menschensohn aus.»

Vom prophetischen Urteil über das Weltreich führt eine gerade Linie zur Verkündigung Jesu Christi im Neuen Testament. In der Einleitung zum Band über Jesus steht: «Der Koloss des Weltreiches, dessen Verkörperung Rom ist, steht auf tönernen Füssen. Es erscheint am Himmel der Geschichte das Zeichen des Menschensohnes.» Ragaz hat vor allem den Lobgesang der Maria, das Magnificat, und das Lied des Zacharias geliebt und in ihnen «die Art des neuen Herrschers, welcher die bisher Mächtigen und Grossen vom Throne stürzt und die Schwachen und Kleinen erhebt. Es glänzt damit der Messianismus in Erfüllungsherrlichkeit auf. Die Krippe in Bethlehem in ihrem Gegensatz zum Kaiserpalast in Rom erläutert das Herabsteigen der Freundlichkeit in die letzten Tiefen der Menschenwelt und die Erscheinung an die Hirten die Volkstümlichkeit des Evangeliums, die Verlegenheit des Herodes auf der einen und die der Schriftgelehrten auf der anderen Seite das urtypische Verhalten von Politik und Religion, Staat und Kirche zu der Sache Christi und des Reiches Gottes. Das ist die Geschichte vom Eintritt Christi in die Welt.» Ragaz fasst die Zeitenwende des römischen Reiches als eine dem mittleren 20. Jahrhundert verwandte Weltzeit auf. «Das Problem Jesu ist das Verhältnis Israels zu den Weltreichen, das nun im römischen Reiche konsolidiert ist. Das kommende Reich Jesu wird anders sein, total anders als das Weltreich, das sich in der Gestalt Roms darstellt, aber auch anders, als Israel es sich denkt. Gott lenkt auf neue Pfade (Jesaja 43, 14 ff.), auf die letzten Pfade der Geschichte.» Die Andersartigkeit der neuen Pfade zeigt sich am deutlichsten in der Versuchungsgeschichte: Die Versuchung mit der Schaffung von Brot aus Steinen bedeutet, dass die Erlösung nicht nur materiell sein kann – gewiss auch dies – denn aus einer «vollendeten sozialen Ordnung ohne Gottes Führung kann mit unerhörter Gewalt, als dämonische Überraschung die alte Gier der menschlichen Natur hervorbrechen, auch aus einem über seine Gegner triumphierenden sozialistischen oder kommunistischen Reiche». Die Versuchung mit dem Sprung von der Tempelzinne bedeutet die Versuchung durch das Wunder, die Versuchung durch die Religion. Aber «ist nicht die Religion als Einrichtung, als System stets in Gefahr, eine Mache des Menschen zu werden? Wäre Jesus dem Versucher gefolgt, so wäre er am Fuss des Tempels zerschellt.» Und die Versuche, alle Reiche der Welt zu besitzen, meint die Versuchung, der Menschheit auf dem politischen Weg zu helfen. Ragaz weist diese Versuchung vor allem als einen Weg der Kirche nach, mit Macht dem Reich Gottes zum Durchbruch zu verhelfen. «Man will für Gott, für Christus die Macht über die Welt. Was könnte es Herrlicheres geben? Was ist aber ausnahmslos das Ergebnis gewesen? Nicht dass Christus die Reiche der Welt gewonnen, sondern dass der Teufel das Reich Gottes für die Welt erobert hat – ein Abfall der Sache Gottes, besonders der Sache Christi, an die Welt. Gott stürzt eifersüchtig nicht nur jeden Babelsturm der Kultur, sondern auch jeden Tempelbau einer zum Staate gewordenen Kirche. Das Imperium ist Sache des Jupiter, des Caesar, auch des Baal; der Thron Christi ist das Kreuz. Auch der politische Weg macht Fiasko. Er hat in Israel, das ihn ja versuchte, Fiasko gemacht, er macht es heute deutlich in der Weltgeschichte. Zion wird durch Recht gebaut, nicht durch Macht. Christus weist auch diese Versuchung zurück.» Ragaz zeigt die Andersartigkeit des Weges Christi vor allem in einer eindringlichen Interpretation der acht Seligpreisungen – sie ist schon im Buche über die Bergpredigt ein Herzstück. Was im folgenden von Jesu Stellung zur Politik und vom sozialen Charakter des Evangeliums gesagt wird, beleuchtet in tiefdringender Weise den Gegensatz zwischen dem Weltreich und dem Reich Gottes.

In der Passionsgeschichte werden dann die gleichen welt- und reichsgottesgeschichtlichen Gegensätze in grosser Zuspitzung lebendig: Die Mächte, die das Kreuz aufrichten, sind die immer wieder auftretenden Dämonen: Die Religion und der Staat, dazu aber auch das Volk, das von ihm re-

volutionär-politische Erlösung erwartet. Es entsteht eine
Bewegung, «die gegen Jesus ganz mit Barrabas geht, die mit
widerchristlicher Gewalt das Reich Christi schaffen will. So
ist es in den weltgeschichtlich betrachtet mächtigsten Formen des Sozialismus geschehen.» Das Kreuz und die Auferstehung sind in politischem Sinne die Absage an die Verheissung des Gewaltweges, in sozialem Sinne die Zuneigung
Gottes zu den Leidenden und die Verheissung des Trostes
für sie, in kosmischem Sinne die Garantie für einen Sieg
Gottes über die Dämonen.


## Die Interpretation der Apokalypse

Die politische Dimension des Evangeliums wird vor allem in
der Ragazschen Interpretation der Apokalypse sichtbar,
speziell bei der des 13. Kapitels mit dem Bild vom Tier aus
dem Abgrund. Für Ragaz ist es klar, das man darunter nicht
nur das römische Weltreich, sondern auch die Reiche der
späteren Geschichte verstehen kann, das Napoleons und
das Hitlers. «Man kann das Tier als den totalen Staat deuten, den wir heute erleben.» Die «Erhebung des totalen
Staates gegen Christus» ist im Verlauf der Geschichte immer wieder erfolgt, «in unseren Tagen aber ist sie vollends
die grosse Offenbarung der Gottlosigkeit – das Tier aus dem
Abgrund – geworden, wogegen Christus seinen grossen
Kampf aufnehmen muss». 1942, als Rommel Tobruk einge-
nommen hatte und direkt das heilige Land bedrohte, hat
Ragaz an Martin Buber nach Jerusalem geschrieben: «Ich
bin sicher, das auch diesmal das Hakenkreuz von Zion abgewendet wird.» Im letzten Band der Bibeldeutung steht:
«Das Lamm, das da heisst Christus, steht auf Zion. Vor ihm
stürzt das Weltreich, das im Imperium Romanum seine vollendete Gestalt gewonnen hat. Vor der in Christus erschienenen Wahrheit stürzt darum auch der ganze Götzenzauber
des Faschismus und Nazismus, wie überhaupt jede Form des
totalen Staates zusammen.» Das ist geschrieben worden zur

Zeit der scheinbar unumstösslichen Macht Hitlers über Europa. Die Bibel wurde gerade in ihren vorausblickenden Abschnitten zum Trostbuch des politischen Christen. Trost brachten ihm speziell die Berichte von der Katastrophe der grossen Weltreiche mit ihrer Hybris. Das zeigt die Bibeldeutung am Beispiel der Sintflut, des Unterganges der Ägypter im Schilfmeer, aber auch die Erfahrung der eigenen Lebenszeit mit dem Erlebnis der Katastrophe Europas im Ersten Weltkrieg. In Zeiten von Katastrophe und Gericht muss nach Ragaz eine Sicht Platz greifen, die stärker als in gewöhnlichen Zeiten in die Zukunft blickt. «Die Katastrophe vollzieht das Gericht, aber sie erfüllt auch die Verheissung. Sie stürzt, was Gott im Wege steht, und öffnet den Weg in das Neuland Gottes.» Die Krise der Welt wird zum Hervortreten Gottes. Auf einer der letzten Seiten der grossen Bibeldeutung steht der Satz: «Es ist Tatsache, dass mitten durch das grosse Gericht, das der Vollendung des Reiches Gottes vorausgeht und das nicht bloss ein einmaliges ist, auch eine Erfüllung der Verheissung geht. Dass dem grossen Nein Gottes das noch grössere Ja entspricht, dass der Zerstörung des Weltreiches der Aufbau des Gottesreiches parallel läuft.» Ragaz hat damit die historische Katastrophe der europäischen Welt im Zweiten Weltkrieg nicht nur deshalb mit Zuversicht durchlebt, weil er an den Sturz der übermütigen Weltreiche glaubte, sondern auch, weil ihm seine Vertiefung in die biblische Geschichte die Katastrophe, das Gericht als notwendige Stufe im Gang des Reiches Gottes sehen lehrte. Denn «der letzte Sinn des Gerichtes ist Gnade».

Das alles kann nur einen sehr dünnen Aufguss eines gewaltigen Bildes von der biblischen Geschichte darstellen. Es soll eigentlich nur der Wunsch beim Leser geweckt werden, sich mit diesen Büchern, die bisher fast vergessen schienen, zu befassen. Aber es zeigt sich auf eine seltsame und ergreifende Weise gerade an diesem Werk ein letztes Mal die Einheitlichkeit jener Bewegung, von der wir in diesem Buch gesprochen haben. Wir wissen nämlich, dass die Bibeldeutung auf dem Schreibtisch von Karl Barth lag, als er die *Kirchliche Dogmatik* schrieb, und wir wissen, dass Ragaz in den Jahren, in denen das Bibelwerk entstand, sich wieder mit Barth versöhnte und dessen grosses Werk mit Interesse verfolgte. Es gibt einen seltsamen Beweis für die Konvergenz der Wege der beiden grössten schweizerischen Theologen des 20. Jahrhunderts: Im Vorwort zur Bibeldeutung stehen die Sätze: «Welches der unmittelbare Erfolg dieses Versuches sein wird, ist sehr ungewiss; der Schreibende macht sich darüber keine Illusionen. Aber es ist eine starke Empfindung: ‹Dieses Buch ist da! Diese Art, die Bibel zu verstehen, ist ausgesprochen! Das kann nicht ganz ignoriert werden!› Und dafür ist er voll Dank gegen Gott, voll Dank auch dafür, dass er ihm in den Tagen des Alters noch Zeit und Kraft für dieses Werk geschenkt hat, das seiner Ehre dienen will.» Diese Worte enthalten eine genaue Entsprechung zu Barths Vorwort der 1. Auflage des Römerbriefs: «Dieses Buch kann warten.» In beiden Äusserungen kommt das selbe Verständnis zum Ausdruck, dass dem Verfasser eine Botschaft anvertraut worden ist, die nicht nur ihn selber angeht. In diesem Sinne darf man vielleicht die Bibeldeutung mit der Kirchlichen Dogmatik vergleichen und beide als Zusammenfassungen des neuen Verständnisses des Evangeliums bezeichnen, das seit Christoph Blumhardt aufgegangen ist. Barth hat seine Summa vor Theologiestudenten ausgebreitet, Ragaz vor dem kleinen und proletarischen Hörerkreis des Gartenhofs. So zeigte sich die Gemeinsamkeit der Wurzeln und der Richtung noch ganz am Schluss des Weges der beiden Verkündiger.

Leonhard Ragaz hat nach dem Bibelwerk nur noch die Autobiographie *Mein Weg* geschrieben. Er durfte aber den Zusammenbruch des Hitlerreiches noch erleben und ist am 6. Dezember 1945 in seinem Heim in Zürich gestorben, nachdem er das letzte Heft des 39. Jahrganges seiner Zeitschrift *Neue Wege* vollendet hatte, die nun wieder öffentlich erscheinen durfte.

Mattmüller M., Das Bibelwerk in seinem biographischen und zeitge-schichtliche Zusammenhang, in: Der Aufbau 1982, Heft 23-25 und Neue Wege 1985, Heft 12.

Mathys H. P., Ragazens Auslegung der alttestamentlichen Gesetze. Sozia-le und politische Elemente, in: Der Aufbau 1983, Heft 2-4.

Maurer Chr., Zur Auslegung der Johannes-Offenbarung im Bibelwerk von Leonhard Ragaz, in: Der Aufbau 1983, Heft 8.

Pfeiffer A., Die «Geschichte der Sache Christi» von Leonhard Ragaz, in: Der Aufbau 1983, Heft 11.

Mattmüller M., Föderalismus aus der Bibel. Ein Beitrag zum Staatsver-ständnis des Schweizer Theologen Leonhard Ragaz. Von der freien Ge-meinde zum föderalistischen Europa. Festschrift für Adolf Gasser zum 80. Geburtstag, herausgegeben von Fried Esterbauer, Helmut Kalkbrenner, Markus Mattmüller und Lutz Roemheld, Berlin 1983.

# Kapitel 13:
# Politischer Gottesdienst bei Karl Barth

## Rückwendung zur Politik

Karl Barth war ein eminent politischer Mensch. In dem Sinne nämlich, dass er das Schicksal der Gesellschaft, in der er lebte, das Schicksal der Völker, der «Völkerfamilie», ebenso mittrug und -verantwortete, wie das Schicksal des einzelnen, der ihm begegnete. Das war in den ersten Jahren in Deutschland in den Hintergrund getreten. Als die politische Entwicklung sich zuspitzte, trat es neu an den Tag.

Ich nenne zuerst einige Daten aus seinem Leben. Im Frühjahr 1931 trat er ostentativ der Sozialdemokratischen Partei Deutschlands bei. Es war das sein erster demonstrativer Protest gegen die anschwellende Macht der Hitlerpartei. Als 1933 die sozialdemokratische Parteileitung selber die Genossen aufforderte, ihre Mitgliedschaft, um Repressalien zu vermeiden, zu quittieren, war Barth unter den wenigen, die sich dieser Taktik verweigerten. «Ich kann mich», so schrieb er dem religiös-sozialen Theologen Paul Tillich, «nicht auf eine innere Linie zurückziehen. Mein Sozialismus ist nichts Innerliches, sondern eine Form meines Handelns nach aussen. Gebe ich ihn in dieser Form auf, so gebe ich ihn ganz auf. Ich gebe mich selber auf, wie ich nun einmal bin. Wer mich nicht so haben will, der kann mich überhaupt nicht haben.» Der damals noch amtierende preussische Kultusminister Rust, der einst Barths *Römerbrief* gelesen hatte, liess ihn bis auf weiteres unter der Bedingung gewähren, dass er keine «Zellenbildung» unternehme. «... So bin ich», stellte Barth später rückblickend fest, «vielleicht der letzte SPD-Mann im Dritten Reich gewesen.»

Sein Sozialismus ermöglichte es ihm, die politischen Implikationen des kirchlich-theologischen Widerstands unmittelbar wahrzunehmen. Er war für sich entschlossen, sie rückhaltlos geltend zu machen. Das Fanal zur Bildung der Bekennenden Kirche, die Schrift, die unter dem Titel *Theologische Existenz heute* wie ein Lauffeuer durch Deutschland ging, enthielt in der Urfassung Sätze zur Judenfrage, zum Monopolanspruch der Partei, zur Unterdrückung der Opposition, die den Nazi-Staat und seine Gestapo unmittelbar herausforderten. Sie ist so nie gedruckt worden. Helmut Gollwitzer hat erzählt, wie Barth die akzeptablere Fassung den Freunden vorlas, bei ihnen höchstes Lob erntete, darauf aber, von jähem Zorn und Schmerz übermannt, aus dem Zimmer lief: «Da habt ihr nun *eure* ‹Theologische Existenz heute›!»

Der entscheidende Punkt war die Judenfrage. Die Juden, *sie* waren im Dritten Reich *das* Proletariat: diejenige Schicht des Volks, an der die Mächtigen ihren Hochmut und Hass, ihre Aggressivität und Destruktivität abreagierten. Für sie trat Barth mit der gleichen Selbstverständlichkeit ein, mit der er sich seinerzeit für die recht- und machtlosen Textilarbeiter in Safenwil gewehrt hatte, mit der er später für die in der Schweiz verfemten Kommunisten eintreten sollte. Darüber hinaus ging ihm in jener Zeit auf, dass sich an der Haltung zum Judentum die Haltung zum Gott der Bibel mitentschied. Er empfand es als Schuld, dass das Barmer Bekenntnis es unterliess, die «Judenfrage als entscheidend geltend zu machen.» Es war in seinem Geist gesprochen, wenn Bonhoeffer später sagte: «Man kann in der Kirche nicht gregorianisch singen, wenn man nicht gleichzeitig für die Juden eintritt.»

Als weitere Konsequenz des kirchlichen Widerstands ergab sich der Einsatz für die von Hitler bedrohten Völker Osteuropas. Auch sie waren nach der herrschenden Nazi-Ideologie Menschen zweiter oder dritter Ordnung, berufen dazu, den germanischen Herrenmenschen als Sklaven zu dienen. Auch sie waren also in diesem Sinn «Proletariat». Barth war in Deutschland untragbar geworden und in die Schweiz zurückgekehrt, um hier in Basel weiterzulehren und -zukämpfen. Von hieraus konnte er die politische Spitze des kirchlichen Widerstands deutlicher herausstellen, als das in Deutschland möglich gewesen war. Er tat das u.a. so, dass er 1936 eine lange Reise in das reformierte Ungarn und Siebenbürgen machte, und dort zum Anstoss für eine kirchliche Befreiungs- und Erweckungsbewegung wurde, die bis lange nach dem Krieg nachwirkte. – Im Herbst 1938 schickte sich Hitler an, das Sudetenland zu annektieren und damit die Tschechoslowakei des schützenden Grenzwalls zu berauben. Am 19. September schrieb Barth seinem Freund Josef Hromadka in Prag jenen Brief, der, in die Öffentlichkeit gelangt, in Deutschland und weit darüber hinaus einen Sturm der Entrüstung entfesselte und ihm auch von befreundeter Seite einen wahren «Regen von besorgten, betrübten und entrüsteten Äusserungen eintrug». Der ominöse Satz lautete: «Jeder tschechische Soldat, der dann kämpft und leidet, wird das auch für uns tun, und – ich sage es jetzt ohne Rückhalt – er wird es auch für die Kirche Jesu Christi tun, die im Dunstkreis der Hitler und Mussolini nur entweder der Lächerlichkeit oder der Ausrottung verfallen kann». – «Karl Barth hat die Kirche an die Politik verraten», so bezeichnete später ein enger lutherischer Mitkämpfer in der Bekennenden Kirche, Hans Asmussen, die Wendung.


### Das Geheimnis politischer Existenz aus Glauben

Ich muss davon sprechen, weil Barth nicht anders als Ragaz so oft missverstanden wird. Das Missverständnis ist im Wesen der Sache begründet. Exemplarische christliche Existenz, wie beide sie lebten, wird von Aussenstehenden zumeist missverstanden. Sie ist ein «Geheimnis». Wer sie nicht als solches respektiert, *muss* sie missverstehen. Wir möchten versuchen, das Geheimnis als solches zu *verstehen*. Es besteht schlicht darin, dass der Christ in drei Dimensionen lebt: Er lebt erstens in der Grunddimension: in Gott und seinem verborgenen, aber mächtig in die Sichtbarkeit drängendem «Reich»; zweitens in der Gemeinde derer, mit denen er die Beheimatung in Gottes Reich in die Hoffnung auf seine Sichtbarwerdung teilt; drittens in der Welt, in der andere Mächte herrschen, die dem Kommen des Reichs im Wege stehen und ihm doch auch so dienlich sein müssen.

Was die *erste, die Grunddimension* betrifft, zitiere ich ein Wort des alten Karl Barth, gesprochen anlässlich der Radiosendung «Musik für einen Gast». In dieser Sendung hat Barth 1968, im letzten Jahr seines Lebens, zur Radiosprecherin Roswitha Schmalenbach Folgendes gesagt: «Sehen Sie, Frau Schmalenbach, ich bin letztlich weder in der Theologie daheim noch in der politischen Welt, noch auch in der Kirche – das sind alles noch vorbereitende Sachen: Wohl ernsthaft, aber nur vorbereitend. Man muss lernen, darin zu stehen, *voll* darin zu stehen – das möchte ich auch – aber gleichzeitig darüber hinauszuschauen. Das, worin ich zutiefst daheim bin, ist nicht ein Was, sondern ein Wer: Jesus Christus – Er ist das Letzte, jenseits von Welt und Kirche und auch von Theologie. Wir können ihn nicht ‹einfangen›. Aber wir haben es mit ihm zu tun… Er ist der Antrieb zur Arbeit, zum Kampf, auch der Antrieb zur Gemeinschaft, zum Mitmenschen…» – Der auferstandene Christus: Er ist das Geheimnis in und hinter all dem, was man als Christ in Kirche und Gesellschaft ist und tut: grösser als alle irdischen Bereiche, grösser als unsere weitgespanntesten theologischen Erkenntnisse und christlich-sozialistischen Taten: der Ursprung, von dem wir herkommen, das Ziel, dem wir entgegenschreiten. Statt Jesus Christus kann Karl Barth mit Leonhard Ragaz auch sagen *Reich Gottes*, gewöhnlich so, dass er dann, um die personale Mitte dieses Reiches zu bezeichnen, die Formel braucht: «das *Reich und sein König*».

*Auf die zweite Dimension*: die *Gemeinde* der Mitglaubenden und -hoffenden, kann hier nur gerade hingewiesen werden. Wesentliches dazu wurde schon dort gesagt, wo vom Verständnis der Kirche die Rede war, wie es in den Synoden von Barmen und Dahlem Gestalt gewann. Nochmals war davon die Rede, als wir im Blick auf die *Kirchliche Dogmatik* von der Tauffrage sprachen.

Hier muss noch einiges zur *dritten Dimension*: dem verantwortlichen *Mitdrinsein in den Dingen dieser Welt* gesagt werden. Eben von Gott in Christus als dem Grund und Sinn menschlichen Seins her ist der Christ «voll drin» in den Dingen dieser Welt. Bonhoeffer hat im Gespräch mit Barth beobachtet: «Er ist, wenn man mit ihm spricht, ganz für einen da... Ich habe so etwas noch nie erlebt...» Er ist ‹ganz da› in seinem Umgang mit den Studenten, mit den Pfarrern, ganz da im Gespräch mit den vielen Weltkindern, die ihm nahetraten, ganz da in der Begegnung mit den Strafgefangenen im Basler Zuchthaus, denen er regelmässig predigte, die er in ihren Zellen besuchte. ‹Ganz da› nun besonders in den *politischen Entscheidungen*, die die Zeit forderte. Der reife Karl Barth engagierte sich nicht weniger vehement politisch, als es der junge getan hatte. Nur dass er es mit klarerer theologischer Begründung und aus tieferer innerer Gewissheit heraus tat. Auch was er in der politischen Dimension sagte und tat, verstand er von jener Grunddimension her. Er verstand es als «Gottesdienst». Ja, nach seinem Verständnis *musste* sich christlicher Glaube und Gehorsam betont in *diesem* Bereich bewähren. Von der Grunddimension, von Gott und seinem Reich her, empfängt er die Kraft und Vehemenz, mit der er hier im Kampf steht, von dorther die alles durchdringende Fröhlichkeit, von dort her die Bereitschaft, die schweren Anfechtungen durchzustehen, von denen er nicht anders als Leonhard Ragaz heimgesucht worden ist.

Von seinem innersten Geheimnis, von Christus her hat Christsein eine Tendenz zur letzten Solidarität mit den leidenden, preisgegebenen Menschen und Menschengruppen. Der auferstandene Christus ist ja kein anderer als der gekreuzigte. Zum «König des Reichs» ist Christus ja eben auf Grund der Liebe geworden, in der er sich für seine Brüder hingab bis zum Tod am Kreuzesgalgen. Von daher tendiert Christsein auf die Preisgabe bürgerlicher Sicherungen, auf Koexistenz mit den Verfemten und Enterbten dieser Erde. Von der Beheimatung in Christus her ist der Christ «ganz da» bei diesen Heimatlosen. Was Leonhard Ragaz *Nachfol-*

*ge* nannte, meint eben diesen Schritt ins Ungesicherte einer ausserbürgerlichen Existenz. Diesen letzten Schritt durfte Karl Barth nicht tun. Die Gnade *dieses* Tatbekenntnisses zum Auferstandenen in seiner Identität mit dem Gekreuzigten war ihm nicht vergönnt. Dass es dazu nicht kam, lag nicht an ihm, sondern an den zuständigen Organen der *Bekennenden Kirche*. Er selber war 1935, als er seine Stelle als staatlich beamteter Professor in Bonn verlor, bereit, sich als freier Mitarbeiter einer staatsfreien Kirche zur Verfügung zu stellen und damit das Risiko einer materiell ungesicherten, halb oder ganz illegalen Existenz auf sich zu nehmen. Der zuständige Bruderrat schreckte vor dem Wagnis zurück, diesen gefährlichen Mann in Dienst zu nehmen. So ist ihm dieser Schritt ins Ungesicherte der vollen Nachfolge versagt geblieben. Er hat darunter gelitten. Er wusste sehr gut, dass man so kühne Dinge, wie er sie sagte, nur sagen durfte, wenn man den entsprechenden Preis dafür zahlte. So konnte er noch als alter Mann von der Frage angefochten werden, ob er seinen Auftrag im letzten nicht verfehlt habe (und z.B., statt hinter seinem Schreibtisch zu sitzen, nicht besser einen Weg, analog demjenigen Albert Schweitzers, gegangen wäre). Nun, was ihm versagt blieb, haben, stellvertretend für den Lehrer, einzelne seiner Schüler getan, am sprechendsten Dietrich Bonhoeffer. So schliesse ich mit einem Wort von Bonhoeffer, das gegebenenfalls auch Barth gesagt haben könnte: «Es bleibt ein Erlebnis von unvergleichlichem Wert, dass wir die Ereignisse der Weltgeschichte von unten, aus der Perspektive der Ausgeschalteten … Schlechtbehandelten, Machtlosen, Unterdrückten und Verhöhnten, kurz: der Leidenden sehen gelernt haben.» Dieser «Perspektive von unten», meint Bonhoeffer, «erschliesst sich die Wirklichkeit tiefer, als wenn wir sie immer nur von oben, aus der Sicht der Privilegierten erfahren».

## Die Grundrichtung des «politischen Gottesdienstes»

Es geht hier darum, die Richtung des Willens und Handelns Gottes selber zu erkennen und ihm mit seinem eigenen Handeln zu folgen, ihr, wie Barth gern sagt, zu entsprechen. Gottes Wille zielt in der Richtung von seiner Offenbarung in Christus *her* auf den letzten Sieg seines Reiches *hin*. Dieser Grundrichtung des «Gott-Welt-Geschehens» soll unser Handeln «parallel» verlaufen. Es soll sie an seinem bescheidenen Teil nachvollziehen. Und dies nun betont in dem Bereich, in dem andere Mächte regieren, die in anderer Richtung tendieren. Betont im politischen Bereich. Auch dieser Bereich steht ja heimlich unter Gottes Herrschaft. Auch die fremden Mächte müssen Gottes Willen dienen. «Politischer Gottesdienst» bedeutet: Gottes Willen in diesem fremden Bereich, in der Gebrochenheit, in der das hier möglich ist, zur Geltung zu bringen. Auch in diesem Bereich, wie Gott und sein Wille offiziell ausgeklammert werden, haben wir es indirekt mit Gott zu tun.

Barth hat sich darüber grundsätzlich vor allem in der Schrift *Christengemeinde und Bürgergemeinde*, 1946, gleich nach dem Krieg erschienen, ausgesprochen. Ich entnehme ihr die Aussagen, die für uns hier wichtig sind.

Barth geht davon aus, dass die Christen für ihr politisches Handeln kein festes Programm, analog etwa zu den Parteiprogrammen, entwickeln können. Er lehnt den Aufbau einer christlichen Sonderpartei kategorisch ab. Die Christen haben Gott und den Menschen nicht in einem christlich etikettierten, sondern betont in rein weltlichem Zusammenhang zu dienen. Gerade dort will sichtbar werden, dass Gottes Wille und Reich keine Grenzen kennen und auch im fremden Bereich zeichenhaft aufleuchten wollen. Nein, ein festes christliches Parteiprogramm kann es nicht geben. Der Christ hat den Weltwillen Gottes in der jeweiligen Weltsituation je neu zu entdecken. Er hat der Grundrichtung, in die Gottes Wille weist, je so zu folgen, wie ihm das in der konkreten Situation möglich und geboten ist.

In der genannten Schrift spricht Barth von dieser Grundrichtung und gewissen daraus unmittelbar sich ergebenden Konkretionen. Ich nenne folgende für uns hier wichtige Punkte:

1. Gott ist in Christus Mensch geworden. Sein Wille geht in der Richtung auf die vollendete Gemeinschaft Gottes mit dem *Menschen*. Dem haben wir in unserem politischen Handeln zu entsprechen. Es muss unter allen Umständen um den Menschen gehen. Der Mensch muss auf alle Fälle den Vorrang haben vor den Sachen, «gleichviel ob diese Sache das anonyme Kapital sei oder der Staat als solcher oder die Ehre der Nation oder der zivilisatorische Fortschritt...»

2. Gott ist in Christus der Retter der Verlorenen geworden. Sein Wille geht in der Richtung auf *Rettung der Preisgegebenen*. Dem entspricht ein politisches Handeln, in dem man sich betont für die gesellschaftlich-wirtschaftlich Bedrohten einsetzt. «Die Christengemeinde steht im politischen Raum notwendig im Einsatz für die soziale Gerechtigkeit. Sie wird in der Wahl zwischen den verschiedenen sozialistischen Möglichkeiten (Sozialliberalismus? Genossenschaftswesen? Syndikalismus? ...Gemässigter, radikaler Marxismus?) auf alle Fälle die Wahl treffen, von der sie jeweils ... das Höchstmass von sozialer Gerechtigkeit erwarten zu sollen glaubt...»

3. Gott ist in Christus als *Licht* offenbar geworden, das die Finsternis dieser Welt erhellt. Gottes Wille geht von da aus in der Richtung auf ein menschliches Zusammenleben, in dem die Masken fallen, hinter denen man sich zu verstecken pflegt. Dem entspricht ein politisches Handeln, das gegen alle Geheimdiplomatie auf die vorbehaltlose Aufdeckung der Ziele und Mittel insistiert. «Was grundsätzlich geheim bleiben wollte, das könnte nur das Unrecht sein, während das Recht sich eben dadurch vor dem Unrecht auszeichnet, dass es ans Licht der Öffentlichkeit drängt...»

4. Gott ist in Christus der Heiland *aller Kreatur*. Gottes Wille geht auf das Heil der ganzen Schöpfung. Er ist allem Partikularismus feind. Dem entspricht ein politisches Han-

deln, das über alle Mauern hinaus auf Zusammenarbeit in immer weiterem Kreis gerichtet ist.

5. Gott hat in Christus selber das *Gericht* erlitten, um uns seine ganze *Gnade* zu schenken. Sein Wille meint in allem Gericht das Heil. Dem entspricht ein politisches Handeln, das in allen Konflikten nach friedlichen Lösungen sucht. «Die Christengemeinde erweist sich als erfinderisch im Aussuchen friedlicher Konfliktlösungen, in einer bis an die Grenzen des Menschenmöglichen gehenden Friedenspolitik.»

Soviel zur Grundrichtung des *Politischen Gottesdienstes* und den daraus sich ergebenden Konkretionen, wie Barth sie 1946 entwickelt hat. Man wird nicht übersehen dürfen, das die Schrift *Christengemeinde und Bürgergemeinde* unmittelbar nach dem Krieg geschrieben wurde, in einer Zeit also, in der die Hoffnung auf einen Neuaufbau in Frieden, Freiheit und Gerechtigkeit neu aufflammte und konkrete Chancen sah.

## Stellungnahme zu konkreten Herausforderungen, insbesondere zum Ost-West-Konflikt

Wir haben es hier mit jenen politischen Entscheidungen zu tun, mit denen sich Barth dem schweizerischen und bundesdeutschen Bürgertum von Grund auf verdächtig und verhasst gemacht hat. Ich denke an seinen Kampf gegen die deutsche Wiederaufrüstung, gegen die geplante atomare Aufrüstung der Schweiz, gegen den Militärseelsorgevertrag, gegen die «Dollarabhängigkeit» der Presse... Ich muss mich hier auf seinen Kampf gegen den bei uns grassierenden «Antikommunismus» beschränken, den er «für schlimmer» hielt als den Kommunismus selber. Klassisch hat er seine Haltung dazu im Vortrag *Der Christ zwischen Ost und West* formuliert, den er am Berner Kirchensonntag 1949 in Thun und Bern hielt.

Er hat hier politisches Handeln vor allem in drei Richtungen praktiziert: 1. in Richtung auf Erhellung des Dunkels, auf Demaskierung des Versteckten, von dem vorhin unter Punkt 3 die Rede war; 2. in Richtung auf friedliche Konfliktlösung, von der wir unter Punkt 5 sprachen; 3. in der Richtung auf soziale Gerechtigkeit im Sinn von Punkt 2.

Ad 1): Barth demaskiert die Haltung, die dem herrschenden Antikommunismus zugrundeliegt. Er demontiert die entsprechenden Vorstellungen. So kann das Licht eindringen, in dem die Dinge sich so darstellen, wie sie faktisch sind. Er tut das in zwei Schritten. Er weist zunächst darauf hin, dass der Gegensatz zwischen Ost und West die simple Gestalt eines Machtkampfes hat. Russland und Amerika, diesen Protagonisten, ist gemeinsam, dass sie die Herren der Welt sein möchten. Entsprechend fühlen sie sich voneinander eingekreist und bedroht, wobei man dem östlichen Partner zugestehen muss, «dass seine Besorgnis etwas begründeter sein kann als die seines Gegners, wenn man sich anhand einer Weltkarte vor Augen hält, an wievielen Stellen ihm dieser den Weg zum Offenen Meer versperrt.» «Man denkt», sagt Barth, «an jene grossen wilden Tiere, von denen im Buch Daniel die Rede ist.» Und als Christ denkt man daran, dass das Zeugnis der christlichen Gemeinde das «Gebrüll» solcher Ungeheuer immer wieder fröhlich überdauert hat. «Ein einziges Lied von Paul Gerhard hat mehr Kraft.»

Soviel zur Demaskierung des Ost-West-Gegensatzes als eines blossen Machtkonflikts zwischen den Supermächten. Nun geht Barth aber weiter: In den beiden Giganten stehen sich ja zwei politisch-wirtschaftliche Systeme und Ideologien gegenüber. Was ist von diesem tieferen Aspekt des Gegensatzes zu denken? Barth spielt hier den Dramaturgen: Er lässt die beiden Systeme auf der Weltbühne gegeneinander antreten und jedes dem andern seine Anklage ins Gesicht schleudern. Die Anklage von Seiten des Westens an die Adresse des Ostens lautet auf Materialismus, Kollektivismus, Vermassung, auf Opferung des Einzelnen zugunsten einer imaginären Zukunftsgesellschaft, letztlich auf

Gottlosigkeit und Unmenschlichkeit. Was umgekehrt der Osten gegen den Westen vorzubringen hat, möchte ich in den eigenen Worten Barths wiedergeben:

«Was ihr im Westen treibt, das beruht auf einer... unaufrichtig geistigen und moralischen Auffassung vom Menschen. Ihr wisst so gut wie wir, dass der Mensch auch und zuerst ein wirtschaftliches Wesen ist; und um Produktion und Konsumation dreht sich sein Leben wahrhaftig auch bei euch. Aber eben das wollt ihr nicht wahrhaben, weil es dabei bei euch nicht mit rechten Dingen zugeht. Ihr scheltet über unsern Materialismus, ihr redet soviel von Geist und Moral, weil ihr etwas zu verstecken habt: nämlich die Tatsache, dass es... das blinde anonyme Kapital, seine Verzinsung und Vermehrung ist, von dem ihr regiert werdet: einige wenige als die Räder – viele, die grosse Mehrheit, unter den Rädern des Wagens, auf dem dieser euer wahrer Gott thront...»

Soviel unter dem ersten Gesichtspunkt, dem der Demaskierung. Barth vollzieht sie so, dass er die Gegner sich gegenseitig die Maske vom Gesicht reissen lässt, wobei, gut christlich, der Westen härter betroffen wird, weil wir selber dazu gehören. Barth mutet den senkrechten Berner Bürgersleuten eine Lektion in marxistischer Tiefensoziologie zu, wie sie sie bestimmt noch nie gehört hatten. Er handelt im Sinn des Wortes Jesu, nach dem man zuerst den Balken im eigenen Auge entfernen muss, bevor man sich guten Gewissens mit dem Splitter im Auge des Andern befassen kann.

Ad 2): Zum Handeln in Richtung auf weltweite Konfliktlösung. Ich gebe wiederum Barth selber das Wort: «Das ist... unsere, die christliche Stellungnahme: Dass wir uns weigern, in diesem Gegensatz Kämpfer zu sein... Also, was uns angeht, zunächst einmal: Messer weg! Kein weiteres Öl in dieses Feuer! ... Sondern, was gerade von der Kirche in der Schweiz her über unsere Grenzen dringen mag, das wird auf alle Fälle, ob es gehört wird oder nicht, nur ein entschlossenes Nein zu diesem Gegensatz, nur der energische

Ruf zum Frieden sein dürfen…»

Soweit Barth unter dem zweiten Gesichtspunkt: friedliche Konfliktlösung. Endlich zum dritten, zum Handeln in Richtung auf soziale Gerechtigkeit:

Ad 3): «…solange es im Westen noch eine ‹Freiheit› gibt, Wirtschaftskrisen zu veranstalten, eine ‹Freiheit›, hier Getreide ins Meer zu werfen, während dort gehungert wird, solange ist es uns jedenfalls als Christen verwehrt, dem Osten ein unbedingtes Nein entgegenzuschleudern. Wir haben Anlass, seine Existenz als Pfahl in unserem Fleisch anzusehen und zu behandeln, den wir mit keinen Deklamationen gegen sein Unrecht los werden können.»

Soviel hier zum Kampf Barths gegen den grassierenden Antikommunismus, zu seiner Stellungnahme also im Ost-West-Konflikt, wie er sie im Westen, bei uns hier in der Schweiz vollzog. Was Barth hier den *Schweizer* Christen in der Zuspitzung sagte, in der *sie* es hören mussten, sagte er bei anderer Gelegenheit seinen Freunden in *Osteuropa* in dort notwendigen Akzentuierungen. Dort, etwa in Ungarn, warnt er vor der dreifachen Versuchung, sich entweder in *Opposition* gegen die *neue* Ordnung sich prinzipiell auf die *alte* festzulegen oder sich in ebenso prinzipieller *Parteinahme* mit der *neuen gleichzuschalten* oder sich in falscher Neutralität auf eine apolitische «innere» Linie *zurückzuziehen*.

Der Ost-West-Konflikt ist hier als exemplarischer Fall für viele andere näher dargelegt. Analog verhielt sich Barth in den anderen Konflikten, die seinen «Politischen Gottesdienst» herausforderten. So frei stand dieser Mann in dieser Welt, dass er das gleiche jetzt so, jetzt ganz anders sagen musste, jedesmal so, dass er zum fröhlichen Gehorsam Christus gegenüber, zum furchtlosen Widerstand gegen den herrschenden Trend aufrief: zum «Beweis des Geistes und der Kraft», der den Christen verheissen ist und je gegeben wird. Zur Überwindung der Furcht und Feigheit auf dem bequemen Weg der Anpassung an die hier und dort herrschenden Mächte und Ideologien, zur Überwindung des

Trotzes und der Sturheit, in der man sich prinzipiell auf den Widerstand versteift.

Im Rückblick liegt zutage, dass seine Haltung sich mit derjenigen von Leonhard Ragaz, so sehr sich die beiden in ihrem politischen Stil unterscheiden, in der Sache bis auf Nuancen deckt. Und auch darin setzt er die Linie von Ragaz fort: Was er sagte, war mehr als das schweizerische Bürgertum und eine kleinbürgerlich gewordene Arbeiterschaft verkraften konnten. Es kam 1951 auf Anstiftung von Bundesrat Markus Feldmann zu einer eigentlichen Hetze, einem Kesseltreiben gegen den «Kommunistenfreund», den Kollaborateur, als der Barth sich «entpuppt» hatte. Die meisten Schweizer Zeitungen, die sozialdemokratischen miteingeschlossen, beteiligten sich daran. Ja, die *Schweizerische Politische Korrespondenz* fragte allen Ernstes, «ob es nicht Zeit wäre, den Herrn Theologieprofessor endlich einmal vor den Strafrichter zu zitieren.» Barth selber schwieg, teils aus Verachtung, teils im Bewusstsein, dass dem Christen die Verteidigung seiner selbst verwehrt ist, teils auch aus einem tiefen persönlichen Grund, den er mit Verweis auf 2 Sam 16,10 bezeichnen konnte. Damit stellt er seine Freunde damals und uns heute nochmals vor das «Geheimnis politischer Existenz aus Glauben», von dem oben die Rede war. Darin steht er vollends in einer Reihe mit den hier in diesem Buch zu uns redenden «christlichen Sozialisten» Blumhardt, Kutter und Ragaz.

*Weiterführende Literatur*

Barth K., Christengemeinde und Bürgergemeinde, Zürich 1946.
Gollwitzer H., Reich Gottes und Sozialismus bei Karl Barth (Theologische Existenz heute No. 169), München 1972.
Kupisch K. (ed.), Karl Barth: «Der Götze wackelt». Zeitkritische Aufsätze, Reden und Briefe von 1930 bis 1960, Berlin 1961.

# Ausblick

## Kapitel 14:
## Aktuelle Perspektiven

Der Kampf, in dem Leonhard Ragaz und Karl Barth standen, geht weiter. Mit dem Kampf, ihn tragend, ihre Hoffnung und Gewissheit. Hoffnung und Kampf sind neuen Bewährungen ausgesetzt, die sich heute, fast zwanzig Jahre nach Karl Barths Tod, mehr als vierzig Jahre nach dem Tod von Leonhard Ragaz, laufend verschärfen. Die Lage hat sich «apokalyptisch» zugespitzt. Die Dämonien dieser Welt erscheinen virulenter als je. Für den Sehenden wird deutlich, dass der *Kampf um das Reich Gottes in ein neues* – letztes? – *Stadium* getreten ist. So steht heute alles neu auf dem Spiel, worum in der Geschichte des «Prophetischen Sozialismus» gerungen wurde:

Der *Kampf um den Frieden* hat jene Radikalität gewonnen, in der Friede gleichbedeutend ist mit Leben, Krieg gleichbedeutend mit Auslöschung allen Lebens. Nach dem Tod von Leonhard Ragaz hatte sich innerhalb der «Religiössozialen Bewegung» ein Graben aufgetan: auf der einen Seite sah man in der Sowjetunion bei allen Vorbehalten einen echten Sozialismus im Werden, eine Kraft des Friedens; auf der andern Seite vertraute man mehr auf die Kräfte des Friedens in der westlichen Welt, betont auch in den USA. Heute scheint dieser Streit müssig. Die Front geht quer durch die Mächte dieser Welt hindurch. Der Kampf um den Frieden ist zur Menschheitssache geworden.

Der *Kampf um Gerechtigkeit* erfährt jene Zuspitzung, in der Gerechtigkeit gleichbedeutend ist mit Ordnungen, in denen alles Lebendige, auch und gerade in der Umwelt des Menschen, die ihm vom Schöpfer zugedachte Würde empfängt. Ungerechtigkeit gleichbedeutend mit Zwangsordnungen oder Ordnungszerfall, in dem die Würde des Geschöpfs zertreten wird. Auch hier sprengt der Kampf die traditionellen Fronten. Der Sozialismus, im tiefen, radikalen Sinn verstanden, als Kampf um die gottgegebene Würde der entwürdigten Kreatur, ist zur Angelegenheit aller Menschen geworden. Weltweit verschärfen sich die Gegensätze zwischen reich und arm, zwischen Satten und Hungernden – Verhungernden. Weltweit stehen den Mächtigen, die ihre Macht immer noch steigern, die Ohnmächtigen gegenüber, die immer noch tiefer in die Ohnmacht versinken. Der Kampf um Gerechtigkeit hat sich zum Kampf um Bewahrung oder Zerstörung der kreatürlichen Umwelt des Menschen ausgeweitet.

In all dem gewinnt der Grundkampf, der *Kampf um Gott*, um Seine Verheissung und Seinen Anspruch, eine letzte Unausweichlichkeit. Wem gehört die Welt? Gehört sie dem Gott Jesu Christi, dem Gott der leidend-richtend-siegenden Liebe? Oder gehört sie (mit Ragaz zu sprechen) den «Gewalt»- und «Besitzdämonen»? Sind wir von der grossen Hoffnung getragen, die Gott uns in der Auferstehung des Gekreuzigten schenkt, die er in seiner Treue selber ist? Oder haben wir die grosse Hoffnung preisgegeben zugunsten naheliegender Annehmlichkeiten und Vertröstungen? Sind wir vielleicht sogar dabei, der grossen Hoffnungslosigkeit zu erliegen, dem «Nihilismus», der heute wie eine Seuche umgeht? Auch diese Grundentscheidung wird sich mehr und mehr als solche herauskristallisieren. *Gott* kann immer weniger für eine bestimmte Kirche oder Bewegung beschlagnahmt werden, die Umkehr zu ihm muss sich als die Menschheitssache herausstellen, die sie von ihrem Wesen her schon immer war.

Und nun meinen wir *Zeichen* dafür wahrzunehmen, dass diese Sicht der Dinge neu ans Licht drängt. Wir stellen fest, dass die Schriften von *Leonhard Ragaz* in Kreisen *neu gelesen* werden, die bisher nicht einmal den Namen kannten. In Deutschland entdeckten der Bochumer Mathematikprofessor Günter Ewald und eine Gruppe von Studierenden aus der Studentenmission Ragazens Buch *Von Christus zu Marx – von Marx zu Christus* neu und traten dem Bund der *Religiösen Sozialisten Deutschlands* bei, dem sie neues Leben einhauchten. Ein «Leonhard-Ragaz-Institut» ist in Darmstadt entstanden und will seine Schriften neu herausgeben. In der Schweiz nahm die *Bewegung Christen für den Sozialismus*, die von der lateinamerikanischen Befreiungstheologie inspiriert ist, ihre Verwandtschaft mit Ragaz wahr; seit 1977 trat ihr Exponent Willy Spieler in die Redaktion der *Neuen Wege* ein und führte der Bewegung eine Reihe junger Akademiker zu. 1980 wurde zum 50jährigen Jubiläum der *Sozialistischen Kirchgenossen Basel* eine Institution zur Zusammenarbeit verwandter Gruppierungen in der Schweiz geschaffen, die sich *Ökumenische Konferenz religiöser Sozialisten der Schweiz* nennt.

Was *Karl Barth* betrifft, so blieb sein Ringen um die Erneuerung der Kirche nicht ohne Frucht. Man wird sagen dürfen, dass die offiziellen Kirchen heute offener sind für die «prophetische» Dimension des Auftrags als zur Zeit, als Ragaz sich von der seinigen entfernte.

Das gilt von den im *Ökumenischen Rat der Kirchen* vereinigten Kirchen. Es gilt nicht weniger von der römischen Weltkirche. Karl Barths «Politischer Gottesdienst» ist auch im Bereich traditionell apolitischer Kirchen neu als Aufgabe erkannt. Dass sich diesen kirchlichen Neuansätzen gegenüber auch die Angst regt und in allerlei Formen organisiert, gehört mit zum Bild. Das «Prophetische» hat, wo immer es sich regte, Abwehrreaktionen erzeugt – bis hin zu Ächtung und Verfolgung.

Zusammenfassend meinen wir sagen zu können: *Leute aus den verschiedensten Lagern sind in denselben Kampf miteinbezogen:* Protestanten und Katholiken, Christen, die aus einer bestimmten kirchlichen oder freikirchlichen Tradition kommen, und solche, die von keiner solchen Tradition geprägt sind; Menschen, die in einer «linken» politischen Partei mitarbeiten, und andere, die ohne Parteizugehörigkeit sich in der Friedensbewegung, der Frauenbewegung, der Ökologiebewegung, der Dritte-Welt-Bewegung oder, wo immer die Not sie fordert, einsetzen. In derselben Bedrängnis und Hoffnung sind Menschen aus den sog. «entwickelten» und Menschen aus den sog. «unterentwickelten» Ländern vereint.

Soviel zu den Perspektiven, wie sie sich uns heute zeigen. Zum Schluss sollen nochmals unsere Gewährsleute zu Worte kommen. Ihre Stimme spricht weiter zu uns. Und sie spricht zu uns Heutigen in manchem vielleicht direkter als zu ihren unmittelbaren Zeitgenossen. Das gilt von Christoph Blumhardt, Leonhard Ragaz und Karl Barth in gleicher Weise. *Wegweisend* bleiben sie uns, zusammenfassend gesagt, in *dreifacher Hinsicht:*

Sie sind uns *erstens* wegweisend *in der Hellsichtigkeit*, in der sie den *«apokalyptischen» Ernst der Lage* zu einer Zeit erkannten, da die meisten noch beschwichtigten und vertrösteten.

Blumhardt: «Das Leben der Welt zerrinnt unter unsern Händen, und wenn wir nichts dazu tun, so ruinieren wir vollends das Letzte… Es kommen die Zeiten der grössten Strenge Gottes über das Menschengeschlecht…»

Ragaz zur Umweltkrise: «Der Mensch wird der Technik geopfert… Die Natur wird ihr geopfert… Die heilige Scheu verschwindet vor der Gier. Diese zum Gott gewordene Technik ist nur sich selbst heilig. Ihr ist nicht der Himmel heilig und nicht die Erde, nicht der Tag und nicht die Nacht. Sie schont kein Alpental…»

Karl Barth zur atomaren Aufrüstung im Zusammenhang von zehn Thesen, die schon die Vorbereitung des Atomkrieges als Sünde bezeichneten: «Ein gegenteiliger Standpunkt oder Neutralität in dieser Sache ist christlich nicht vertretbar. Beides bedeutet die Verleugnung aller drei Artikel des christlichen Glaubens.»

Die drei Männer sind uns zweitens wegweisend im getrosten, freudigen Mut, in dem sie an der grossen Hoffnung festhielten. Die Not der Zeit warf sie erst recht auf Gott – und von Gott her in den Kampf um sein Reich.

Blumhardt hatte hier den Grundton angeschlagen, den «Jesuston», der dann durch alle Worte der beiden andern hindurchgeht. «Wir freuen uns, darin felsenfest geworden zu sein, dass eben Gottes Gedanken und Ratschläge höher sind als aller Menschen Raten und Dichten, und wir sind überzeugt, dass in unserer Zeit, wo alles gärt und kracht, stille Keime des Reiches Gottes in die Welt gelegt werden. Diese Keime, welche von Gott selbst kommen, werden unter dem Schutt der heutigen Welt nicht begraben werden können, sondern vielmehr, während alles dahinrollt, emporwachsen und zur Verklärung des Namens Jesu als des Christus der Welt dienen müssen.»

Leonhard Ragaz in seinem Blumhardtbuch in Form von Fragen, die sich im Blick auf Blumhardts Hoffnungen stellen: «Was ist denn von den gewaltigen Hoffnungen Blumhardts Wirklichkeit geworden? Ist die Ausgiessung des Heiligen Geistes gekommen? Haben wir den Sieg über die Krankheit oder gar den Tod gewonnen? Ist statt dessen nicht die Herrschaft des Todes über die Welt gekommen, gegen die auch die Tage der grossen Flut nur ein Kinderspiel bedeuten? Ist nicht statt einem neuen Gottesregiment vielmehr ein Teufelsregiment aufgerichtet? ... Wir antworten: Kann man dies alles nicht auch von Christus sagen? Auch seine Verheissung ist noch nicht erfüllt. Und doch ist mit ihm die Weltwende gekommen... Bedeutet die Katastrophe der Welt nicht den Sieg Christi? Steht hinter der ungeheuren Entfaltung des Todeswesens nicht eine noch gewaltigere Entfaltung des Lebenswesens? Geht es nicht durch dieses tiefste Dunkel der Geschichte einer neuen Geburt Christi entgegen...?» Es bleibt dabei: «Die Auferstehung Christi bedeutet die Verheissung einer in allen Stücken aus dem Tode zum Leben erneuerten Welt.»

Karl Barth am letzten Tag seines Lebens mit seinem Freund Eduard Thurneysen über die dunkle Weltlage sprechend: «Aber nun ja nicht die Ohren hängen lassen! Nie! Denn ‹es wird regiert›!»

Bedeutsam sind uns die drei Wegbereiter *drittens* in einer Hinsicht, die nicht verschwiegen werden darf. Der «prophetische» Auftrag führt in einen *Kampf*, der notgedrungen *Leiden* mit sich bringt. Man kann ihn nicht selber auswählen wollen. Man wird durch den Ruf Gottes aus der Not der Zeit in ihn hineingedrängt. Und wer ihn auf sich nimmt, hat eine Last zu tragen, die man abschütteln würde, wenn man sie nicht tragen *müsste*. Das Leben der drei Zeugen belegt das zur Genüge. Die Freude, die mit diesem Dienst verbunden ist, quillt aus dem in der Nachfolge des Gekreuzigten getragenen Leiden.

Wir geben hierzu abschliessend Leonhard Ragaz das Wort: «Wir wollen uns keine Illusionen machen: es ist ein schwerer Weg. Wir wollen und dürfen ihn nicht in einem Enthusiasmus betreten, der bloss aus der angeregten Phantasie stammte, wir wollen und dürfen ihn nur betreten, wenn wir müssen. Nur in Gottes Hand, unter dem Zwang seines Gebots, das doch zugleich höchste Freiheit ist, dürfen und können wir ihn gehen… Und dann erfahren wir, dass uns mitten im Schweren und Schwersten eine neue Freude wird, die Freude vom Kommen Gottes her, dem wir entgegengehen.»

# Nachwort

## I

Christoph Blumhardt – Leonhard Ragaz – Karl Barth: diese Namen markieren einen Weg. Er führt von Bad Boll in Württemberg, wo Blumhardt Seelsorger war, nach Basel und Zürich, den Wirkungsstätten von Leonhard Ragaz, zum Pfarramt Barths im aargauischen Arbeiter- und Bauerndorf Safenwil, von dort wieder nach Deutschland, wo Barth in Göttingen, Münster und Bonn Theologie lehrte, und schliesslich, nach Barths Vertreibung aus dem nationalsozialistischen Deutschland, erneut nach Basel.

Auf diesem Wege gibt es Stationen und Wendepunkte. Zu ihnen gehören Blumhardts Eintritt in die Sozialdemokratische Partei, sein Mandat im Stuttgarter Landtag und der daraufhin vom Stuttgarter Konsistorium verlangte Verzicht auf den Status als Pfarrer. Ragaz und Barth haben sich ebenfalls als Sozialdemokraten eingeschrieben. Alle drei beschäftigten sich eingehend mit dem Problem einer Parteibindung, wollten aber in innerer und äusserer Freiheit über eine öffentliche Sympathierklärung oder Bekundungen sozialen Interesses hinausgehen. Bewusst setzten sie sich dem Klassenstandpunkt der Arbeiterbewegung aus. – Eine für Barth entscheidende Wegstrecke war ein Besuch in Bad Boll im Kriegsjahr 1915. Nach der Rückkehr spürte die Gemeinde einen neuen Ton in seinen Predigten: die Botschaft vom Reiche Gottes im «biblischen real-jenseitigen Sinn». Dass Barth trotz vieler Bedenken Pfarrer blieb und nicht den Weg in die Tagespolitik einschlug, geht auch auf den Rat Blumhardts zurück, den er früher als Tübinger Student im Winter 1906/07 «mehrfach, aber ohne gründlichere Einsicht» aufgesucht hatte. Jetzt vermittelte ihm der Freund Eduard Thurneysen eine Begegnung, für die er durch die

Nöte seiner Gemeinde aufgeschlossen worden war. – Ragaz beeindruckte Barth durch sein «energisches Anpacken der Probleme». Das führte Ragaz, der von der Basler Münsterkanzel auf eine theologische Professur nach Zürich gekommen war, 1921 dazu, sein Lehramt niederzulegen, um sich in einem Zürcher Arbeiterviertel ganz der Sozial- und Volksbildungsarbeit zu widmen. – Barth, der im selben Jahr aufs akademische Katheder ging, wirkte 1933, schon vor Beginn des deutschen «Kirchenkampfes», durch seinen Ruf zur theologischen Konzentration indirekt politisch. Unüberhörbar hat er seit 1938 «das Zeugnis des *politischen* Gottesdienstes» gefordert und gefördert (wobei jedes dieser Wörter Gewicht hat und nur in Verbindung mit den anderen zu verstehen ist).


## II


Später, inmitten scheinbar wieder gefestigter kirchlicher und gesellschaftlicher Verhältnisse, beschäftigt sich Barth mit der Erkenntnis des Wirkens Gottes in unserer Welt. Er stellt diese Frage (im 1959 erschienenen Teilband IV/3 seiner «Kirchlichen Dogmatik») unter das Thema, das in der theologischen Tradition «prophetisches Amt Christi» genannt wurde. Diese Prophetie sagt nicht ferne Ereignisse voraus, sondern richtet sich auf die Vollendung der Herrschaft Gottes und spricht daraufhin alle Menschen an; mehr noch: die Prophetie der Versöhnung führt Menschen zu Gott und zueinander, sie baut zerstörte Gemeinschaft wieder auf, gerade über die bisherigen kirchlichen, sozialen, politischen Grenzen hinaus. Um die Tiefe und Weite dieser Versöhnung zu verdeutlichen, kommt Barth auf Johann Christoph Blumhardt, den Vater Christophs (1805-1880), und dessen Parole «Jesus ist Sieger!» zu sprechen. Als Versöhner ist Jesus Christus Herr der Welt, in ihm offenbart sich, dass und wie Gott mit uns ist – so, dass er sich alles unterwirft (und darum nicht verloren gehen lässt), was von

Gottes Leben trennt. Zuvor hatte Barth gesagt, auch dies durchaus gleichlautend mit dem, was Blumhardt vor Augen trat: «Die Aufrichtung des Reiches Gottes ist … identisch mit der Existenz Gottes selbst inmitten seines Volkes und so inmitten aller Völker, aller Menschen» (Die Kirchliche Dogmatik IV/2, S. 867). Blumhardt hatte dies zugespitzt erfahren: Gott überwindet die Unheilsmächte, die Leib und Seele auseinanderreissen und so den Menschen zerstören. Gottes Reich bricht dadurch an, dass Menschen ihre Seele wiedergegeben wird, während sie zuvor hilflos zerstörerischen Mächten preisgegeben waren.

Die Unfreiheit und das Unheil, denen Johann Christoph Blumhardt seelsorgerlich begegnete, hat sein Sohn Christoph auch in den gesellschaftlichen Verhältnissen aufgedeckt. Was er dort sah, auch in den Opfern, die eine anscheinend blühende Kultur von anderen forderte, wurde ihm zum paradoxen Hinweis auf die grössere, dem Leiden unvergleichliche Herrlichkeit, die an uns soll offenbart werden, wie Paulus im Römerbrief sagt (8, 18). Diese Offenbarung hebt bereits jetzt an, nicht mehr als zeichenhaft, doch so, dass Menschen hinreichend der Weg gewiesen wird, um zu helfen, um mitleidend Leid zu überwinden, um Versöhnung zu bezeugen. In der Hoffnung auf das Kommen des Reiches Gottes stimmte der jüngere Blumhardt je länger je mehr mit seinem Vater überein; er hat sie mit seinem sozialpolitischen Einsatz nicht hinter sich gelassen.

Und wenn der späte Barth zu diesem Ausgangspunkt zurückkehrt, dann ist das ebenfalls keine Wende zurück von drängenden politischen Aufgaben, sondern die vertiefte Konzentration jeder Wahrnehmung der Welt im Lichte christlicher Hoffnung.

Auch hier ist ein Weg voran beschritten worden. Die Predigt des Reiches Gottes beim älteren Blumhardt gehört in gewisser Weise zur Erweckungsbewegung, bricht aber zugleich den Heilsegoismus auf, auf den eine fromme Selbstbesinnung und aufblühende Gemeindefrömmigkeit so oft hinauslaufen. In Möttlingen, einem Dorf im Schwarzwald, erlebte Blumhardt, wie seelische und soziale Not sich gegenseitig steigern. Er sah sich im Beistand einer Kranken in einem Kampf verwickelt, der nicht um Gott oder um einen leidenden Menschen geführt wurde, sondern in dem Gott dem Unheil selber widerstreitet und allem, was es schuldhaft herbeiführt. Hier kam es darauf an, Gottes Kräften Raum zu geben durch prophetische Verkündigung, die in die Notlage hinein ergeht, durch Sündenvergebung und durch Neuwerden sozialer Beziehungen, auch in neuen Formen gemeinsamen Lebens (Blumhardts «Hausgemeinde»). Gottes Reich kommt, indem es alle tödlichen Trennungen überwindet, mit denen Menschen ihr eigenes Leben zu behaupten suchen oder denen sie ausgeliefert sind.

Für Blumhardt stand es ausser Frage – und brauchte deshalb auch nicht besonders erwähnt zu werden –, dass «Seelsorge» und «Leibsorge» ineinandergreifen und dass beide, sosehr der einzelne ihrer bedarf, in überpersönlichen Zusammenhängen stehen. Deshalb förderte Blumhardt die ökonomische Selbsthilfe seiner Gemeinde in genossenschaftlicher Form. Die «Zeitungsstunde» blieb keine Selbsterbauung von Stammtischpolitikern, sondern diente – zumal im Revolutionsjahr 1848 – der politischen Willensbildung, vor allem der Klärung des Verhältnisses zum modernen Staat, dessen Ansprüche auf den Bürger sich beim Wechsel der Regierungsform kaum zu ändern versprachen. Dieser politischen Diakonie kam sicherlich auch der Weitblick zugute, den Blumhardt sich während seiner Lehrjahre im Basler Missionshaus (1830-1837) erworben hatte. In diese Zeit fiel die Trennung der «Landschaft» Basel von der

Stadt, ein revolutionäres, auch kirchlich höchst folgenreiches Ereignis. Und neben den Berichten von den Missionsfeldern, die in Basel einliefen, sind Verbindungen zu Genf und zu England (und damit zu einer in manchem gegenüber Deutschland fortgeschrittenen sozialen und politischen Situation) gewiss nicht gering zu veranschlagen. Dass Blumhardt keiner Kirchturmpolitik anhing, zeigte sich in dem Vertrauen, das ihm bei der Wahl zum Frankfurter Paulskirchen-Parlament entgegengebracht wurde. Er hat sich gegen eine Kandidatur gewehrt, weil er hier doch nicht seinen eigentlichen Beruf sah, vor allem aber wegen des geforderten Eides. Politisches Engagement – ein Wort, das heute oft ohne Bedenken der Verpflichtung, die man eingeht, gebraucht wird – kann um des Gewissens willen gerade an der Eidesfrage seine Grenze finden. (Ohne falsche Parallelen zu ziehen, wäre auch an Karl Barths Verweigerung des uneingeschränkten Eides auf den «Führer» 1934 zu denken.)

Johann Christoph Blumhardt und sein Sohn Christoph stammten aus Württemberg, Leonhard Ragaz und Karl Barth aus der deutschen Schweiz. Sie alle sind spürbar in der geistigen Atmosphäre dieser Region beheimatet geblieben, auch wenn ihr Wirken weit darüber hinauswuchs. Das bedeutet eine gewisse Begrenzung, auch in sozialen und politischen Anschauungen, ermöglicht aber andererseits ein Profil, das unter anderen Umständen besonders scharf zutage tritt. Das zeigt sich beispielsweise beim Schritt des jüngeren Blumhardt, das Reich Gottes als Sendung der christlichen Gemeinde in eine Welt voller Umbrüche auszulegen, nicht im Sinne einer christlichen Geschichts- und Gesellschaftsdeutung, sondern als Nachfolge Jesu Christi, des prophetischen Menschen Gottes, in der Welt. «Welt»: das hiess etwa unter den Bedingungen deutscher Kolonisationspolitik in China, wo Christoph Blumhardts Schwiegersohn Richard Wilhelm seelsorgerlichen Rat aus Bad Boll suchte. Oder ein anderes, uns näherliegendes Beispiel: Karl Barths Schrift «Christengemeinde und Bürgergemeinde» (1946), im Jahr zuvor im äusserlich und innerlich zerstörten Deutschland vorgetragen, lässt unverkennbar Schweizer politische Verhältnisse durchblicken, gewinnt aber an ihnen (letztlich nicht an sie gebunden!) theologische Einsichten, die politisch weiterführend, ja grenzüberschreitend sind – gerade weil sie politische Mitverantwortung auf die Erwartung von Gottes universalem Reich ausrichten.

Sankt Augustin bei Bonn, den 28. Juni 1986

Gerhard Sauter

Fernando Bermúdez

# Kirche in
# den Katakomben

**Zeugnisse
des Martyriums in Guatemala
Mit einem
Hintergrundbericht von Horst Goldstein**

EXODUS

THEOLOGIE AKTUELL

**2**

Fernando Bermúdez/Horst Goldstein
**Kirche in den Katakomben**
*Zeugnisse des Martyriums in Guatemala*
Edition Exodus 1986
117 Seiten, kartoniert
DM/Sfr 14,80

Stephan Wyss

Der gekreuzigte Esel

*Aufsätze zu einer christlichen Archäologie der Sinnlichkeit*

Edition Exodus 1986

86 Seiten, kartoniert

DM/Sfr 12,80

Beyers Naudé / Al Imfeld

# Widerstand
# in Südafrika

### Apartheid
### Kirchliche Opposition
### Solidarität

EXODUS

THEOLOGIE AKTUELL

4

C. F. Beyers Naudé/Al Imfeld
**Widerstand in Südafrika**
*Apartheid − Kirchliche Opposition − Solidarität*
Edition Exodus 1986
123 Seiten, kartoniert
DM/Sfr 14,80